ENTFÜHRT VON ALIENS

Peter Brookesmith

BASSERMANN

Sie finden uns im Internet: **www. falken.de**

Der Text dieses Buches entspricht den Regeln der neuen deutschen Rechtschreibung.

ISBN 3 8094 0674 0

Originaltitel: Alien Abductions

Umschlaggestaltung: Elisabeth Berthauer
Titelbild: Ausschnitt aus „Communion" von Whitley Strieber © Wilson & Neff Inc. 1987, Zeichnung © Whitley Strieber
Fotos: siehe Seite 176
Zeichnungen: siehe Seite 176
Übersetzung: Inge Uffelmann
Redaktion: Sylvia Winnewisser
Bildredaktion: Adrian Bentley
Herstellung: Jürgen Domke

Satz: DM-SERVICE Mahncke & Pollmeier GmbH & Co. KG, Rodgau
Gesamtkonzeption: Bassermann'sche Verlagsbuchhandlung, D-65527 Niedernhausen/Ts.

817 2635 4453 6271

INHALT

EINLEITUNG

SIE BEOBACHTEN UNS

Der Hintergrund des Phänomens der Entführung durch Aliens

— *4* —

ERSTES KAPITEL

ANATOMIE EINES ALBTRAUMS

Die Bandbreite der Entführungserlebnisse

— *12* —

ZWEITES KAPITEL

BOTSCHAFTER DER ALIENS

Die Welt aus der Sicht der Entführungsforscher

— *40* —

DRITTES KAPITEL

DIE ZU GERICHT SITZEN

Die Antworten der Skeptiker

— *72* —

VIERTES KAPITEL

ZWISCHEN HIMMEL UND ERDE

Ein Mittelweg zwischen Gläubigen und Skeptikern

— *104* —

FÜNFTES KAPITEL

HINTER DEN SPIEGELN

Die Wurzeln eines modernen Mythos

— *132* —

NACHWORT

BEDEUTUNGEN UND REALITÄTEN

Auslegungen des Entführungsphänomens

— *160* —

VERWENDETE UND WEITERFÜHRENDE LITERATUR

— *172* —

REGISTER

— *174* —

Einleitung

SIE BEOBACHTEN UNS

Der Hintergrund des Phänomens der Entführung durch Aliens

◆ ◆ ◆

Gegenüberliegende Seite: Bei dem im Juli 1997 in Roswell abgehaltenen Treffen zum 50. Jahrestag des dortigen UFO-Absturzes wartet Ray Gonzales als insektenäugiger Grauer verkleidet auf seinen Autritt in einem Alien-Kostüm-Wettbewerb.

Die kleinen grauen Aliens sind unter uns. Auf dem Flughafen von Dallas in Texas verkauft ein Blinder allerhand Krimskrams, darunter Schlüsselringe mit dem Kopf eines Alien als Anhänger. In einem Zigarettenladen in einem kleinen Städtchen in Wales starren die typisch großen Augen eines kahlköpfigen Grauen vom Deckel einer Tabaksdose. In New York bringt eine Grußkartenfabrik eine Serie von Karten mit lustigen Cartoons über Außerirdische heraus. Entführungen durch Extraterrestrische müssen als Reklamegag für Autos und andere Produkte herhalten.

Anstecker und Schmuck mit den typischen Gesichtern der Grauen gibt es in Amerika nicht nur dort, wo sich begeisterte UFO-Fans treffen.

Während ich an diesem Buch arbeitete, lud mich ein befreundetes Ehepaar zum Abendessen ein. Als ihre halbwüchsige Tochter Alexandra hörte, woran ich gerade arbeitete, teilte sie mir todernst mit, auch sie sei eine Entführte. Dann lieferte sie mir einen Bericht über ihr Erlebnis, der in jedem Detail der klassischen Begegnung mit Außerirdischen entsprach. Als sie mit ihrer Geschichte fertig war, lachte sie sich halb tot. Sie kannte das Szenario einer Entführung durch Aliens in- und auswendig. Der Schabernack zeigte mir, wie tief das Tun der Grauen bereits in der Alltagskultur verankert ist.

Mona Staffords Zeichnung des UFOs, das sie und ihre zwei Begleiter in der Nähe von Liberty, Kentucky, im Januar 1976 verfolgte und entführte.

Ziel dieses Buches ist es, die längst fad gewordene Debatte zwischen Gläubigen und Skeptikern zu überwinden, bei der es oft scheint, als ob beide Seiten viel zu laut schreien, um die Argumente der Gegenseite überhaupt noch hören zu können. Die von Außerirdischen inspirierte Reklame und Alexandras kleiner Scherz machen uns aber deutlich, dass wir alle irgendwie von UFOs, Aliens und Entführungen fasziniert sind. Egal, ob UFOs und Aliens als dreidiomensionale, greifbare Körper existieren oder nur als Einbildung, in jedem Fall haben sie Einfluss auf uns. Deshalb sollten die Skeptiker lieber mehr Zeit darauf verwenden, darüber nachzudenken, wieso das so ist, statt rigoros zu bestreiten, dass es Entführungen überhaupt gibt. Die Gläubigen hingegen sollten weniger Energie darauf verschwenden, ihre Idee von der außerirdischen Herkunft der Entführer zu verteidigen und vielmehr zu der Einsicht bereit sein, dass ein Entführungserlebnis absolut wirklich erscheinen und auch wahrhaftsgetreu davon berichtet werden kann, ohne dass es notwendigerweise auch real stattgefunden haben muss.

Natürlich muss man sich die Hauptfrage stellen, ob die Wesen, denen manche Leute begegnen, tatsächlich außerirdische Besucher sind, die unschuldige Erdlinge entführen und ihnen ungehörige Dinge antun? Gestützt auf neueste wissenschaftliche Forschungsergebnisse kann man schlagkräftige Argumente gegen die außerirdische Herkunft der Fremdlinge vorbringen, und dennoch mit dem Ufologen Budd Hopkins übereinstimmen, der sagt: „Trotz aller Theorien der Skeptiker, können nicht alle Phänomene erklärt werden, ... es bleibt ein verblüffendes Rätsel."

Zwei Aspekte dieses Rätsels habe ich schon genannt. Wenn das Phänomen der Entführung durch Aliens nicht das ist, was es zu sein scheint, warum glauben dann trotzdem so viele Menschen daran? Wenn das Phänomen keine Realität ist, was sollen wir dann von den Entführten halten? Sie sind, wie manche Skeptiker behaupten, nur sensationshungrige Wichtigtuer, Spinner, gar Betrüger, arme Irre? Diejenigen, die ich persönlich getroffen habe, sind all dies sicherlich nicht.

Das faszinierte Interesse der Öffentlichkeit und das private Erleben der Betroffenen scheinen zunächst zwei unabhängige Aspekte des Phänomens darzustellen. Bei unserer Suche nach Antworten werden wir jedoch feststellen, dass eine Verbindung zwischen ihnen besteht, insofern, als der eine Aspekt den anderen beeinflusst und begünstigt. Außerdem werden wir der Frage nachgehen müssen, was „wirklich“ bedeutet, was im menschlichen Erleben und in der menschlichen Wahrnehmung „real“ ist und was nicht.

Überraschenderweise herrscht in den Berichten ziemlich wenig Übereinstimmung bezüglich der Art und des Auftretens der Aliens, die angeblich diese bizarren Kidnappings ausführen. Die Meinungen darüber, welchem Zweck die Entführungen dienen, gehen ebenfalls weit auseinander - auch unter den Opfern.

Jede Entführung weist ihre individuellen Details und Besonderheiten auf. Wie sehr sich die Details unterscheiden können, werden wir anhand der in diesem Buch vorgestellten Fälle sehen. Doch obwohl die entführten Personen im Detail Unterschiedliches erleben, folgen die meisten Entführungen doch einem generellen Grundmuster. Die Berichte der Augenzeugen erinnern an Variationen eines Themas in der Musik, wie wenn ein besonders fantasiebegabter Komponist aus einem Grundthema immer neue Variationen entwickelt, die zunächst wenig miteinander gemein zu haben scheinen. Es ist folglich hilfreich, dieses Grundmuster des Szenarios zu kennen.

Das Schema, dem ich folge, stützt sich auf die gründliche Analyse von rund 270 Entführungsberichten, die der Volkskundler Dr. Thomas ‚Ed‘ Bullard 1987 veröffentlichte. Er unterscheidet bei den Entführungsberichten acht Phasen: Gefangennahme, Untersuchung, Besprechung, Rundgang, extraterrestrische Reise, Gotteserscheinung (Theophanie), Rückkehr, Nachwirkungen. Nicht in allen Entführungsberichten kommen alle acht Phasen vor - die Theophanie beispielsweise ist sehr selten -, und einer kleinen aber wichtigen Forschergruppe zufolge haben sich einige seit den späten Achtzigerjahren verändert (siehe zweites Kapitel).

Eine alle Phasen umfassende Entführung würde so aussehen:

1. Gefangennahme: Meist ist der erste Schritt die Sichtung eines UFOs, wobei elektromagnetische oder andere physikalische Wirkungen auf das Auto oder das Haus des Augenzeugen eine Rolle spielen können. Es ist nicht immer eindeutig klar, auf welche Weise das Raumschiff betreten wird, ein Phänomen das man „Eintrittsamnesie“ nennt. In jüngster Zeit berichten die Augenzeugen oft, sie seien durch Wände oder Fenster geschwebt und dann auf einem Lichtstrahl in den Innenraum des UFOs gelangt, bei dem es sich um einen runden oder ovalen Raum handelt, der sehr hell, aber diffus beleuchtet ist. Die Räume sind klinisch sauber, die Einrichtungsgegenstände sind metallisch oder weiß. Der Grund für die Sterilität wird bald klar, denn als nächster Schritt folgt eine - meist schmerzhafte - körperliche Untersuchung. Der Entführte wird entkleidet - manchmal gewaltsam - und unter Umständen zunächst gebadet oder in eine Flüssigkeit getaucht. Oft berichten die Zeugen, an Bord der UFOs kleine graue Aliens gesehen zu haben, manchmal in der Begleitung von größeren Humanoiden.

◆

Der Grund für die Sterilität wird bald klar, denn als nächster Schritt folgt eine – meist schmerzhafte – körperliche Untersuchung

◆

2. Untersuchung: Mit Geräten, die entfernt an Röntgenapparate erinnern, werden die Entführten untersucht; sie kommen sich physisch und gelegentlich auch geistig durchleuchtet vor. Andere Instrumente werden manchmal in die verschiedenen Körperöffnungen eingeführt. Die Erklärungen hierfür variieren; manche Aliens bieten überhaupt keine Begründung. Mitunter werden Proben von Haut, Nägeln, Haaren oder Ohrschmalz genommen.

Zur Untersuchung kann auch gehören, dass kleine Implantate in den Körper des Entführten gesetzt oder daraus entfernt werden. Die Opfer halten sie für eine Art Ortungsgeräte. Andere berichten, man habe sie gezwungen (oder dazu verführt) mit Aliens geschlechtlich zu verkehren, und einige Frauen behaupten, davon schwanger geworden zu sein. Die Kommunikation mit den Aliens erfolgt meist auf telepathische Weise. Viele Entführte geben an, der Leiter der Aktion habe sich von den anderen Aliens unterschieden, er sei größer und „menschenähnlicher" gewesen als die anderen Wesen. Und viele Opfer schildern den Eindruck, dieser Aktionsleiter hätte ihren Geist telepathisch – nicht mechanisch – durchleuchtet.

Truman Bethurums Buch Aboard a Flying Saucer *war einer der „Augenzeugenberichte" der Fünfzigerjahre Die Begegnungen unterschieden sich von den heutigen, lediglich die Botschaften der Aliens an die Menschheit sind dieselben wie vor 40 Jahren.*

3. Besprechung: Nach der Untersuchung dürfen sich die Entführten wieder anziehen. Manche Entführte versuchen, als physischen Beweis dafür, dass sie an Bord eines UFOs waren, einen Gegenstand zu entwenden, doch die Aliens hindern sie daran. Andere hingegen bekommen Geschenke von den Aliens, gelegentlich werden ihnen Weisheiten oder eine „Botschaft an die Menschheit" vermittelt. Meist sollen sie dieses ihnen anvertraute Wissen geheim halten oder sie vergessen es wieder, doch sagt man ihnen, dass sie sich erinnern werden, wenn die Zeit zur Verkündigung reif sei.

4. Rundgang: Ein Rundgang durch das ganze Raumschiff kann sich anschließen, der manchmal den Besuch bei Kindern einschließt, die eine Kreuzung aus Mensch und Alien sind und von Entführten gezeugt oder geboren sein können.

5. Extraterrestrische Reise: Manche Entführte berichten, sie seien zu einer Raumstation oder zum Heimatplaneten der Aliens mitgenommen worden. Diese Phase des Szenarios nimmt meist sehr mysteriöse Züge an. In den seit 1980 gesammelten Berichten erscheint an dieser Stelle häufig auch eine Art visionäre Schau. Der Entführte sieht die Zukunft der Erde oder den Heimatplaneten der Aliens wie auf einer Kinoleinwand.

6. Gotteserscheinung: Der Entführte wird zu einer Gestalt, einem Wesen, einer Manifestation von offenbar göttlicher Herkunft oder Autorität gebracht. Hier werden wieder „Botschaften" vermittelt oder „Weisheiten" verkündet.

7. Rückkehr: Der Entführte wird direkt aus dem Raumschiff zurückversetzt oder schwebt zu der Stelle, wo er ergriffen wurde. Die Erinnerung daran ist ebenso vage wie an den Eintritt ins UFO.

8. Nachwirkungen: Nachdem sich das UFO entfernt hat, entdeckt das Opfer, dass die Ereignisse Stunden, in manchen Fällen sogar Tage beansprucht haben, obwohl es ihm selbst nur wie

Minuten vorkam. Es ist Zeit vergangen, ohne dass sie wissen, was in der Zeit geschehen ist. Dieses Phänomen der „fehlenden Zeit“ wird von vielen Forschern als das einzige Anzeichen dafür gewertet, dass eine Entführung stattgefunden hat. In den kommenden Tagen und Wochen können bizarre Träume von UFOs und unerklärliche Erinnerungsfetzen sowie physische Symptome und beunruhigende Gefühlsreaktionen auftreten.

Manche Entführte haben eine vollständige und klare Erinnerung an das Ereignis, viele jedoch nicht. Woher also wissen wir so viel über Entführungen? Wie kommt ein Mensch, der wenig bewusste Erinnerung an das Vorkommnis hat, auf die Idee, er könnte Opfer einer Entführung geworden sein? Wie treffen sie mit Forschern zusammen? Wie werden ihre Geschichten bekannt?

Die Skeptiker verfügen über ein starkes Argument, wenn sie behaupten, viele „Entführungen“ seien die gemeinsame Schöpfung eines Forschers, der auf der Suche nach Beweisen für seine Theorie ist, und eines Individuums, das eine exotische Erklärung für ein völlig normales Problem sucht. Damit ein angeblich Entführter sich an einen Forscher wendet, muss er wissen, dass es solche speziell interessierten Forscher überhaupt gibt. Inzwischen ist das Phänomen so weit verbreitet, dass in den Großstädten der USA UFO-Forscher in den Gelben Seiten der Telefonbücher stehen. Doch vor Ende der Achtzigerjahre hatte ein Entführungsopfer nur die Wahl, still mit seinem besonderen Erlebnis weiterzuleben (vorausgesetzt es erinnerte sich) oder mühsam nach einem Ufologen oder nach Literatur zum Thema zu suchen.

Betty Hill, die erste nordamerikanische Entführte, schickte 1961 einen Bericht über das, was sie und ihr Ehemann Barney erlebt hatten, an NICAP (National Investigation Committee on Aerial Phenomena), nachdem sie ein Buch von Donald Keyhoe, dem Direktor dieses Komitees zur Erforschung von Luftphänomenen, gelesen hatte. NICAP untersuchte den Fall, doch dass es dabei auch zu einer Entführung gekommen war, stellte sich erst heraus, nachdem die Hills – aus medizinischen, nicht mit dem Fall verknüpften Gründen – hypnotisiert worden waren. Weitere Fälle der Siebzigerjahre kamen an die Öffentlichkeit, nachdem im amerikanischen Fernsehen der Film *The UFO Incident* über die Entführung der Hills ausgestrahlt worden war, und einige der Zuschauer Verbindungen zu eigenen Erlebnissen knüpften (zum Beispiel „fehlender Zeit“). Da sich die Hypnose bei den Hills als erfolgreich erwiesen hatte, machten Ufologen sie bald zum wichtigsten Hilfsmittel bei der Untersuchung von anderen – vermuteten – Fällen von Entführungen durch Aliens, doch sollte sich die Technik als höchst umstritten erweisen.

◆

Zur Untersuchung kann auch gehören, dass kleine Implantate in den Körper des Entführten gesetzt oder daraus entfernt werden

◆

Seit 1966 ein Buch über die Hills zum Bestseller geworden war, boten sich den angeblich Entführten durch immer neue Publikationen immer mehr Möglichkeiten, sich mit dem typischen Szenario der Entführung vertraut zu machen, ehe sie überhaupt mit einem Ufologen Kontakt aufnahmen. Je mehr den Menschen, denen irgend etwas Unheimliches zugestoßen war, die ufologische Erklärung ihres Erlebens einleuchtete, und je vertrauter sie mit dem typischen Ablauf der Ereignisse wurden, desto unwahrscheinlicher wurde es, dass man ihr Erleben anders als im Sinne einer Entführung durch Aliens interpretierte – besonders, wenn Forscher sie einer rückführenden Hypnose unterzogen (siehe drittes Kapitel).

George Adamskis Schwindelgeschichten von Treffen mit engelhaften Wesen von der Venus ließen spätere Berichte von Begegnungen mit Außerirdischen lächerlich erscheinen. Rechts neben ihm der Journalist Long John Nebel.

Die ufologische Erklärung der Dinge, die dem Opfer widerfahren sind, wird zusätzlich durch die Selbsthilfegruppen gestärkt, die hinter den UFO-Forschern stehen. Sie haben sich mit dem lobenswerten Ziel zusammengefunden, Menschen, die ein unerklärliches Erlebnis hatten, ein Forum zu bieten, wo sie von diesem Erlebnis berichten können, ohne fürchten zu müssen, sich lächerlich zu machen. Leider jedoch lassen die Gruppen kaum eine andere als ihre bereits vorgefasste Meinung zur Interpretation der Phänomene zu. Ein von mir interviewter Entführter verglich die von ihm besuchte Gruppe mit religiösen Fanatikern, über denen der UFO-Forscher als Oberguru thront. Wer neu zur Gruppe stößt, muss sich, um die Zustimmung der Mitglieder zu erlangen, der bereits vorgefassten Meinung anpassen. Dieser Druck beeinflusst das, was unter Hypnose ausgesagt wird.

Betty Hill nannte einen bekannten Entführungsforscher und die Gemeinde um ihn als Beispiel. „Eine Frau rief mich an. Sie ist ausgestiegen. Sie sagte, sie hätte die Nase gestrichen voll gehabt, denn in diesen Therapiegruppen läuft es zum Schluss nur darauf hinaus: ‚Ich erzähl dir, welche Art Sex ich an Bord eines UFOs hatte, wenn du mir erzählst, was du für Sex an Bord eines UFOs hattest‘."

Das mag übertrieben sein. Doch angesichts der Nachteile der regressiven Hypnose und allem, was dazu gehört, interviewte ich für dieses Buch eine Reihe von Entführten und angeblich Entführten, die nicht hypnotisiert worden waren, um herauszufinden, ob sich ihre Erlebnisse signifikant von denen der Hypnotisierten (von denen ich ebenfalls eine Reihe interviewte) unterschieden. Die schlichte Antwort lautet: Der Unterschied ist nicht der Rede wert. Doch einer von ihnen, David Howard, hat eine explosive Geschichte zu erzählen (siehe drittes Kapitel). Die Umstände seiner Entführung werfen eine Reihe von grundsätzlichen Fragen auf.

Warum sollten die „Fremdlinge", die die angeblichen Entführungen veranstalten, eigentlich Außerirdische sein? Ganz unverblümt gesagt, war es schon immer bloß eine Vermutung, dass UFOs aus dem Weltraum kommen. Als Kenneth Arnold 1947 einige merkwürdig unerklärliche Phänomene in der Luft beobachtete und daraus schloss, er habe Besucher aus dem All gesichtet, da war das quasi die Geburtsstunde der modernen Ufologie. Erst um 1950, nachdem sich Donald Keyhoe für die Argumentation stark gemacht hatte, setzte sich in der Bevölkerung der feste Glaube durch, „Fliegende Untertassen" seien außerirdischen Ursprungs. 1953 veröffentlichte der Okkultist George Adamski seinen Bericht über ein Treffen mit sanften, blonden „Venusianern", denen er in der kalifornischen Wüste begegnet sein wollte. Adamski, der zuvor erfolglos versucht hatte, diese Geschichte als

Sciencefiction zu vermarkten, fand rasch unzählige Nachahmer.

Diese „Kontaktpersonen" hatten alle recht ähnliche Geschichten auf Lager: Sie waren mit wunderschönen Marsianern, Venusianern und Saturniern zusammengetroffen, die alle wegen der Erfindung der Atomwaffen um das Schicksal der Erde höchst besorgt waren. Eine der Kontaktpersonen, die Südafrikanerin Elizabeth Klarer, behauptete, das Kind eines außerirdischen Liebhabers geboren zu haben. Der britische Taxifahrer George King beteuerte, aus einwandfreier Quelle zu wissen, dass Jesus von Nazareth auf der Venus lebe. Daraus entwickelte sich der erste religiöse UFO-Kult, die Aetherius Society. Die Reaktion der Ufologen reichte von peinlicher Berührung bis zu heller Wut. In den Zeugenaussagen der „echten" Entführten allerdings gehen die Themen bedrohte Erde, Kreuzung mit Aliens und religiöser Mystizismus eine untrennbare Mischung ein.

Während die Kontaktpersonen als Scharlatane entlarvt wurden, meldeten sich in den folgenden Jahrzehnten immer mehr, die von Begegnungen mit UFOs und ihren Besatzungen berichteten. Eine erste Welle von UFO-Beobachtungen gab es 1954 in Frankreich. Nur wenige der damaligen französischen Berichte werden noch heute als echt eingestuft. Doch 1964 behauptete der Polizeioffizier Lonnie Zamora in Socorro, im US-Staat New Mexico zwei kleine Wesen aus einem Raumschiff gesichtet zu haben, und sein Bericht wurde zu einem nahezu unanfechtbaren Bestandteil der UFO-Legenden. Davor und vor allem danach gab es viele andere Berichte, und nicht in allen kamen kleine Aliens vor, doch wenn sie auftauchten, dann nahmen sie meist Bodenproben und sammelten Pflanzen und Tiere ein. Der Farmer Garry Wilcox aus dem Staat New York erinnerte sich an eine lange Unterhaltung mit zwei Wesen, in der es um Düngemittel ging. In den Siebzigerjahren gab es dann sehr viele Berichte über Aliens, die in ganz Amerika Vieh angriffen und verstümmelten. Damit war der Weg geebnet für Berichte über Zusammentreffen mit höchst wissbegierigen, aber offenbar völlig gefühllosen Aliens. Nachdem Betty und Barney Hill und ein oder zwei andere in den Sechzigerjahren erstmals berichtet hatten, sie seien von Aliens entführt worden, begann in den späten Siebzigerjahren in den USA ein erstes Rinnsal von weiteren Entführungsberichten zu tröpfeln.

Der Autor Budd Hopkins präsentiert bei einer Ufologentagung seine viel übersetzten Bücher zum Thema.

ERSTES KAPITEL

ANATOMIE EINES ALBTRAUMS

Die Bandbreite der Entführungserlebnisse

◆◆◆

Gegenüberliegende Seite: Aufgrund der Beschreibungen von Betty und Barney Hill malte der Künstler David Baker den Anführer der Aliens, die die beiden im September 1961 entführt haben sollen.

Durch John Fullers 1966 veröffentlichten Bestseller *The Interrupted Journey*, der das Erlebnis beschreibt, das Betty und Barney Hill 1961 während einer Fahrt von Montreal zu ihrem Haus in Portsmouth in New Hampshire hatten, wurde erstmals eine breitere Öffentlichkeit auf das Phänomen der Entführung durch Aliens aufmerksam. Barney, damals 39 Jahre alt, arbeitete als Briefsortierer in Boston, die 41-jährige Betty war als Sozialarbeiterin beim Staat New Hampshire angestellt. Mitte September 1961 fassten sie den spontanen Entschluss, einen Ausflug zu den Niagarafällen und auf dem Rückweg einen Schlenker durch Kanada zu machen. Kurz nachdem sie Montreal verlassen hatten, hörten sie im Autoradio Warnungen vor einem auf die Ostküste zukommenden Hurrikan. Um nicht in den Sturm zu geraten, entschlossen sich die Hills, die Nacht durchzufahren. Am 19. September passierten sie um 21 Uhr die Grenze zu den USA. In Colebrook, New Hampshire, aßen sie etwas und fuhren dann auf dem US3 weiter Richtung Süden.

Betty und Barney Hill, deren Entführung 1961 als Erste in der englischsprachigen Welt allgemein bekannt wurde. Spätere Fälle wurden an Hand der Ähnlichkeiten mit diesem Fall beurteilt.

Bei Lancaster bemerkte Betty in Mondnähe ein helles Licht, das immer heller wurde. Barney hielt es für einen aus der Bahn geratenen Satelliten. Doch das Licht schien mit ihnen mitzuwandern. Sie stoppten mehrmals, um es durch den Feldstecher zu beobachten, und Barney glaubte nun, es handele

Als Betty und Barney Hill 1961 von einem Ausflug zurückkehrten, bogen sie in New Hampshire von der US3 auf diese Straße ab, die als Sackgasse endet.

sich um ein Flugzeug (er war ein „Flugzeugnarr") und nannte verschiedene Typen. Langsam fuhren sie weiter. Nun schien das Licht näher zu kommen und sie zu umkreisen. Dann fiel den beiden auf, dass sie vom Highway abgebogen waren. Das Licht senkte sich auf Baumhöhe, und sie hielten wieder an. Barney nahm den Feldstecher, lief über den Acker auf das Licht zu und näherte sich ihm auf 15 Meter.

Er machte jetzt ganz klar „ein Ding wie einen Pfannkuchen" mit einer Fensterreihe aus. Durch das Fernglas sah er Besatzungsmitglieder in naziähnlichen Uniformen. Plötzlich überzeugt, man wolle ihn gefangen nehmen, rannte er voll Angst zum Auto zurück. Während die Hills abfuhren, hörten sie hinter dem Wagen eine Reihe von Piepslauten. An das, was dann geschah, hatten beide praktisch keine Erinnerung, doch schließlich fanden sie sich auf dem US3 nahe Ashland wieder, und erneut hörten sie die Piepstöne. Bei Tagesanbruch erreichten sie Portsmouth, wobei sie für die letzten 300 km sieben Stunden gebraucht hatten. Beim Luftwaffenstützpunkt Pease erstattete Betty Bericht und sie fing an alles zu lesen, was sie über UFOs kriegen konnte. Eine Woche nach dem Vorfall teilte sie ihr Erlebnis der NICAP mit. Zwischen dem 29. September und dem 3. Oktober hatte sie mehrere Albträume, in denen sie eine Gruppe von Humanoiden sah, die den US3 blockierten, Barney und sie in das UFO führten und dort medizinisch untersuchten. Während einer Reihe von Sitzungen mit den NICAP-Mitarbeitern stellte Barney Ende Oktober fest, dass ihre Fahrt von Colebrook nach Portsmouth zwei Stunden länger gedauert hatte, als sie hätte dauern sollen.

Barney begann an Magengeschwüren, hohem Blutdruck sowie Erschöpfung zu leiden, und rund um seine Genitalien bildeten sich Warzen. Vom Sommer 1962 an ließ er sich psychiatrisch behandeln und bat den Therapeuten schließlich, eine regressive Hypnose durchzuführen, um herauszufinden, was an jenem 19. September 1961 wirklich geschehen war. Im Dezember 1963 begann er bei Dr. Benjamin Simon in Boston mit der Hypnosebehandlung, der sich auch Betty anschloss.

Beide erzählten in der Hypnose in etwa dieselbe Geschichte: Irgendwo südlich von North Woodstock war Barney von der US3 auf eine Seitenstraße abgebogen. Im Scheinwerferlicht erschienen Gestalten, die ihnen winkten und sie anhielten. Es handelte sich um grauhäutige, schwarzhaarige Humanoide mit großen, über die Schläfen reichenden Augen, kleiner, flacher Nase und blauen, schlitzförmigen Mündern. Betty und Barney wurden an Bord des UFOs gebracht – da Barney halb bei Bewusstsein war, musste er hingeschleppt werden – sie wurden dort in getrennten Räumen untersucht. Betty berichtete, ihr sei eine Hautprobe vom Arm genommen, ein Stück Fingernagel abgeschnitten und etwas Kopfhaar ausgerissen worden. Dann habe man ihr mit einer langen Nadel in den Nabel gestochen und behauptet, dies sei ein Schwangerschaftstest. Die Operation verursachte beträchtliche Schmerzen, die der „Untersucher“ – der etwas größer war als die anderen Wesen – dadurch milderte, dass er seine Hand vor Bettys Augen hin und her bewegte. Barney wurde ein rundes Instrument auf die Leiste gesetzt, offenbar um eine Samenprobe zu entnehmen.

Nach der Untersuchung hatte Betty ein Gespräch mit dem „Untersucher“, den sie für den Anführer der Gruppe hielt. Als sie fragte, woher die Fremden kämen, zeigte man ihr eine unbeschriftete Sternkarte. Über die Art der Kommunikation war sich Betty nicht mehr sicher. Sie verstanden einander, als würden beide reines Englisch sprechen, doch hatte sie den Eindruck, die tatsächliche Konversationsmethode sei Telepathie gewesen. Während die Humanoiden Umgangsenglisch benutzten, schienen sie doch von manchen grundlegenden Dingen verwirrt, denn sie fragten beispielsweise: „Was ist Gemüse? Was ist gelb?“ Auch schienen sie keinen Zeitbegriff zu haben, obwohl sie Phrasen wie „nur eine Minute“ benutzten. Barneys Zahnprothese interessierte sie ungemein und als Betty erklärte, Barney trage sie infolge eines Unfalls, doch hätten auch viele alte Leute ein künstliches Gebiss, da schienen sie mit dem Begriff „Alter“ nichts anfangen zu können. Die Aliens begleiteten das Ehepaar zu seinem Wagen zurück, dann flog das UFO in einem orange glühenden Ball – lautlos, wie es gekommen war – davon.

◆

Barney erkannte, dass ihre Fahrt von Colebrook nach Portsmouth zwei Stunden länger gedauert hatte, als sie hätte dauern sollen

◆

Der Luftwaffenstützpunkt in Pease bestätigte Dr. J. Allen Hynek, dem damaligen UFO-Berater der US-Luftwaffe, ihr Radar habe haargenau zum Zeitpunkt der Begegnung ein „unbekanntes Flugobjekt“ angezeigt. Dr. Simon hingegen fiel auf, dass die von Betty unter Hypnose gemachten Angaben genau den zuvor von ihr berichteten Albträumen entsprachen. Er schloss daraus, dass die Hills ein imaginiertes Erlebnis hatten, dessen Inhalt sich auf Bettys Träume gründete, die ihrerseits durch Ängste hervorgerufen waren, die im Zusam-

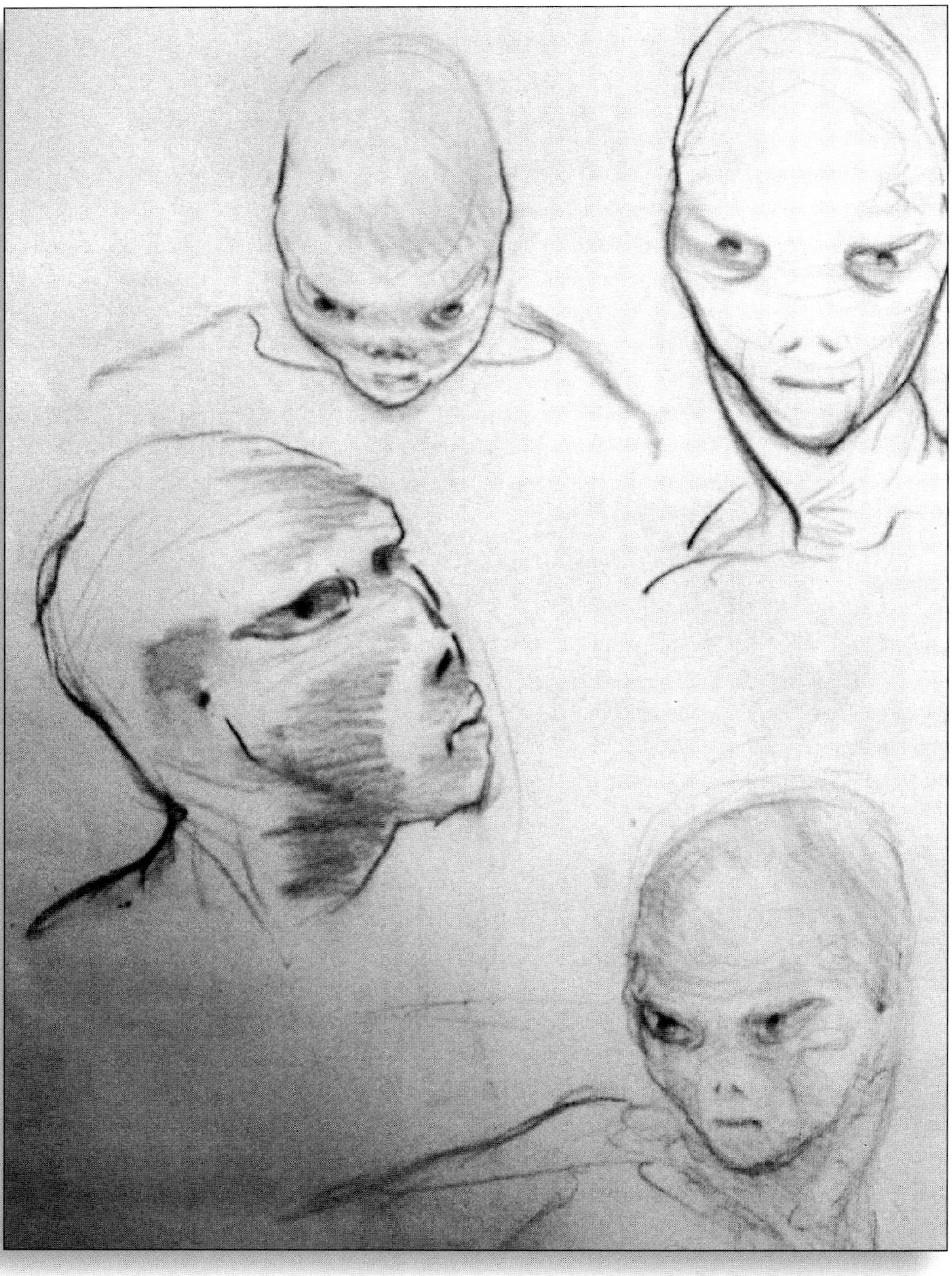

David Bakers Darstellung der Aliens, die Betty und Barney Hill entführten. Von Barney als grauhäutige, schwarzhaarige Humanoide mit großen Panoramaaugen, kleinen flachen Nasen und schlitzähnlichen blauen Mündern beschrieben, ähneln sie den Grauen, von denen heutige Entführungsopfer berichten, doch haben sie nicht deren riesige, vollständig schwarze Augen und nicht deren merkwürdig spindeldürre Hälse.

menhang mit der Begegnung mit einem unbekannten Flugobjekt standen. Darüber hinaus erläuterte er: „Hypnose ist der Pfad zu einer Wahrheit, wie der Patient sie fühlt und versteht. Die Wahrheit des Patienten ist das, was er für wahr hält, sie muss mit einer objektiven Wahrheit nicht unbedingt übereinstimmen."

Betty Hill glaubt weiterhin an die Realität ihrer Entführung und berichtete später noch von vielen UFO-Sichtungen und Begegnungen. (Barney starb 1969 an einer Gehirnblutung.)

Antonio Villas Boas

Der Fall der Hills war nicht der erste, der den Ufologen bekannt wurde. Bereits 1959 hörte man in den USA vom Fall des Brasilianers Antonio Villas Boas (siehe Seiten 22/23). Ende 1957 hatte der 23-jährige Bauer Kontakt mit dem Journalisten

Jim und Coral Lorenzen, Gründer der APRO, die sich in den Fünfzigerjahren zunächst weigerten, den Bericht von Villas Boas zu veröffentlichen.

Joao Martins aufgenommen, der in dem in Rio de Janeiro erscheinenden Magazin *O Cruzeiro* gelegentlich UFO-bezogene Geschichten veröffentlichte. Martins zahlte Villas Boas die Fahrt in die Stadt, wo ihn der Chirurg und Ufologe Olavo T. Fontes interviewen und untersuchen wollte. Die Zeitschrift lehnte die Geschichte ab, doch erschien im Sommer 1962 in einem brasilianischen Ufologenblatt eine englische Zusammenfassung. Coral Lorenzen, die 1952 zusammen mit ihrem Ehemann James die Aerial Phenomena Research Organization (APRO) gegründet hatte, hielt die Geschichte ebenfalls für so unwahrscheinlich, dass auch sie eine Veröffentlichung zunächst ablehnte.

Ein Vergleich zwischen diesen beiden „archetypischen" Fällen zeigt das den Entführungsberichten innewohnende Paradox, das ich in der Einleitung erwähnte. Zunächst scheinen die beiden Fälle radikal verschieden. Doch obwohl sie sich so stark unterscheiden – nicht zuletzt bezüglich der Absicht der Aliens – folgen sie doch dem Grundmuster der klassischen Entführung: eine einleitende Sichtung; eine Untersuchung (mit mehr oder minder ausgeprägt sexuellem Bezug) und nachfolgende Unterhaltung; der Versuch, ein „Souvenir" zu ergattern; Abreise.

Dennoch sind die Unterschiede augenfällig. Zunächst könnten die Entführten selbst, was ihre Herkunft und ihren Beruf anlangt, kaum unterschiedlicher sein. Im Fall der Hills gab es außerdem eine rund zweistündige Periode „fehlender Zeit" – für spätere Forscher immer wieder ein ganz entscheidendes Indiz für eine Entführung. Villas Boas' Erinnerungen an den Vorfall wurden von den Aliens in keiner Weise blockiert oder unterdrückt, ihm fehlt keine Zeit. Am auffälligsten sind die Unterschiede im berichteten Aussehen der Fremdlinge: Hier ein blauäugiger Blonder von fast ganz

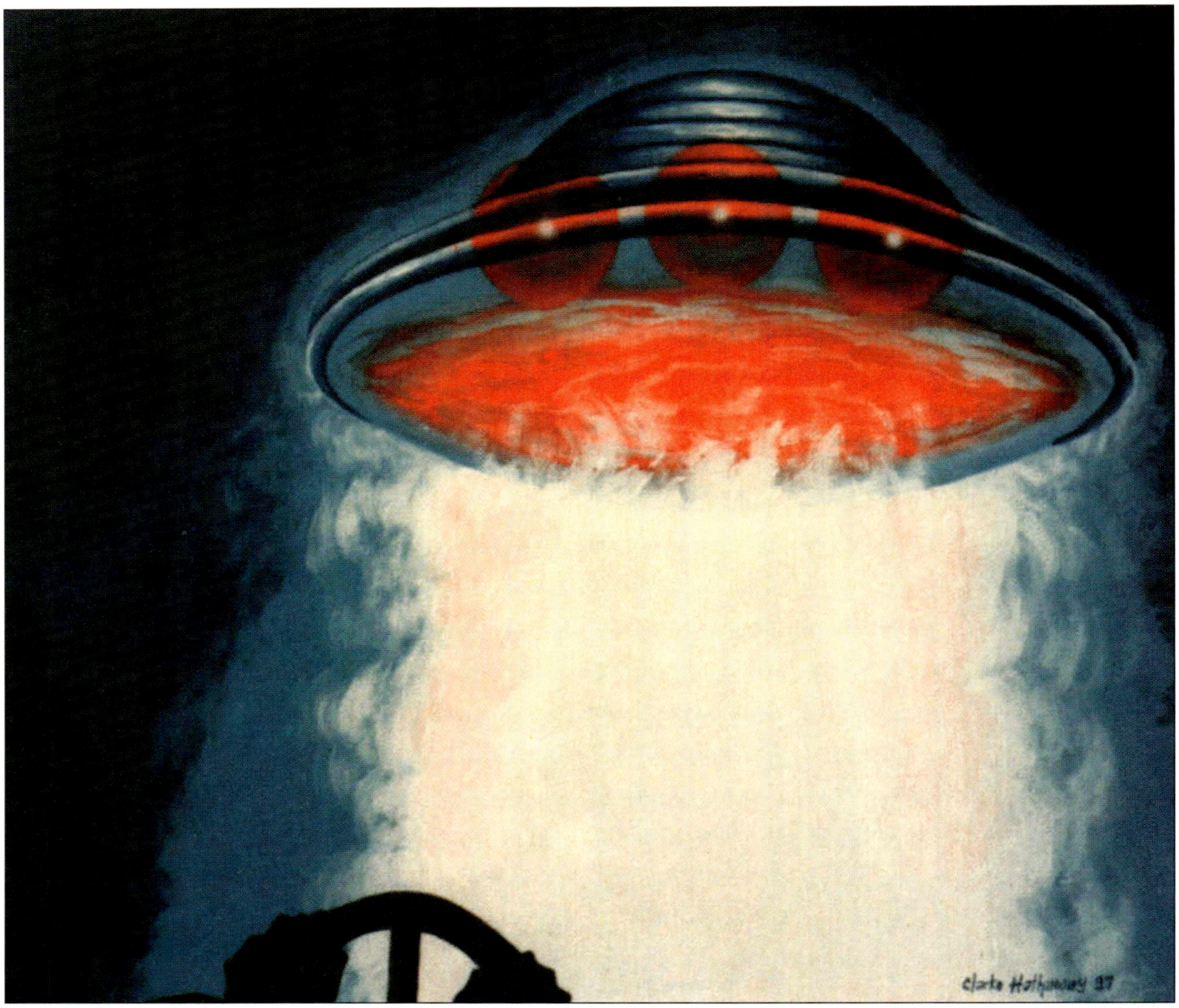

Clark Hathaway malte das UFO, das in einer Oktobernacht 1957 auf dem Feld niederging, das der Bauer Antonio Villas Boas gerade pflügte.

und gar menschlichem Aussehen, dort grauhäutige, blaulippige, schwarzhaarige Kreaturen. Außerdem schienen die Aliens, die in Brasilien gelandet waren, an die irdische Atmosphäre nicht angepasst, denn sie trugen Helme und sowohl inner- als auch außerhalb ihres Gefährts Atemgeräte, die in New Hampshire hingegen nicht. Beide Gruppen von Aliens hatten ungewöhnliche Augen. Im Fall der Hills waren sie bis über die Schläfen lang gezogen und überproportional groß. Villas Boas' männliche Kreaturen hatten dagegen kleine blaue Augen und die weibliche Verführerin große blaue Schlitzaugen. Und anders als die späteren Grauen trugen die Wesen der beiden ersten Fälle Kleider, und zwar offenbar Uniformen. Die Aliens, die Villas Boas gefangen nahmen, „sprachen“ in gutturalem Gebell und versuchten gar nicht erst, direkt mit ihm zu reden.

Herb Schirmer

Die scheinbar allgegenwärtigen Grauen beherrschen erst seit den Achtzigerjahren die Entführungsberichte. Davor berichteten Entführte von gänzlich unterschiedlichen Wesen. Zum Vergleich die folgenden Beschreibungen aus den Sechziger- und Siebzigerjahren:

Herb Schirmer (am 3. Dezember 1967 in Ashland, Nebraska, entführt) beschreibt seine grauhäutigen Entführer als 1,37-1,52 m groß und in eng sitzende, silbergraue, einteilige Uniformen mit dem Emblem einer gefügelten Schlange auf der Brust gekleidet. Der Anzug reichte über den Kopf, wo er eine Art Helm bildete, auf dessen linker Seite sich sowas wie ein Ohrstöpsel mit kurzer Antenne befand. Die Köpfe waren schmal, hatten lange, flache Nasen, lidlose orientalische - aber nicht sonderlich große - Augen und dünne, unbewegliche Lippen. Die von Schirmer beschriebene Physiognomie unterscheidet sich also deutlich von der der typischen Grauen.

José Antonio da Silva

José Antonio da Silva (am 4. Mai 1969 bei Bebedouro, Espírito Santo, Brasilien, entführt) lag während eines Angeltrips schlafend im Zelt, als er von mehreren etwa 1,20 m großen „Männern" angegriffen wurde. Sie trugen „leuchtende, helle" Gewänder und Masken, grau „wie stumpfes Aluminium", die mit Atemgeräten verbunden waren. Sie hatten „menschliche Proportionen und waren kräftig im Verhältnis zu ihrer kleinen Statur. Ihre Beine schienen dick zu sein." Nach einer „endlosen" Reise in einem Raumschiff in der Form eines zwischen zwei Untertassen gesetzten vertikalen Zylinders, fand sich da Silva mit etwa einem Dutzend unmaskierter „Homunculi" konfrontiert. Der mit der Untersuchung des Falls betraute Professor Hulvio Brant Aleixo, beschrieb in seinem Bericht den Anführer der Außerirdischen folgendermaßen:

> *... er war außerordentlich behaart. Seine langen, rötlich schimmernden, welligen Strähnen reichten ihm bis zur Taille. Sein Bart war lang und dick und hing ihm bis zum Bauch. Er hatte weit auseinanderstehende, zwei Finger dicke Augenbrauen, die sich seitlich fast um die ganze Stirn zogen. Seine Haut war sehr blass. Die Augen waren rund, größer als bei uns üblich und vom Grün vollreifer Blätter. Die Augenhöhlen lagen tief, die Lederhaut des Auges war dunkler als die Gesichtshaut, die Pupillen dunkel. Er blinzelte kaum, Wimpern konnte José Antonio nicht entdecken.*

◆
Die scheinbar allgegenwärtigen Grauen beherrschen erst seit den Achtzigerjahren die Entführungsberichte – und selbst da nicht überall
◆

Die lange, spitze Nase des kleinen Mannes war „größer als unsere", auch seine Ohren waren „größer". Zwar hatte er Ohrläppchen wie wir, doch der obere Teil der Ohren war gerundeter. Sein Mund war breit und sah „wie ein Fischmaul" aus. Bei keinem habe er auch nur einen einzigen Zahn gesehen ...

Die Wesen sprachen eine „tiefe, gutturale" Sprache. Mit José Antonio verständigten sie sich durch Zeichen und mithilfe von Skizzen, die sie auf eine helle Tafel malten. Nachdem er die dunkelgrüne, bitter schmeckende Flüssigkeit getrunken hatte, die man ihm anbot, konnte er besser verstehen, was sie ihm mitteilen wollten...

John Hodges

John Hodges (Pseudonym, im August 1971 in Los Angeles, Kalifornien, entführt) und Peter Rodriguez (ebenfalls Pseudonym) verließen um 2 Uhr nachts die Wohnung eines Freundes in der Dapple Gray Lane im Süden von L.A. Auf einmal sahen sie auf der Straße vor Hodges Auto zwei gehirnähnliche Objekte, die einem ausgewachsenen Mann etwa bis zur Hüfte gereicht hätten. Offensichtlich waren die Objekte lebendig. Das größere der beiden „Gehirne" hatte auf der Seite einen roten Fleck. Hodges fuhr an ihnen vorbei.

Einer später unter Hypnose gemachten Aussage zufolge tauchten die „Gehirne" wieder auf, ehe Hodges den Wagen verlassen konnte. Dann befand er sich zusammen mit den Gehirnen plötzlich in einem Raum voller Instrumente, in dem Humanoide standen: „Sie sind groß, graue Haut... gelbe Augen, sehr schmale Augen, Münder ohne Lippen, komische sehr flache Nasen. An den Händen haben sie sechs lange dünne Finger, sechs Finger und einen Daumen. Bis zum ersten Gelenk haben sie Schwimmhäute..."

Die „Gehirne" haben die Oberaufsicht über das, was geschieht. Hodges erhält eine Prophezeiung über den Dritten Weltkrieg, der Anfang der Achtzigerjahre beginnen und nach einem UFO-Besuch 1987 enden wird.

Charlie Hickson und Calvin Parker

Mit wiederum einem anderen Wesen kamen Charlie Hickson und Calvin Parker (am 11. Oktober 1973 in Pascagoula in Mississippi entführt) in Berührung. Die beiden saßen angelnd am Pier der verlassenen Anlegestelle von Shaupeter

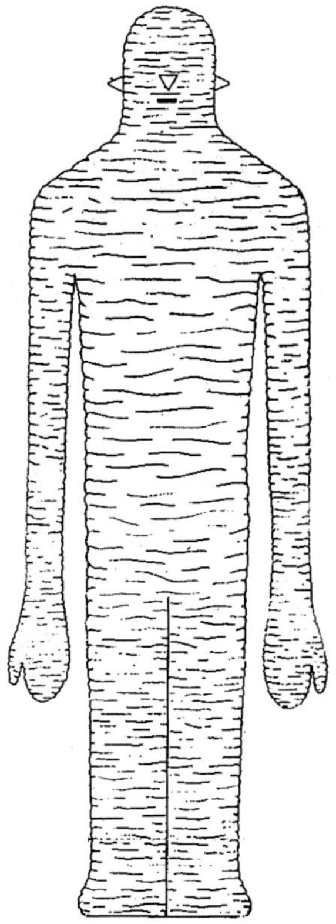

Charlie Hicksons Skizze von einem der drei Wesen, die ihn und Calvin Parker im Oktober 1973 vom Ufer des Pascagoula River in Mississippi entführten.

am Pascagoula River. Gegen 21 Uhr drehte sich Hickson nach einem frischen Köder um und hörte hinter sich „ein Summen". Nahe über dem Boden sah er ein fischförmiges, blaugraues Raumschiff schweben, das sich öffnete. Drei 1,50 m große Wesen schwebten heraus:

> *Der Kopf schien direkt auf den Schultern zu sitzen, und sowas wie eine Nase ragte 5 cm weit heraus. Auch auf beiden Seiten des Kopfes, wo man die Ohren erwartet, saß was Nasenähnliches. Direkt unter der Nase war ein mundähnlicher Schlitz. Die Arme waren wie Menschenarme, aber proportional zu lang, die Hände erinnerten*

an einen Fausthandschuh mit Daumen. Die Beine blieben zusammen, die Füße sahen wie Elefantenfüße aus. Der ganze Körper war faltig und grau. Möglicherweise gab es Augen, doch der Bereich über der Nase war so faltig, dass ich keine erkennen konnte.

Später beschrieb Hickson die Hände als krabbenähnliche Klauen und machte auch entsprechende Skizzen. Die Wesen nahmen die beiden Männer auf – wobei Parker in Ohnmacht fiel – und schwebten mit ihnen in das Raumschiff. Hickson fand sich in einem hell erleuchteten Raum ohne sichtbare Lichtquelle. Während Parker in einen angrenzenden Raum gebracht wurde, wurde Hickson irgendwie schwebend in der Luft gehalten, sodass er nur die Augen bewegen konnte. Ein wie ein Riesenauge aussehendes Objekt umflog Hickson und schien ihn zu untersuchen. Nach etwa 20 Minuten wurden die Freunde schwebend zum Pier zurückgebracht. Hickson landete auf den Füßen, Parker kam wieder zu Bewusstsein.

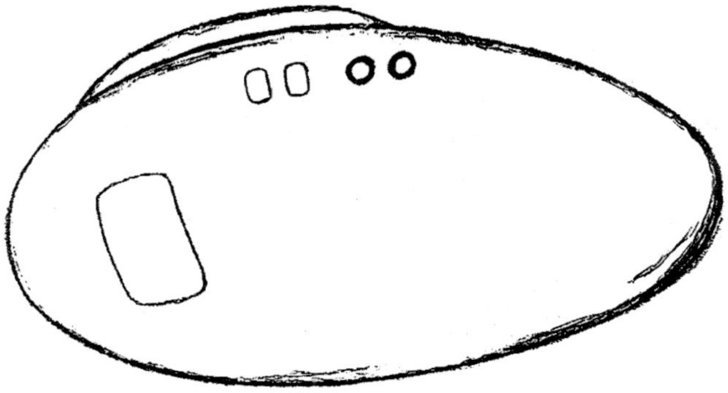

Von Charlie Hickson gefertigte Skizze des von ihm zunächst als „fischförmig" bezeichneten UFOs, in das er gebracht wurde. Während er seine Geschichte wiedererzählte, veränderten sich auch andere Details. Später berichtete er von weiteren Kontakten mit UFOs.

Patty Roach und ihre Kinder

Die Wesen, die Patty Roach und ihre Kinder am 16. Oktober 1973 von ihrem Haus in Lehi im Bundesstaat Utah entführten, waren sehr dünne, etwa 1,20 m große Aliens mit langen Armen, die in behandschuhten „Klauen" mit sehr kleinen Daumen endeten. Sie hatten große Schlitzaugen und trugen eine scheinbar fluoreszierende Kleidung mit Sam-Browne-Gürteln. An Bord des UFOs befand sich „ein ganz normaler Mensch mittlerer Größe mit einer Stirnglatze und einem grauen Haarkranz an den Seiten. Er trug eine Hornbrille." Mrs. Roach ist überzeugt, man habe sich während der Entführung ihrer „Gedanken bemächtigt".

Carl Higdon

Das Wesen, das Carl Higdon und die fünf Elche entführte, die er am 29. Oktober 1974 an der Nordgrenze des Medicine Bow Nationalparks in Wyoming jagte, nannte sich „Ausso" und war ein Mittelding zwischen Alien, Mensch und den rätselhaften „Männern in Schwarz", die angeblich UFO-Zeugen belästigen. Ausso war 1,88 m groß, wog etwa 82 kg und trug einen schwarzen Anzug und schwarze Schuhe. Auf der Mitte seines Gürtels prangte ein Stern mit einem gelben Emblem darunter. Er war „ziemlich o-beinig", hatte „einen spitz zulaufenden Kopf ohne Kinn" und dünne Haare, die ihm „gerade vom Kopf wegstanden". Ausso sprach normales Englisch und führte die Entführung völlig allein durch, jedenfalls sah Higdon außer ihm keinen anderen Alien, wohl aber fünf weitere Menschen an dem Ort, zu dem er für eine kurze, oberflächliche Untersuchung gebracht wurde, während der er angekleidet stehen blieb.

DIE AUSSERIRDISCHE GELIEBTE

Antonio Villas Boas

◆◆◆

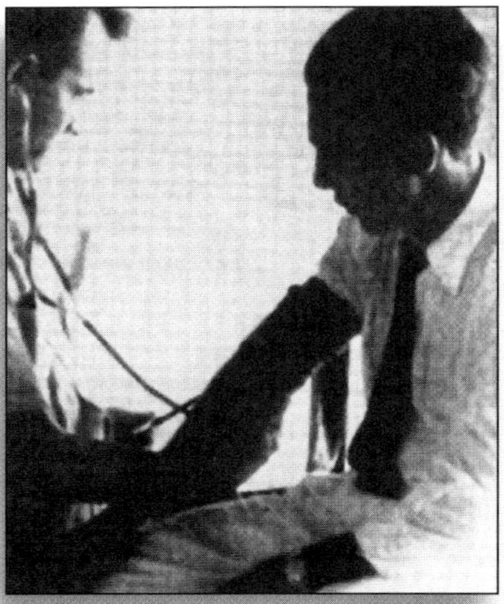

Antonio Villas Boas, Brasilien, 1957.

Der 23-jährige Antonio Villas Boas lebte mit seinen Eltern, seinen Brüdern und Schwägerinnen auf einem kleinen Hof in der Nähe von Sao Francisco de Salles, im brasilianischen Bundesstaat Minas Gerais. In den frühen Morgenstunden des 16. Oktober 1957 war er allein draußen auf dem Feld und pflügte beim Licht der Scheinwerfer seines Traktors. Gegen 1 Uhr sah er ein Licht, das er später als „großen roten Stern" beschrieb, denn bereits zehn Tage vorher hatten er und sein Bruder ein helles Licht auf das Bauernhaus zukommen und das Schlafzimmer erhellen sehen, weshalb Antonio ängstlich die Fensterläden geschlossen hatte. Um 21 Uhr 30 am Abend des 15. Oktober, als er zusammen mit seinem Bruder pflügte, hatten sie beide einen schwachen roten Lichtball 100 m über dem Boden schweben sehen. Antonio hatte versucht, sich dem Licht zu nähern, doch es flog blitzschnell vom einen Ende des Feldes zum anderen.

Diesmal war Villas Boas allein und wie versteinert, als das Licht sich herabsenkte und er sehen konnte, dass es sich um ein eiförmiges Objekt handelte. Während es landete – es fuhr drei Schäfte aus –, überstrahlte sein helles Glühen die Lichter des Traktors. Das Objekt hatte einen deutlichen Rand, in dem lilafarbene Lichter saßen, und vorne drei rot erleuchtete Sporne. Der gewölbte obere Teil drehte sich entgegen dem Uhrzeigersinn und wechselte die Farbe von Rot nach Grün, während das Gefährt landete.

Antonio versuchte, mit seinem Traktor zu entkommen, doch der Motor streikte. Als er über das Feld davonrennen wollte, griffen ihn drei Wesen – wovon ihm keines bis zur Schulter reichte, und er selbst ist nur 1,65 m groß – und zerrten ihn über eine ausgefahrene Leiter ins Innere des Raumschiffs, wo er sich in einem kleinen, quadratischen, hell erleuchteten Raum mit Metallwänden wiederfand.

Fünf kleine Kreaturen waren anwesend: zwei davon hielten ihn fest. Sie trugen eng sitzende Anzüge aus dickem, weichem, ungleichmäßig gestreiftem, grauem Material und große breite, durch Metallbänder versteifte Helme. Schläuche führten von den Helmen zur Kleidung, zwei endeten unter den Armen, ein dritter auf dem Rücken. Schuhe mit dicken Sohlen schienen ebenso Teil des Anzugs zu sein wie dicke, unförmige Handschuhe. Alles, was Villas Boas erkennen konnte, waren kleine, hellblaue Augen.

Später erinnerte er sich, dass sie Laute von sich gegeben hatten die „völlig anders waren als alles, was ich je gehört hatte … Es war wie Bellen und Japsen, weder klar noch sonderlich heiser, manche Laute waren länger, andere kürzer, manchmal mehrere Töne auf einmal … mich schaudert's noch immer, wenn ich an diese Laute denke. Ich kann sie nicht nachmachen, meine Stimme ist nicht dafür gemacht."

Die fünf kleinen Aliens zogen den sich heftig zur Wehr setzenden Bauern nun aus, und einer rieb ihn mit einem nassen, schwammähnlichen Ding ab. Dann wurde er in einen anderen Raum geführt, der mit ein paar Stühlen und einer Couch spärlich möbliert war. Hier entnahmen die Aliens ihrem Gefangenen Blut aus dem Kinn, das sie „in einer Art Kelch" auffingen. Dann ließ man Villas Boas allein, doch erfüllte ein solcher Gestank den Raum, dass er zu einer Ecke rannte und sich erbrach.

Darauf folgte der bizarreste Teil des Erlebnisses. Eine nackte Frau kam ins Zimmer, deren Körper „schöner war als jeder andere den ich je gesehen habe." Sie hatte glattes, blondes, fast weißes Haar, doch ihre Scham- und Achselhaare waren leuchtend rot. Sie hatte „große blaue, eher längliche als runde Augen, die seitlich etwas schräg waren". Ihr Körper, sagte Villas Boas sei schlank gewesen, und sie habe hohe feste, deutlich getrennte Brüste gehabt. Den Rest soll Antonio Villas Boas selbst berichten:

„Die Frau kam schweigend auf mich zu ... plötzlich umarmte sie mich und fing an, ihren Kopf an meiner Wange zu reiben. Zugleich spürte ich, wie sich ihr Körper an den meinen schmiegte" - wodurch er sich „unkontrollierbar sexuell erregt fühlte, wie es mir noch nie zuvor passiert war ... wir landeten auf der Couch, wo wir das erste Mal beieinander lagen. Es war ein ganz normaler Akt, und sie reagierte, wie es andere Frauen auch täten. Dann machten wir ein bisschen Petting, und dann kam es zum zweiten Akt. Danach aber verweigerte sie sich mir, und die Sache war fertig." In diesem Augenblick verflog auch Antonios Interesse, der sich nun ärgerte, weil ihm dämmerte, dass „die nur einen guten Deckhengst gebraucht hatten, um ihre Zucht aufzufrischen ..."

Kurz danach wurde die Frau hinausgerufen. Ehe sie ging, deutete sie auf ihren Bauch, dann zum Himmel, was Antonio dahingehend interpretierte, dass sie früher oder später zurückkehren werde, um ihn zu holen. Die brasilianischen Forscher konnten ihn aber davon überzeugen, dass sie wohl gemeint hatte, sie werde auf ihrem Heimatplaneten sein Kind gebären. Schließlich gab man Antonio seine Kleider zurück und zeigte ihm bei einem Rundgang das Raumschiff, wobei er vergeblich einen Gegenstand zur Erinnerung zu entwenden suchte. Dann wurde er über die Leiter auf sein Feld zurückgebracht, woraufhin das Raumschiff wie der Blitz entschwand. Er war 4 Stunden und 15 Minuten an Bord gewesen.

In den kommenden Wochen litt Antonio an Schlafstörungen und Übelkeit. Olavo T. Fontes, Ufologe und Arzt, interviewte ihn im Februar 1958. Außerdem untersuchte er den jungen Mann gründlich und fand zwei „kleine Verfärbungen zu beiden Seiten des Kinns ... Reste einer künstlichen Verletzung, die zu einer subkutanen Blutung geführt hatte."

In den kommenden Jahren wurde der Fall zum Klassiker der Ufologen, doch über Villas Boas selbst hörte man wenig. 1978 tauchte er plötzlich in einem brasilianischen Fernsehprogramm auf. Er war jetzt kein Bauer mehr, sondern Dr. Antonio Villas Boas, ein nüchterner Rechtsanwalt mit einer kleinen Kanzlei in einer Kleinstadt nahe der Hauptstadt Brasilia. Er ist glücklich verheiratet und hat vier Kinder. Nur eine Winzigkeit an seiner Zeugenaussage hat sich verändert: Bei Gelegenheit des zweiten Verkehrs hatte die Frau eine Spermaprobe von ihm genommen.

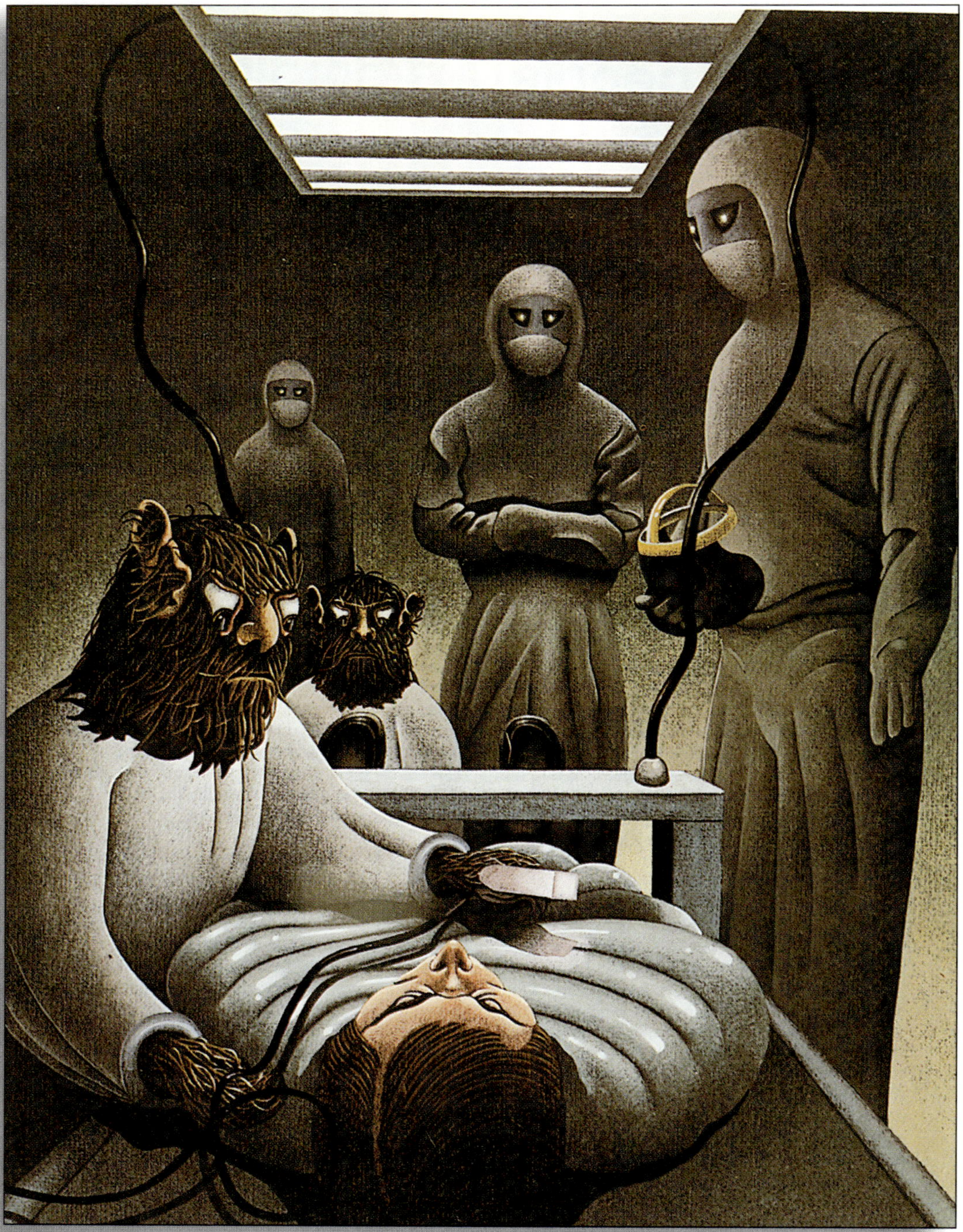

John Avis bei der Untersuchung durch Aliens. Zusammen mit seiner Frau Elaine und seinen beiden Kindern war er 1974 samt Auto von einer Landstraße in Essex in ein UFO entführt worden. Die unterschiedlichsten Typen von Aliens wurden bereits an Bord der verschiedenen UFOs gesichtet, doch Wesen wie die, die den Avis begegneten, haben andere noch nicht gesehen. Sie sahen auch eine christusähnliche Figur, die in anderen Berichten nicht vorkommt.

Das von Ausso gesteuerte Raumschiff ähnelte einer durchsichtigen Kabine, die Higdon auf zwei Quadratmeter schätzte.

Acht Monate vorher war in Schweden ein Zeuge, der sich „Anders" nennt, bei Nacht aus seinem Haus in Lindholmen von „halb-durchsichtigen" Aliens entführt worden. Sie waren etwa 1,88 m groß sahen „wie Inder" aus und trugen offenbar Kapuzen, denn der Zeuge bemerkte weder Ohren noch Haare. Ein „verschwommenes Glühen" umgab sie, und sie kommunizierten „mittels musikalischer Töne".

John und Elaine Avis

Am 27. Oktober 1974 kamen wiederum völlig andere Wesen und hoben John und Elaine Avis samt ihren Kindern und dem Auto, in dem sie gerade auf einer Landstraße in Essex in England fuhren, in ein Raumschiff. Unter Hypnose erinnerte sich John Avis an drei mehr als 1,80 m große „Kontrolleure", die die Aktivitäten der kleineren – und sehr viel hässlicheren – Wesen überwachten. Die menschenähnlichen „Kontrolleure" trugen eng anliegende, silbrige Overalls, die auch den Kopf und die Hälfte des Gesichtes bedeckten, sodass Avis nur rosafarbene Schlitzaugen sehen konnte, die offenbar keine Pupillen hatten, sowie hohe Wangenknochen und eine lange, unter der Gesichtsmaske verborgene Nase. Untersucht wurde er jedoch von zwei grotesken Kreaturen, die weiße Arztkittel trugen und mit kleinen, schreibstiftähnlichen Instrumenten hantierten. Es waren zottelhaarige Zwerge mit dreieckigen Augen, Hakennasen und Schlitzmündern, „menschlichen Fledermäusen nicht unähnlich". Auch die klauenartigen Hände waren behaart. Elaines Beschreibung stimmte mit der ihres Mannes überein.

Nicht alle der hier erwähnten Zeugen erlebten das volle Szenario einer Entführung. Carl Higdon bekam beispielsweise mitgeteilt, er sei „unbrauchbar", und die Begegnung wurde beendet. Selbst wenn viele, oder sogar alle Standardphasen vorkommen, können sie sich doch von Fall zu Fall ganz erheblich unterscheiden. In den hier vorgestellten Berichten sind die Aliens unterschiedlich groß, mal behaart, mal kahl, mal bekleidet mal nicht und mehr oder weniger typisch menschlich in ihrem Verhalten und ihren Proportionen. Sie kommunizieren auf bestimmte Weise. Eine unübersehbare Besonderheit sind die Augen. Sie werden nie gleich beschrieben, aber sie sind (mit Ausnahme des möglicherweise augenlosen Wesens, das Hickson sah) immer auffällig. Meist werden sie als größer als normal beschrieben, fast immmer als Schlitzaugen, und oft haben sie überwältigende Kraft.

◆

Eine unübersehbare Besonderheit sind die Augen. Sie werden nie gleich beschrieben, aber sie sind immer auffällig

◆

Barney Hill zum Beispiel war von den Augen der Aliens, die er durch sein Fernglas beobachtete, nahezu übermannt: „Oh, diese Augen! Sie sind in meinem Gehirn!", rief er unter Hypnose. Als er zum Wagen zurückeilte, hatte er das Gefühl, die Augen verfolgten ihn. Und später, als die Aliens ihnen den Weg versperrten, erinnerte er sich:

Sie sprechen nicht mit mir. Nur die Augen sprechen mit mir. Ich – ich – ich verstehe das nicht. Oh ja – die Augen haben keinen Körper. Es sind bloß Augen ... Ich weiß, was es ist. Es ist die Cheshire Katze aus Alice im Wunderland. Davor muss ich mich nicht fürchten. Auch sie verschwand ... nur die

Clark Hathaway malte die Aliens, die Barney Hill durch sein Fernrohr gesehen hatte. Die besonders hypnotischen Augen, die sie laut Barney gehabt haben sollen, waren, wie er sagte, „in seinem Gehirn" und „sprachen" später mit ihm.

Augen blieben … Ich habe keine Angst … Die Augen sagen mir: ‚Hab keine Angst'… Ich habe nicht mal Angst davor, dass sie mit keinem Körper verbunden sind.

Doch Barney Hill ist nicht der einzige Entführte, der die Augen der fremden Wesen mit denen von Katzen vergleicht.

Auch Sandy Larson (am 26. August 1976 etwa 70 km westlich von Fargo, North Dakota, entführt; siehe zweites Kapitel) empfand die Augen der Aliens als hypnotisch. Von dem Ufologen Dr. J. Allen Hynek nach den Besonderheiten im Gesicht der Aliens befragt, sagte sie: „Das Starren der Augen. Es kam mir vor, als könnten ihre Augen mein Gehirn kontrollieren." Das einzige, was in den frühen Berichten nicht vorkommt, sind die ganz und gar schwarzen Augen der Grauen, obwohl ihre blasse Hautfarbe nicht nur beim Erlebnis der Hills bereits auftaucht, sondern auch bei den ansonsten völlig anderen Kreaturen, denen Charlie Hickson und Calvin Parker begegnet waren.

Bei der 1992 in Cambridge, im US-Bundesstaat Massachusetts abgehaltenen Abduction Study Conference, lenkte die britische Ufologin Jenny Randles die Aufmerksamkeit auf einen merkwürdigen Unterschied, der bis dahin zwischen amerikanischen, britischen und kontinentaleuropäischen Entführungsberichten bestand. Sie stellte nämlich fest, dass drei Typen von Wesen bei den Entführungsberichten vorherrschten, wobei jeder dieser drei bestimmmte Teile der Welt zu bevorzugen schien. Es heißt:

> *In der britischen Auswahl von Fällen werden drei Hauptgruppen von Wesen beschrieben: Die ‚Grauen' (der kleine, großkopfige Typ, der in der amerikanischen Entführungsliteratur vorherrscht), die ‚Nordischen' (große, meist blonde, blauäugige Wesen mit katzenähnlichen Augen ...) und ‚Menschen' (Gestalten von normaler Größe und Erscheinung, oft als Bartträger beschrieben oder als ‚normal' aussehend).*

Und das sind die unterschiedlichen Prozentanteile, die Randles beim Vergleich zwischen USA und Europa feststellte:

	Mensch	Nordisch	Graue	Andere
Großbritannien	44	35	12	09
USA	12	06	73	09
Europa	15	25	48	12

Die Grauen kommen also sechsmal so oft nach USA und viermals sooft nach Europa wie nach Großbritannien, während umgekehrt die Nordischen zwar häufig in Großbritannien und Europa, aber praktisch kaum in den USA erscheinen. „Menschen" als Entführer sind in Großbritannien am häufigsten, und sowohl in den USA als auch in Kontinentaleuropa relativ selten.

◆
Die hervorstechende Präsenz von „Nordischen" in den britischen und europäischen Berichten müsste die amerikanischen Entführungsforscher stutzig machen
◆

Randles trockener Kommentar dazu: „Die Unterschiede sind signifikant. Hinzu kommt, dass die wenigen in Großbritannien berichteten Begegnungen mit ‚Grauen' alle nach 1987 stattfanden, nachdem durch eine intensive Werbekampagne Whitley Striebers Erlebnisberichte mit diesen Wesen in die englische Kultur eingesickert waren."

Wenn ein einziges, heftig beworbenes Buch Einfluss auf die britischen Erlebnisberichte hat, so darf man erwarten, dass dies in den USA und Europa auch so ist. In späteren Kapiteln werden wir die Implikationen dieser Möglichkeit genauer beleuchten, denn mit ihr ist die Frage verknüpft, ob und in welchem Maß Entführungsberichte - wenn auch nicht unbedingt die Entführungserlebnisse - durch die Alltagskultur und die Gesellschaft beeinflusst werden.

Im Rahmen der gesamten Ufologie müsste die hervorstechende Präsenz von „Nordischen" in den britischen und europäischen Berichten die amerikanischen Entführungsforscher stutzig machen.

Der nordische Alien betrat die Bühne der UFO-Inszenierungen in den Fünfzigerjahren, als einige zwielichtige, inzwischen entlarvte Charaktere sich ihren Lebensunterhalt damit verdienten, von Begegnungen mit außerweltlichen Wesen zu berichten, die zumeist behaupteten, sie seien um die Zukunft der Menschheit besorgt und deshalb mit einer Friedensbotschaft gekommen. Diese Aliens stammten angeblich von der Venus, vom Mars oder Saturn oder von völlig unbekannten Planeten wie Clarion oder Meton, die sich aber

WÄCHTER DER ERDE

Betty Andreasson

◆◆◆

Betty Andreasson und ihr Mann Robert Luca behaupten, einzeln und gemeinsam entführt worden zu sein.

Am diesigen Abend des 25. Januar 1967 war die damals 30-jährige Betty Andreasson mit ihren sieben Kindern daheim in Ashburnham, Massachusetts. Auch ihre Eltern waren da, um ihr zu helfen, denn ihr Ehemann lag nach einem Autounfall im Krankenhaus. Etwa um 19 Uhr gingen alle Lichter aus, und Betty sah ein rötliches Glühen vor dem Küchenfenster, während ihr Vater kleine Kreaturen „wie Kürbisköpfe bei Halloween" im Garten sah. Als die Lichter wieder angingen, waren fast alle in einer Art katatonischer Trance, doch sahen Betty und ihre 11-jährige Tochter Becky vier 1,20 m große Wesen durch die geschlossene Tür kommen. Betty, eine tief überzeugte Christin, hielt sie für Engel. Ihrer Beschreibung nach handelte es sich um typische Graue mit birnenförmigen Köpfen, großen Augen und Händen mit nur drei Fingern. Sie trugen hautenge, dunkelblaue Uniformen mit einem Vogelemblem auf dem linken Ärmel, dazu Handschuhe und hohe Stiefel.

Anfang 1977 erinnerte sich Betty unter Hypnose, dass der Anführer der Grauen ihr telepathisch mitgeteilt hatte, sein Name sei Quazgaa, und die Aliens benötigten „feuererprobte Speise ... feuererprobtes Wissen". Daraus ergab sich ein ulkiges Missverständnis, denn Betty verbrannte zunächst Fleisch auf ihrem Herd, dann aber reichte sie dem Alien eine ihrer Bibeln. Daraufhin händigte er ihr ein „dünnes blaues Buch mit leuchtend weißen Seiten" aus. Die Fremdlinge baten Betty, ihnen zu folgen, damit sie „der Welt helfen" könne. Zögernd stimmte sie zu und wurde nach draußen zu einem ovalen Raumschiff geführt, wo man sie einer schmerzhaften körperlichen Untersuchung unterzog: Man stach ihr eine lange Nadel in den Nabel und führte eine Sonde in ihre Nase ein, aus der man ein „stachliges" Objekt von der Größe einer Schrotkugel herausholte.

Als Nächstes setzte man sie in einen Stuhl, steckte ihr Schläuche in Mund und Nase und zog ihr eine durchsichtige, luftdichte Decke über. Eine graue Flüssigkeit durchflutete diesen „Behälter" und Betty fühlte ein angenehmes Pulsieren. Dann wurde die Flüssigkeit abgelassen, und zwei Aliens führten Betty aus dem Raumschiff hinaus durch einen dunklen, felsigen Tunnel und durch einen Spiegel in eine tote Landschaft, in der alles rot war, sogar die Luft. Zwischen eckigen Gebäuden sah sie lemurengleiche Kreaturen herumlaufen, die keine Köpfe hatten, aber Augen auf Stielen.

Durch eine runde Membran trat das Grüppchen in eine grüne Umgebung ein. In der Ferne sah Betty zwei wunderschöne Städte; etwas näher eine pyramidenähnliche Struktur mit einem skulptierten Kopf auf der Spitze. Am Ende des Pfades schwebten Kristalle in der Luft, die ein helles Licht verströmten, doch ein 4,50 m großer, enorme Hitze ausstrahlender Vogel versperrte den Weg. Anstelle des Vogels war mit einem Mal ein Feuer da, und aus seiner Asche kroch ein fetter Wurm. Dann hörte Betty eine mächtige Stimme (die sie für die Stimme Gottes hielt), die ihr sagte, sie sei auserwählt „der Welt den Weg zu zeigen, doch ist die Zeit noch nicht gekommen". Das Grüppchen kehrte zum UFO zurück, Betty wurde wieder „versiegelt" und dann in ihren Garten zurückgeführt. Quazgaa sagte ihr, „Geheimnisse" seien in ihr Hirn „eingeschlossen" worden. Innerhalb des Hauses waren die Familienmitglieder noch immer in einer Art Dornröschenschlaf. Die Aliens brachten alle zu Bett und gingen dann. Insgesamt hatte die Begegnung etwa 3 Stunden 40 Minuten gedauert. Das Buch, das man Betty gegeben hatte, verschwand leider 10 Tage nach dem Ereignis (doch vorher hatte sie es Becky gezeigt), und auch an die „Formeln", die Quazgaa ihr ins Hirn geprägt hatte, konnte Betty sich nicht erinnern. Psychiatrische Untersuchungen ergaben, dass sie geistig völlig gesund, ernsthaft und verlässlich ist. Ihr Bericht steckt voller religiöser und anderer symbolischer Bilder.

◆

Wiederum sagten ihr die Entführer, sie seien Wahrer der Lebensform unseres Planeten

◆

> *... solange der Mensch nicht annimmt, wird er nicht gerettet werden, wird er nicht leben ... Alles ist geplant. Am größten aber ist die Liebe. Sie wollen niemandem wehtun - aber ... um ihrer großen Liebe willen können sie nicht zulassen, dass der Mensch weiter diesen Weg geht ... Sie verfügen über eine Technologie, die der Mensch anwenden kann ... Wenn der Mensch die Natur selbst studiert, wird er viele der Antworten finden, nach denen er sucht ... Die reinen Herzens sind und aufrichtig suchen, denen wird gegeben werden.*

Raymond Fowler, der den Fall untersuchte, meinte zunächst, die Aliens hätten sich dieser Sprache und Symbole bedient, um Bettys Vertrauen zu gewinnen. Betty selbst war überzeugt, es habe sich um „Boten des Herrn" gehandelt, die mit der Wiederkunft Christi zu tun hätten.

Weitere Hypnosesitzungen in den Jahren nach 1977 ergaben, dass die Aliens ihr bereits erste Hinweise auf das Kommende gegeben hatten, als sie sieben Jahre alt war. Mit 12 erhielt sie noch einmal eine ähnliche Botschaft, und ein Jahr später wurde sie erstmals entführt. Bei dieser Gelegenheit wurde ihr das linke Auge entnommen und ein „gläsernes, erbsengroßes Objekt sowie ein oder mehrere glasähnliche Splitter" in den Kopf eingesetzt. Man zeigte ihr auch Skulpuren von Tieren und Pflanzen aus Eis oder Glas, die kurz zum Leben erwachten, wenn sie sie berührte. Wenn sie „heimkomme", werde sie alles verstehen, sagte man ihr; das sei „wo der Eine ist", und der Eine sei „hinter der Großen Tür", die Betty in einem außerkörperlichen Zustand durchschritt. 1961 hatte Betty einen weiteren Kontakt, bei dem sie stärkende Botschaften erhielt und für ihren christlichen Glauben gelobt wurde.

Nach weiteren kurzen Begegnungen wurde Betty 1978 zusammen mit ihrem zweiten Ehemann Bob Luca entführt. Sie hatten ein OBE - out-of-body-experience (das Gefühl, sich außerhalb des Körpers zu befinden) - und wurden zusammen mit vielen anderen Menschen als kurzfristig in Lichtgestalten Verwandelte hinter das Große Tor gebracht. 1986 löste ein Alien erneut ein OBE bei Betty aus. Sie schwebte über eine weite kristalline Landschaft, und über ihr flog ein riesiger Vogel. Raymond Fowler beschreibt es so: „Wiederum sagten ihr die Entführer, sie seien Wahrer der Lebensform unseres Planeten und ihre Entführungen würden durchgeführt ... um umweltbedingte Effekte auf den Körper zu erforschen und die Restaurierung der menschlichen Art zu erreichen." ...

dennoch in unserem Sonnensystem befinden sollten. Amerikanische Entführungsforscher unterscheiden seither streng zwischen diesen „Kontaktpersonen“ und ihren wunderschönen blonden „Brüdern aus dem All“ und den „echten Entführten“ sowie den „echten Aliens“, die in ihren Berichten vorkommen. Und doch gab es nun in Großbritannien und Europa diese Nordischen, die längst keine moralischen Friedensappelle für selbst ernannte Kontaktpersonen mehr bereit hatten, sondern vielmehr fleißig Leute gegen deren Willen entführten. Das zieht weitere Fragen nach sich. Wo, zum Beispiel, soll man die Trennlinie ziehen zwischen den alten Geschichten der Kontaktpersonen und den neuen Entführungsberichten? Ist das Phänomen Entführung eine Fortsetzung und Erweiterung des alten Themas oder etwas völlig Neues?

◆

Carl Higdon vermutete, die Aliens hätten ihn für „unbrauchbar“ erklärt, da er sich einer Vasektomie (Sterilisation) unterzogen hatte

◆

Das Problem zeigte sich bereits in den Sechziger- und Siebzigerjahren anhand der dramatischen Inhalte der Entführungsberichte jener Zeit. Mit dramatischem Inhalt meine ich die Gesamtheit dessen, was mit einem Entführten während der Begegnung mit Aliens geschieht. Ein Thema, das sich von Anfang an kontinuierlich durch die Entführungsberichte zieht, ist Sex, oder richtiger die Fortpflanzung. In modernen Berichten zeigt es sich in Form der Vorstellung, dass die Aliens entweder das menschliche Genmaterial manipulieren oder Menschen dazu benutzen, Zwitterwesen zu zeugen (siehe zweites Kapitel). Durch den Fall Villas Boas war diese Vorstellung als Idee in die Welt gesetzt worden und durch das Erlebnis der Hills wurde es bestärkt, denn die Aliens - oder „UFO-Leute“, wie Betty Hill sie nennt - hatten ihr ja gesagt, sie nähmen bei ihr einen Schwangerschaftstest vor und Barney hatten sie ja offenbar eine Samenprobe entnommen. Herb Schirmer erzählte 1968 unter Hypnose, die Aliens hätten ihm gesagt: „Wir haben ein Programm, das ‚Zuchtanalyse‘ heißt, und bei den Experimenten sind einige Menschen benutzt worden.“ Carl Higdon vermutet, die Aliens hätten ihn für „unbrauchbar“ erklärt, da er sich einer Vasektomie (Sterilisation) unterzogen hatte.

Doch die Zukunft der Menschen - und vielleicht die der Aliens - wird nicht nur über das Thema Fortpflanzung in den Berichten behandelt. John und Elaine Avis konnten sich erinnern, ein holografisches Bild der Erde gesehen zu haben, die durch Umweltverschmutzung unbewohnbar geworden war. Dann war eine Gestalt in einem langen Gewand erschienen, hatte ihnen eine Kugel hingehalten, die sie berühren sollten, und Elaine bekam gesagt: „Das ist der Same des Lebens, unsere Vergangenheit und eure Zukunft, unsere gesamte Existenz. Nehmt dies von uns für euch, eure Kinder und alle Mitmenschen.“ Auch José Antonio da Silva erschien eine Gestalt in langem Gewand, nachdem die zwergenhaften Kreaturen, die ihn gefangen nahmen, seinen Rosenkranz zerrissen hatten.

Eine fast gänzlich symbolische Vision der Zukunft erhielt Betty Andreasson (siehe Seiten 28/29), die die Vernichtung eines großen Vogels im Feuer und seine Wiedergeburt sah. Unter Hypnose machte sie 1977 deutlich, dass ihre Vision von der fundamentalen Erneuerung in Zusammenhang stehe mit der Wiederkunft Christi, von der die Aliens behaupteten, sie stehe unmittelbar bevor. Sie berichtete von weiteren Erlebnissen, die Sorge um die Zukunft in sexueller wie in umweltbezogener Hinsicht ausdrückten. Während sie Zeugin war, wie ein Fötus aus dem Leib einer anderen Entführten entnommen wurde, bekam sie gesagt, dass die

Menschheit im Laufe der Zeit unfruchtbar werde. „Wegen der Verschmutzung des Landes, des Wassers und der Luft wird sie sich nicht mehr fortpflanzen können …"

Die Vorstellung, dass Aliens sich auf sexuellem oder anderem Gebiet in die Angelegenheiten der gesamten Menschheit einmischen - nicht nur in die der Entführten -, ist ein durchgängiges Motiv der Berichte. Doch sind keineswegs alle Entführten einhellig von der freundlichen Besorgnis der Aliens überzeugt. Vielmehr sind viele der Meinung, die Aliens verfolgten mit ihren Entführungen feindliche und böse Absichten. In den USA zusammenfassend als Darkside Hypothesis bezeichnet, stützen sich die entsprechenden Geschichten auf die Überzeugung, dass UFOs und Aliens Schlimmes für die Menschheit bedeuten, sowie auf Verschwörungstheorien und politische Verfolgungsängste.

Clark Hathaways Gemälde Der Gotteswurm *kombiniert verschiedene Eindrücke aus Betty Andreassons Bericht über ihre einmalige Entführung im Jahr 1967. Unter anderem sah sie in der Luft schwebende Kristalle sowie den Phönix, der vom Feuer zerstört wird und als Wurm aus der Asche wiederersteht und sie hörte die Stimme Gottes.*

Myrna Hansen

Während sie eines Nachts im Frühjahr 1980 auf einer Straße nahe Cimarron im US-Bundesstaat New Mexico nach Hause fuhren, sahen die 28-jährige Myrna Hansen und ihr 6-jähriger Sohn fünf UFOs auf einer Weide landen. Bis zu ihrer hypnotischen Rückführung hatte Myrna Hansen nur verworrene Erinnerungen an eine Nahbegegnung und sie bemerkte, dass ihr vier Stunden fehlten. Am 11. und 12. Mai 1980 wurde sie von Dr. Leo Sprinkle hypnotisiert.

◆ **Ein Wesen, das einem großen, gelbhäutigen Mann glich, unterbrach die Prozedur, entschuldigte sich und befahl die Bestrafung der Aliens** ◆

Ihren Aussagen zufolge kamen zwei weiß gekleidete Gestalten aus einem der UFOs und begannen, mit einem 45 cm langen Messer eines der Rinder auf der Wiese zu verletzen. Als sie protestierend aus dem Wagen sprang, wurden sie und ihr Sohn gefangen genommen und zu verschiedenen Raumschiffen gebracht. Sie leistete weiter Widerstand, wurde aber mit Gewalt ausgezogen und körperlich untersucht, einschließlich einer Vaginaluntersuchung, die später eine schwere Infektion auslöste. Ein Wesen, das einem großen, gelbhäutigen Mann glich, unterbrach die Prozedur, entschuldigte sich und befahl die Bestrafung der Aliens. Er führte Mrs. Hansen dann durch dieses und vielleicht andere UFOs. Das letzte schien abzuheben, denn sie wurde in eine Landschaft hinausgeführt, in der sie die Gegend westlich von Las Cruces (500 km von Cimarron) zu erkennen glaubte. Hier führte man sie zu so etwas wie einer Untergrundstation, wo sie kurz entfliehen konnte. Sie fand sich in einem Raum wieder, der voller Bottiche war, in denen Teile von menschlichen, tierischen und vielleicht auch Alien-Körpern herumschwammen.

Ihr Sohn und sie kamen wieder zusammen, dann setzte man beide weiteren schmerzhaften Tests aus, wozu auch laute Geräusche und blendendes Licht gehörten. Mrs. Hansen erinnerte sich, die Aliens sagen zu hören, sie müssten „‚nötige Veränderungen‘ vornehmen, um mich zurückbringen zu können". Danach wurden Mutter und Sohn zum UFO zurückgebracht und (zusammen mit dem Auto, das auch an Bord war) am Ort der Entführung abgesetzt.

Die durch die Hypnose reaktivierten Bilder sind gewiss schauerlich, und die Behandlung, die Myrna Hansen durch die Aliens erfuhr, ist verwirrend und roh. Obwohl sie sich später entschuldigten, beharrten sie darauf, dass das, was sie dem Vieh antaten, „notwendig" sei, wenn auch „bedauerlich". Mrs. Hansen hatte den deutlichen Eindruck, die Aliens hätten einen Fehler begangen, erstens indem sie sie überhaupt entführt, und dann indem sie sie in einer Art behandelt hatten, die sie als „Folter" bezeichnete. Liest man das Protokoll der Hypnosesitzung, so gewinnt man den Eindruck, dass die Aliens gegenüber Mrs. Hansen völlig gleichgültig waren, wohl aber beunruhigt wegen der Konsequenzen, die ihr „Fehler" für sie selber hatte.

Den ausführlichsten Bericht, den ich je gehört habe, lieferte „Kathy", die nicht nur mehrmals entführt wurde, sondern auch im Alter von 12 Jahren Freundschaft schloss mit „Sphäre", einem Stück Alien-Technologie. Da ihre Geschichte bisher unveröffentlicht ist, soll sie hier ausführlicher dargestellt werden. Kathys Geschichte unterscheidet sich von den üblichen Entführungsgeschichten, vor allem aber wurde sie nicht durch Hypnose wieder erarbeitet. Eine Reihe von Mo-

Entführungsopfer Kathy malte das UFO, das über Lake Becker in British Columbia schwebte und eine Wassersäule einsaugte, während sie und ihre Freunde ängstlich zuschauten. Das UFO entsandte einen Roboter - eine intelligente Maschine in Form einer schwebenden Kugel -, der zunächst feindlich schien, sich dann aber mit Kathy anfreundete. Sie glaubt, das Treffen war schädlich für ihre Kameraden: Bis auf einen sind alle gestorben.

tiven, die auch in anderen Berichten bereits vorkamen, tauchen auf, doch werden auch neue eingeführt.

Kathys erste Entführung fand statt als sie zwei oder drei Jahre alt war (siehe Seiten 34/35). Danach litt sie oft an Albträumen, an Angst vor der Dunkelheit und hatte Angst allein zu sein. Sie weigert sich, Einzelheiten ihrer unglücklichen Kindheit preiszugeben, gesteht aber ein, dass sie sich auch in Gesellschaft wie abgeschnitten fühlte von anderen Menschen: „Ich hatte Freunde, mit denen ich Schularbeiten machte, aber persönliche Freunde - nein." Dieses Gefühl der Isolation begleitete sie bis ins Erwachsenenalter.

„Als ich anfing, in der Fabrik zu arbeiten habe ich mit niemandem auch nur ein Wort gesprochen, sie dachten, ich sei taubstumm."

Bereits als Kind wurde Kathy mehrmals entführt. „Meine Erfahrungen mit den kleinen Leuten folgten einer festgelegten Routine. Zuerst verbrachte ich immer etwas Zeit im runden Raum, von dem ich später erfuhr, dass er sich im Inneren eines Raumschiffs befand. Zusammen mit anderen Kindern verschiedenen Alters wurde ich dann zu einem anderen, weit entfernten ‚Ort' gebracht. An diesem anderen ‚Ort' fanden die umfangreichen Untersuchungen und der ‚Unterricht' statt."

Es ist schwierig, die ununterbrochene Kommunikation zu beschreiben, die während diesen Entführungen stattfindet. Ideen und Konzepte fließen so schnell ein, wie das Hirn sie nur aufnehmen kann. Der Kommunikationsfluss ist so schnell, dass Worte als Transportmedium zu langsam wären. Ich kann es nur mit dem Summen von Bienen vergleichen, wobei man gezwungen ist, auf jede Flügelschwingung jeder einzelnen Biene genau zu lauschen, um die gesamte Symphonie des Stocks zu erfassen. Ich will damit die kleinen Leute nicht mit Bienen vergleichen, ich will nur zeigen, dass ihre Komplexitäten alle menschliche Erfahrung weit übersteigen.

Ich hatte keinerlei Kontrolle über die Zeitabstände der Erlebnisse, auch nicht über deren Dauer oder über andere Faktoren. Danach wurde ich jedesmal etwa an den Ort zurückgebracht, an dem ich mich befunden hatte. Allem äußeren Anschein nach war ich hinterher dieselbe, die ich vor dem Erlebnis war.

EINE SCHULE IM ALL

Kathy

◆ ◆ ◆

Kathy (Pseudonym), heute Sicherheitsbeauftragte einer Fabrik, lebt in Toronto in Kanada. 1951 oder 1952, als sie zwei oder drei Jahre alt war und mit ihren Eltern in einem abgelegenen Goldsuchercamp in Bralorne in British Columbia lebte, wurde sie erstmals entführt. Während eines Picknicks mit ihrer Mutter wanderte Kathy in den Wald. Hier ihr Erinnerungsbericht:

Ich ging ein Stück weit auf diesem breiten Pfad. Ich blieb stehen und überlegte, wo ich war … In dem Augenblick kamen drei kleine Männer in dunkelblauen leuchtenden Anzügen, und einer nahm mich bei der Hand. Wir liefen nicht weit, höchstens hundert Meter, zu einer Lichtung, wo wir stehen blieben, bis rund um uns ein helles, gelbes Licht erglühte. Ein paar Sekunden lang waren wir von Funken umwirbelt. Einer nach dem anderen wurden wir in die Luft gehoben. Als Nächstes erinnnere ich mich, dass ich in einem gelb erleuchteten kleinen grauen Raum stand, umgeben von kleinen Leuten in verschiedenfarbigen Anzügen. Ein paar der kleinen Männer sprachen, während andere am anderen Ende des Raumes mit verschiedenartigen Kontrollen beschäftigt waren.

Nach einiger Zeit wurde ich in einen Raum gebracht, der Stoffwände hatte, und in dem ein Tisch und eine Badewanne standen. Man hob mich auf den Tisch und machte viele Dinge mit mir. Man zog mir die Kleider aus und sagte, ich solle still sitzen. Andere Leute kamen herein und versammelten sich um den Tisch. Einige schienen zu wissen, was zu tun war, und andere befolgten unaufgefordert ihre Befehle. Als sie mit mir fertig waren, gingen sie weg.

Einer der Leute blieb im Raum und sagte, es sei nun Zeit für mein Bad. Ich wurde hochgehoben, zu der großen Badewanne gebracht, an den Fersen gehalten und kopfüber in das kalte Salzwasser getaucht. Ich fing an zu weinen, denn die Art, wie man mich an den Füßen hielt, tat mir weh. Ich würgte und spuckte wegen des scheußlich schmeckenden Wassers. Man hob mich heraus, und die Hände, die mich an den Fersen hielten, umfassten mich jetzt weiter oben, um die Knöchel. Wieder wurde ich ein paar Augenblicke lang in das scheußliche Wasser getaucht, dann hob man mich heraus und trocknete mich rasch ab.

Man brachte mich in ein anderes Zimmer. Ich sah andere Kinder verschiedenen Alters, doch alle älter und größer als ich, die hier spielten. Ruhig stellten wir uns einander vor, danach unterhielten wir uns darüber, wo wir waren. Sie alle nannten die größeren und kleineren Städte in denen sie lebten, doch ich fand es schwierig das Camp zu beschreiben, von dem ich stammte. Die Kinder kamen von überall her, aber sie sprachen alle dieselbe Sprache. Alle waren sie dort, wo sie gelebt hatten, unglücklich und ungewollt gewesen. Als man ihnen die Chance bot, bei den Fremdlingen zu leben, stimmten sie in der Hoffnung auf ein besseres Leben zu. Keines der Kinder hatte sich vorstellen können, wie anders alles sein würde. Was auch immer sie von den

Fremdlingen dachten, nachdem sie in ihr neues Heim eingezogen waren, änderte nichts, die Kinder wussten, dass sie niemals nach Hause zurückkehren konnten. Man lehrte mich viele Dinge. Als alles gesagt und getan war, durfte ich allen Kindern Lebewohl sagen. Wir umarmten uns oder gaben uns die Hände und wechselten ein paar kurze Worte. Dann verließen wir den Ort und gingen wieder in den runden Raum. Ich bekam viel gesagt, woran ich mich erinnern sollte, und man vergewisserte sich, dass ich wiederholen konnte, woran ich mich erinnern sollte. Ich wurde in das kleine runde Zimmer mit dem gelben Licht gebracht. Kurz danach stand ich wieder auf der Lichtung im Wald.

Ich behielt von dem Erlebnis viele Ängste zurück, die mich noch jahrelang plagten. Ich fürchtete mich vor der Dunkelheit, vor dem Alleinsein und vielem anderen, und ich weinte sehr viel. Ich hatte keine schöne Kindheit.

Diese von Kathy gefertigte Collage zeigt Szenen aus ihrer Kindheit, die sie in den Fünfziger- und Sechzigerjahren in einem abgelegenen Goldgräber-Camp in British Columbia verbrachte.

Das nächste Erlebnis, an das ich mich erinnere, ereignete sich 1954, während ich in der Schule war. Früh an einem nebligen Herbstmorgen war ich wie verzaubert vom Anblick des Taus auf den Unterseiten der Blätter und Grashalme. Von irgendwoher fragte mich eine Stimme, was ich da tue. Ich antwortete so gut ich konnte. Als ich aufblickte, sah ich die kleinen Leute in einem der runden Räume. Diese Leute schienen mich gut zu kennen, und statt zur Schule zu gehen, hatte ich ein zweistündiges Erlebnis.

Während dieser zwei Stunden wurden ihr Implantate in den Körper gesetzt. 1956 und 1958 wurde Kathy erneut entführt und nach 1964 regelmäßig in zwei- bis dreijährigen Abständen. Dabei sind zwei Formen zu unterscheiden: „Routineentführungen", bei denen die Aliens ihren geistigen und körperlichen Zustand sowie die Implantate überprüften, und andere, bei denen die Fremdlinge ihr enorme Mengen von Informationen übermitteln. Während eines dieser Erlebnisse soll ihr linkes Auge ausgetauscht worden sein, um ihre Wahrnehmung zu verändern. „Als Folge sehe ich im Infrarotbereich", sagt Kathy. „Wenn beispielsweise hinter einer Reihe von Bäumen versteckt ein Auto geparkt ist, dann kann ich die von ihm abgestrahlte Wärme sehen. Wenn die Lichter ausgehen, bin ich keineswegs blind."

Die letzte Entführung war 1975. 1976 erhielt sie am Arbeitsplatz einen elektrischen Schlag, der ihre Implantate zerstörte. Das heißt, die Aliens können sie nicht mehr finden.

◆
„Zwei Jahre lang war ich auf unglaubliche Weise zu allem fähig, was ich wollte. Es gab nichts, das ich nicht erforschen konnte“
◆

Kathy hält ihre frühen Entführungen für eine Vorbereitung auf die späteren Ereignisse. Einmal sagte sie zu mir: „Entführte müssen besonders vorbereitet werden, um mit den Dingen, die bei einer normalen Begegnung geschehen, umgehen zu können.“

Am 17. August 1961 unternahm Kathy zusammen mit ein paar Spielkameraden einen Fahrradausflug zum Lake Becker, nahe des Camps in British Columbia, wo sie lebte. Erstaunt beobachteten sie eine riesige Fliegende Untertasse, die 15 m hoch über dem See schwebte. Eine kleine weiße Kugel schoss aus dem UFO, kam auf sie zu und befragte sie, indem sie direkt mit ihrem Seh- und Hörzentrum kommunizierte. Die Kugel versicherte Kathy ihre Harmlosigkeit und beantwortete all ihre Fragen. Das UFO flog ab, aber die Kugel folgte Kathy und ihren Freunden ins Camp und schwebte während der Nacht vor Kathys Zimmer. „Sphäre hatte 40 cm Durchmesser. Ich konnte sehen, dass er aus einer Art Metall war, und er wirkte auf alle Sinne völlig real. Es handelte sich um eine künstliche empfindungsfähige Lebensform.“

Kathy behauptet, alle Raumschiffe der Aliens seien empfindungsfähig. „Obwohl sie künstlich hergestellt sind, verfügen sie über weit mehr Intelligenz und Verständnis als ein Mensch. Aber die Aliens selbst halten ihre Schiffe für nichts anderes als kluge Dinger.“ Für Kathy war Sphäre viel mehr als ein Ding. „Für mich war er ein Freund, ein Individuum mit einer Persönlichkeit, zu dem ich eine Beziehung haben konnte, und ich weiß, dass manchmal auch andere Leute meinen Freund sehen konnten. Manche Menschen sahen eine helle Lichtquelle, eine metallische Kugel oder einfach einen Fleck in der Luft, wenn Sphäre unsichtbar bleiben wollte. Er war uns anderthalb Milliarden Jahre voraus.“

Kathy macht deutlich, dass es keine Beziehung zwischen Gleichen war: Sie wurde von Sphäre wie ein Spielzeug behandelt. Trotzdem durfte sie unter den Bedingungen des Spiels seine Fähigkeiten und seine enormen Datenbänke nutzen. Sie erhielt auch die Erlaubnis, die Humanoidenbesatzung der Untertassen auf ihren Missionen zu begleiten. Um zu verhindern, dass man sie währenddessen auf der Erde vermisste, löschte Sphäre die Erinnerung ihrer Freunde und der Familie, die die lange Abwesenheit Kathys dann vergaßen. „Zwei Jahre lang war ich auf unglaubliche Weise zu allem fähig, was ich wollte. Es gab nichts, das ich nicht erforschen, nichts, mit dem ich nicht spielen konnte. Alles, was ich bin, verdanke ich einer großen Hilfe. Ich schätze, ich habe in diesen zwei Jahren mit meinem Freund 100 Jahre Erfahrung und 1000 Jahre Kultur aufgenommen.“

Sphäre war Teil einer Sonnenexpedition der Aliens. „Sie umfasste ein Stadtschiff von 800 km Länge, eine Vielzahl von Mutterschiffen, die zwischen 1,6 km und 16 km lang waren und eine Unmenge kleiner Schiffe.“ Kathy bekam nicht gesagt, woher die Besucher unseres Sterns kamen, aber sie erfuhr, dass verschiedene Arten von Aliens an der Sonnenexpedition beteiligt waren.

Kathy verbrachte Stunden und manchmal ganze Tage in der Gesellschaft von Sphäre. „Ich traf täglich mit ihm zusammen. Ich musste zur Schule gehen. Wenn ich nach Hause kam, trank ich ein Glas Milch und aß ein paar Kekse, dann ging ich zum Hügel zu meiner Lieblingskiefer und nahm durch eine direkte Laserverbindung, die wie ein blauer, reiner Lichtstrahl war, Kontakt auf.“

Der Lernprozess wurde durch die Implantate erleichtert, die man Kathy 1954 eingepflanzt hatte. Ihrer Beschreibung nach sind diese Einpflanzungen etwas ganz anderes, als die üblichen metallischen Objekte, von denen viele Entführte und Entführungsforscher berichten.

> *Mit Sphäres Hilfe war es mir 1961 möglich, eigenen Zugang zu fünf der Implantate in meinem Körper zu bekommen, sie auf meine Frequenzen einzustellen und so Gebrauch von ihnen zu machen. Die Implantate sind in erster Linie ein Hilfsmittel zur Erkennung und Wiederauffindung gekennzeichneter Menschen. Ein Raumschiff braucht nur in der Nähe vorbeizufliegen, dann kann es die Implantate orten und die darin gespeicherten Informationen reaktivieren. Damit sie funktionieren, sind sie ganz und gar auf die Elektrolyte und das Kalium im menschlichen Blut angewiesen. Mit ihnen konnte ich Gedanken lesen. Sie gaben mir die Möglichkeit, Technikerin zu werden. Ich bin supergut im Analysieren von Mustern, also wurde ich Technikerin bei der Sonnenexpedition. Unsere Gehirne sind wie Kassettenrekorder, man kann sie bis zu den allerersten Erinnerungen zurückspulen. In höchstens zwei Minuten konnte ich den gesamten Hirnspeicher eines Menschen durchlaufen lassen, jede darin befindliche Erinnerung analysieren, ihre Erinnerungen redigieren, Dinge vollbringen, die Ihnen unglaublich scheinen.*

Die Laserverbindung zwischen Kathys Implantaten und Sphäre machten es möglich, dass Kathy diese Operationen offenbar auch in der Schule durchführen konnte. Vor allem aber konnte sie sich dank Sphäre den Besatzungen der Raumschiffe anschließen. Einmal half sie bei der Reparatur einer Raumstation, die „irgendwo in der Nähe der Sonnenkorona" stationiert war. Kathys Bericht zufolge wurde der Station ein Routinebesuch abgestattet, bei dem die Aliens „seltene Elemente sammelten und die nötigen Checks der vollautomatisierten Basis durchführten".

Im September 1961 schmuggelte sich Kathy an Bord eines Raumschiffs, das zu besichtigen man sie als Entführte eingeladen hatte. Obwohl ihre unerwartete Anwesenheit offenbar das richtige Funktionieren des Raumschiffs störte, gelang es ihr, sich vier Stunden lang versteckt zu halten.

Zwei Jahre brachte Kathy mit gelegentlichen Reisen in den Raumschiffen der Aliens und mit ständigem Zugriff auf Sphäres unerschöpfliche Datenbanken zu, sodass sie, eigenen Aussagen zufolge, bis zum Frühjahr 1964 „ein ziemlich verwöhntes und einsames Persönchen" war. „Ich war unaufmerksam und hatte eindeutig ungewöhnliche Interessen. Nur Sphäre konnte mich glücklich machen mit seinen Fähigkeiten und Möglichkeiten, die jeden menschlichen Standard übersteigen."

Als er eines Tages „die Erinnerungsstränge gewisser mächtiger Leute" durchstöberte, stieß Sphäre auf Gerüchte über ein Kind mit einem empfindungsfähigen Ball. „Sphäre forschte weiter und fand Stränge vernetzter Erinnerungen, die durch eine Menge von Organisationen führten, und viele Leute, die mit der Erforschung ungewöhnlicher Phänomene befasst sind, waren beteiligt. Sphäre erkannte, dass ich in Gefahr sein könnte." Es gab Hinweise, so verstand Kathy seine Andeutungen, dass die Regierung hinter der Sache stand.

„Ich befand mich schlicht in einer ausweglosen Situation, denn sollten die Nachforschungen

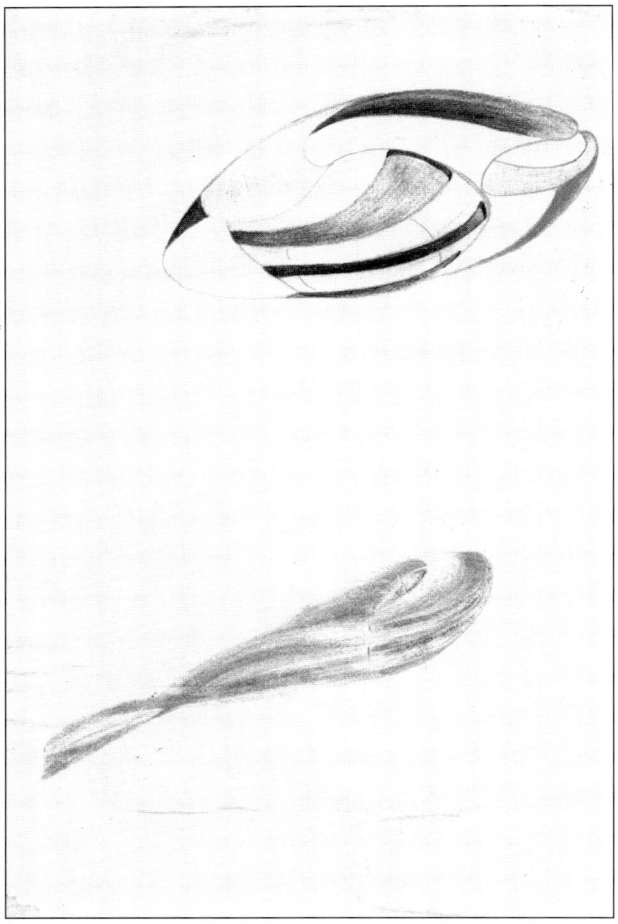

Von Kathy gezeichnete Ein-Mann-Raumschiffe, wie sie von Teilnehmern der „Sonnenexpedition" zum Spaß und Zeitvertreib benutzt wurden. Einmal sah sie, wie einige dieser Raumschiffchen vernichtet wurden, weil die Piloten der Sonne zu nahe kamen. Sie hatten bei dem wagemutigen Flugmanöver wohl absichtlich ihr Leben riskiert.

weitergehen, so würde ich mich vielleicht mit Agenten aller Art konfrontiert sehen. Es gab mächtige Leute, die gegen mich und Sphäre üble Pläne schmiedeten."

Schließlich schnappte die Falle zu. An einem Samstagnachmittag saß Kathy mit Sphäre unter ihrem Lieblingsbaum oben auf einer steilen Abraumhalde. Die von ihr von diesem Platz aus zu überschauende Schlucht war 800 m lang und es ging 30 m tief hinunter. Durch das Tal führte ein Schotterweg. Auf dem sah Kathy eine schwarze Limousine halten. Zwei Männer sprangen heraus und begannen zu ihr hinaufzuklettern. Sphäre bewegte sich von Kathy weg. Er warnte die Männer nicht näher zu kommen, es sei gefährlich. Trotz der Warnung kamen die Männer näher.

Dann streckte einer von ihnen die Hand nach Sphäre aus, vielleicht um ihn einzufangen, und er reagierte darauf, indem er explodierte. Die beiden Männer wurden durch die Luft geschleudert und stürzten den Abhang hinunter. Kathy konnte sehen, dass einer sich den Arm gebrochen hatte. Beide hatten gehörige Kratzer und Schrammen abbekommen, waren aber ansonsten „noch ganz funktionstüchtig". Die Männer rannten zu ihrem Auto zurück und brausten davon. Sphäre lag qualmend in zwei Hälften auf dem Boden.

„Eine Woche lang habe ich ununterbrochen geweint", erinnert sich Kathy. „Ich schickte drei Kinder von acht bis zehn Jahren, die sammelten seine Überreste auf und begruben sie tief im Sand. Sie versprachen mir, ihn wirklich tief einzugraben und das Geheimnis ein Leben lang zu bewahren."

Kathys Verbindung mit Sphäre hatte sie den Altersgenossen und den Eltern bereits entfremdet, nach seiner Selbstzerstörung wurde sie noch unzugänglicher:

> *Ich wurde sehr einzelgängerisch und morbid, ging jeglichem Kontakt mit Menschen aus dem Weg, freundete mich mit den Wölfen der Gegend an. Tagelang durchstreifte ich mit ihnen die Wälder, denn ihre Gesellschaft war mir viel lieber als die von Menschen. Manchmal fuhr meine Familie*

ans Meer. Ich fuhr natürlich mit, verbrachte aber die meiste Zeit allein. Ich schwomm, so schnell ich konnte, und tauchte tief. Erst völlige Erschöpfung konnte mich aus dem Wasser treiben.

Ich halte mich noch immer für eine Einzelgängerin. Es gibt viele Gelegenheiten, bei denen ich mit Menschen zu tun habe. Ich habe für mich selbst eine Lösung gefunden. Ich mache mich zurecht und bin so höflich wie möglich. Doch nur selten habe ich den Luxus erlebt, über irgend etwas in Gefühlswallung zu geraten. Ich halte mich auch so mobil wie möglich. Ich habe noch nie länger als fünf Jahre an ein und demselben Ort gelebt, und auch den Arbeitgeber wechsle ich häufig. Ich mache weiter, wie ich es muss, ich tue, was ich will. Eigentlich würde ich eine Reparatur meiner defekten Implantate benötigen... ich wäre viel lieber dort als hier. Ich hasse es, ein Mensch zu sein, besonders seit ich weiß, dass es etwas Besseres gibt.

Kathy glaubt nicht, dass die Aliens um die Menschheit besorgt sind. „Wir sind absolut nebensächlich. Wir beobachten Lachse, sie beobachten uns. Wo ist der Unterschied? Sie halten uns nicht mal für eine empfindungsfähige Lebensform, wir sind zu dumm. Dieser Planet war mal eine Müllhalde für eine ihrer alten Rassen oder sowas, wir sind bloß der Schimmel, der darauf wächst, nicht mehr."

Dies verrät Übereinstimmung mit der Sichtweise der Aliens. Zugleich hat sie „keine Ahnung" warum die Aliens tun, was sie tun. In diesem Punkt also herrscht Uneinigkeit zwischen ihr und den derzeit bekanntesten Forschern, die sich mit den Entführungen befassen.

An der Sonnenexpedition beteiligte Aliens:

◆◆◆

◇ **Graue:** gentechnologisch hergestellt, sind sie meist Techniker und Besatzung der Raumschiffe. Die höchst entwickelten erledigen spezielle Aufgaben im Bereich Medizin und Wissenschaften.

◇ **Clone:** haben meist genetische Defekte und können die Aufgaben der überlegenen Grauen nicht ausführen, sind daher Arbeiter und niedere Techniker.

◇ **Cyborgs:** durch Lobotomie (Eingriff in die Gehirnsubstanz) derart veränderte Menschen, dass aus ihrer Lebensspanne von höchstens ein paar Jahren das Beste herausgeholt werden kann.

◇ **Mantis:** insektenähnliches Wesen, das die Aufsicht über Spezialgebiete der Forschungsprojekte hat. Verfügt über eine „psychotronische Sonde", mit der es Zugang zu Gedanken und Persönlichkeit anderer hat. Verkleidet sich, indem es sich für die Wahrnehmung anderer verwandelt.

◇ **Feuerwesen:** Wächter an Bord der Schiffe, leben in versiegelten Bereichen, sind extrem heiß und leben mehrere tausend Jahre.

◇ **Reptoide:** Reptilienartige Wesen, über die ich nur sehr wenig weiß.

◇ **Unbekannter 1:** sehr großes, fähiges Wesen, mit hohem Intellekt und langer Lebensdauer.

◇ **Nordische:** sehr humanoid aussehende Wesen mit großen, wohlgeformten Körpern und sehr hoher Intelligenz, haben meist Kommandoposten inne.

◇ **Berserker:** Wächter und Beschützer der gesamten Expedition. Sehr hoch entwickelte militärische Truppen, die für den Fall kriegerischer Auseinandersetzungen bereitstehen.

ZWEITES KAPITEL

BOTSCHAFTER DER ALIENS

Die Welt aus der Sicht der Entführungsforscher

◆◆◆

Gegenüberliegende Seite: 1975 wurde Travis Walton in den White Mountains in Arizona von einem gewaltigen Lichtstrahl an Bord eines UFOs „gehoben". Das Bild ist dem Film Fire in the Sky *entnommen, der nach Waltons Bericht entstand.*

Nach Meinung einiger führender amerikanischer Entführungsforscher kommen Entführungen durch Aliens seit Ende des 19. Jahrhunderts vor. Dr. David Jacobs, Professor für Geschichte an der Temple University in Pennsylvania, ist überzeugt, dass sie um 1897 begannen, zu einer Zeit, als die US-amerikanischen Zeitungen überquollen von Berichten über gigantische Flugkörper mysteriöser Herkunft, denn zu jener Zeit gab es noch keine von Menschen hergestellten Flugzeuge.

Dr. David Jacobs, einer der bekanntesten Verfechter der Ansicht, Entführungsberichte seien buchstäblich wahr.

Jacobs und andere sind auch überzeugt, dass Entführungen ein Generationen durchlaufendes Familienphänomen darstellen. Befragt man in Hypnose die Eltern und Großeltern eines heute von Aliens entführten Kindes, so zeigt sich häufig, dass auch sie bereits entführt wurden.

So gesehen, scheint das Phänomen eine lange, konstante Geschichte zu haben. Betrachtet man es aber aus einem anderen Winkel, nämlich aus dem, wie sich unser Wissen darüber entwickelt hat, so entsteht ein völlig anderes Bild. Vor 1957 gab es kaum Berichte, die Hinweise auf eine mögliche Entführung enthielten. Alle Erinnerungen an Entführungen, die vor diesem Zeitpunkt stattgefunden haben sollen, wurden erst seit Mitte der Siebzigerjahre bekannt – meist unter Rückführungshypnose.

Als ersten Punkt müssen wir also festhalten, dass die moderne UFO-Ära, die 1947 begann, schon vorangeschritten war, ehe die ersten Entführungsberichte vorgelegt wurden. Zweitens ist zu beachten, dass die späten Siebzigerjahre eine Art Trennlinie darstellten, was die öffentliche Berichterstattung über UFOs und angebliche Entführungen durch sie angeht, außerdem änderte sich die Art und Weise wie Aliens wahrgenommen wurden.

◆
Als Erstes müssen wir festhalten, dass die moderne UFO-Ära, die 1947 begann, schon vorangeschritten war, ehe die ersten Entführungsberichte vorgelegt wurden
◆

Wie im Ersten Kapitel dargelegt, waren die beiden herausragenden Berichte der Sechzigerjahre die von Betty und Barney Hill sowie der von Villas Boas – und sie porträtierten sehr unterschiedliche Arten von Aliens. Außerdem haben wir gesehen, dass sowohl dieseits und jenseits des Atlantiks als auch ober- und unterhalb des Äquators von erstaunlich unterschiedlichen Aliens berichtet wird. Trotz der großen Unterschiede im Detail bleibt das Grundmuster des Ablaufs einer Entführung aber ziemlich gleich.

Verstreut zwischen den ersten veröffentlichten Berichten zeichnete sich bereits die kommende Tendenz ab: Am 11. Dezember 1957 – der Fall von Villas Boas war noch nicht untersucht, und die Hills waren noch gar nicht entführt worden – veröffentlichte The Citizen (ein in British Columbia in Kanada publiziertes Blatt) einen Artikel über einen Mann, der anonym bleiben wollte.

Als Bediensteter der US-Armee war er in den frühen Fünfzigerjahren in Österreich stationiert gewesen. Als er eines Abends nach Hause ging, trat ihm eine behelmte Gestalt entgegen, die ihn mit einem kugelschreiberähnlichen Gerät paralysierte. Das Wesen legte ihm eine schwarze Platte auf die Brust und zog ihn zu einem 45 m weit entfernten UFO. „Ich war nicht völlig in der Luft, aber mein Gewicht wurde auch nicht über den Boden geschleift. Es schien, als ob ich leicht wäre“, erzählte der Mann. Obwohl der Mann „weder laufen noch sich bewegen konnte“, kamen sie durch eine Luke im Raumschiff in dessen Inneres. Das UFO hob ab, flog am Mond vorbei und landete auf einem Planeten, nach Ansicht des Mannes auf dem Mars. Auf dem Flugfeld sah er andere UFOs, von denen zwei ebenfalls Menschen enthielten, doch reagierten sie nicht auf die Versuche des Mannes, ihre Aufmerksamkeit auf sich zu lenken. Das Wesen, das ihn entführt hatte, verschwand kurz und flog ihn dann zum Punkt der Gefangennahme zurück. Als die schwarze Platte abgenommen wurde, löste sich die Lähmung, und das UFO flog davon. Der Mann beschrieb seinen Entführer so:

> *Er hatte keine Haare … Sein Kopf war wie ein Zylinder. Eine sehr hohe Stirn und sehr große Augen. In den zwei großen Augen konnte man ganz viele kleine Augen sehen, sie kamen mir wie die Augen einer Fliege vor. Keine Nase, nur zwei Löcher. Und ein ganz schmaler Schlitz als Mund. Es sah aus, als hätte er weiße Haut. Zwei Löcher für die Ohren. Sein Schädel war riesig. Der Torso sah wie eine Blechbüchse aus. Die Beine waren von proportionaler Länge, seine Arme waren etwas kürzer als unsere … Seine Hand schien drei lange Finger zu haben. Einen Hals konnte ich nicht sehen, er trug ein Material, das wie Silber aussah, aber nicht glänzte.*

Die Augen dieses Wesens scheinen sich von denen der Grauen zu unterscheiden, die in den modernen Berichten vorherrschen, doch sollte man sich erinnern, wie oft die Grauen mit Insekten verglichen werden (jüngste Entführungsopfer fühlen sich häufig an die Mantis oder Gottesanbeterin genannte Fangheuschrecke erinnert). In anderer Hinsicht erscheint die Geschichte erstaunlich modern - bis hin zur Reise zum anderen Planeten, wo sich Menschen befinden, die nicht reagieren -, obgleich der Zweck der Entführung obskur bleibt. Charles Bowen, Herausgeber des Flying Saucer Review schrieb 1967 dazu: „Sollte die Geschichte reine Fantasie sein, so muss man doch zugeben, dass der Autor nicht nur über einen fruchtbaren Geist verfügt, sondern auch über die Gabe der Prophetie."

Travis Walton

Die eben berichtete Geschichte blieb Jahrzehnte unbeachtet, und noch in den Siebzigerjahren waren ausführliche Entführungsberichte selten, lediglich ein paar spektakuläre Fälle fanden den Weg in die Schlagzeilen oder wurden in Ufologenmagazinen publiziert, darunter das im ersten Kapitel erwähnte Ereignis am Pascagoula von 1973. Die bekannteste und noch immer umstrittenste Entführung des Jahrzehnts ist die von Travis Walton, die sich am 5. November 1975 gegen 18 Uhr im Apache-Sitgreaves Nationalpark im Osten von Arizona zugetragen haben soll.

Walton war einer der Holzfäller, die nach der Arbeit im Wald im Dunkeln in ihrem Kleintransporter zusammen heimfahren wollten. Noch ehe sie aus dem Wald heraus waren, sahen die Männer eine „milchiggelb glühende Scheibe" von etwa 6 m Durchmesser und 2,5 m Höhe über einer Lichtung schweben. Die Männer reagierten mit gemischten Gefühlen - die meisten hatten Angst. Doch Walton war aufgeregt und fasziniert. Später sagte er, er habe befürchtet, „die Chance seines Lebens zu verpassen" ein echtes UFO aus der Nähe zu sehen.

Noch ehe der Fahrer, Mike Rogers, den Wagen zum Stehen bringen konnte, sprang Walton herunter und rannte auf das Objekt zu. Am Rande des Lichtkreises, der von der Scheibe aus auf den Boden fiel, blieb er stehen. Von dem Objekt ging

Travis Walton 1985. Er behauptet, 1975 vor den Augen seiner Arbeitskollegen von einem UFO entführt und fünf Tage festgehalten worden zu sein. Laut Lügendetektortest sagte er die Wahrheit.

ein Sirren aus. Als es heftig zu wackeln begann (und lauter wurde), bekam Walton Angst und wollte zum Wagen zurückrennen. Da sahen seine Kumpel, wie er von einem blaugrünen Lichtstrahl getroffen, dann – alle Viere ausgestreckt – hoch in die Luft gehoben und so aus 3 m Höhe wieder fallen gelassen wurde. Walton schlug mit der rechten Schulter zuerst auf dem Boden auf und lag dann still. Alles, an was sich Walton selbst erinnert, war „ein krachender Laut" und das Gefühl „eines betäubenden Schocks … wie ein starker Stromschlag", der besonders seinen Kopf und die Brust traf. Von Panik erfasst, trat Mike Rogers aufs Gas und brauste mit den Kumpels davon. Nach ein paar Minuten halsbrecherischer Fahrt machte er einen Schlenker, um einer Kiefer auszuweichen, dabei geriet der Wagen ins Schleudern und fuhr in einen Dreckhaufen, wo er stehen blieb.

Nachdem sie sich vom ersten Schreck erholt hatten, entschlossen sich die Männer, nach Walton

Clarke Hathaways Gemälde Going Up *zeigt den Blick aus dem Raumschiff der Aliens auf den bewusstlos auf dem Waldboden liegenden Travis Walton, kurz bevor er in das Raumschiff geholt wird.*

zu sehen. Während sie sich auf den Weg machten, meinte Rogers, durch die Bäume einen Lichtstrahl zu sehen, den er für das Licht des UFOs hielt. Die Holzfäller hatten einige Mühe, die Lichtung zu finden, über der das UFO geschwebt hatte. Als sie schließlich dort ankamen, gab es von Walton keine Spur mehr, auch sonst war nichts Ungewöhnliches zu sehen. Noch immer sehr aufgeregt, erstatteten sie bei der Polizei in Heber Bericht. Es begann eine reichlich unorganisierte Suche nach Walton.

In Polizeikreisen vermutete man, Travis Walton sei ermordet worden; der UFO-Geschichte schenkte man kaum Glauben. Doch nach fünf Tagen rief Travis bei seinem Schwager an. Mit schwacher, verwirrter Stimme sagte er: „Hier ist Travis. Ich bin an der Tankstelle von Heber, und ich brauche Hilfe. Komm und hol mich ab.“ Dann schrie er, weil er das Schweigen am anderen Ende als Unglauben interpretierte: „Ich bin verletzt und brauche dringend Hilfe. Du musst kommen und mich holen!“

Später berichtete Walton, er sei, nachdem ihn der blaugrüne Lichtstrahl aus dem UFO getroffen habe, in einem diffus beleuchteten, krankenzimmerähnlichen Raum zu sich gekommen. Er habe einen metallischen Geschmack im Mund gehabt, sei durstig gewesen, habe nur verschwommen gesehen, sein Körper habe geschmerzt und wegen der schweren, feuchten Luft habe er kaum atmen können. Als er wieder deutlich sehen konnte, habe er über sich ein metallisches weißes Rechteck glühen sehen. Ein Plastikgerät, einem Kipphebel ähnlich, hielt ihn um Brustkorb und Achseln fest. Er war noch immer vollständig bekleidet. Drei nichtmenschliche Gestalten in orangefarbenen Overalls standen in seiner Nähe. Er beschrieb sie so:

Die Tankstelle und die Telefonzelle in Heber, Arizona, wo Travis Walton nach der Entführung von den Aliens „abgesetzt“ wurde.

> *Sie waren klein, kleiner als 1,50 m und sie hatten große, kahle Köpfe; keine Haare. Die Köpfe waren kuppelförmig, sehr groß, sie sahen wie Föten aus. Sie hatten weder Augenbrauen noch Wimpern. Sie hatten große Augen - riesige Augen - fast vollkommen braun, kaum Weiß drumherum. Diese Augen, das war das Unheimlichste an ihnen. Diese Augen starrten durch mich hindurch. Ihre Münder, Nasen und Ohren schienen ganz klein, vielleicht weil die Augen so riesig waren.*

Walton kam irgendwie auf die Füße, schrie und schlug nach den Gestalten, die sich rasch und schweigend verzogen.

Auch Walton lief aus dem Raum und einen gebogenen Korridor entlang. Er kam in einen Saal, in dessen Mitte auf einem Podest ein hoher Metallsitz mit Rückenlehne stand, der auf der rechten Armlehne eine Art Armaturenbrett mit Kontrollknöpfen hatte. Jedesmal, wenn sich Walton dem Sitz näherte, verdüsterte sich das Licht, die Wände wurden durchsichtig und machten rundum den Blick frei auf eine sternenübersäte Schwärze.

Später schrieb er: „Als ich mich in den Stuhl setzte, war es, als säße ich mitten im Weltraum." Er spielte ein wenig mit den Kontrollschaltern herum, ließ das Sternendisplay kreisen und anhalten. Ein großer, dunkelhäutiger, muskulöser Mann mit sandfarbenem Haar und „komischen, goldbraunen, leuchtenden Augen", der einen durchsichtigen Kugelhelm trug, kam herein und führte Walton schweigend durch eine „Metallkabine" in einen hangarähnlichen Raum. Das Raumschiff, dass er verlassen hatte, sah wie die Scheibe aus, die er im Wald gesehen hatte, nur größer. Rundum standen andere Raumschiffe dieser Art. Walton, der Fragen stellte, auf die er keine Antwort bekam, wurde in einen Raum gebracht, in dem es drei weitere gut aussehende Humanoide gab - darunter eine Frau -, die ebenfalls Helme trugen. Lächelnd, doch ohne ein Wort zu sagen, hoben sie Walton auf einen Tisch. Er schlug um sich, doch sie zwangen ihn nieder und pressten ihm eine Art Sauerstoffmaske auf das Gesicht. Als er aufwachte, fand er sich mit dem Gesicht nach oben auf einer Schnellstraße in der Nähe von Heber liegen, 15 km von der Stelle des ersten Treffens entfernt. Ehe er sich aufrappelte, um seinen Schwager anzurufen, sah er kurz ein rundes weißes Licht über der Straße schweben.

Ufologen und Skeptiker, Journalisten und Polizei stritten sich später so heftig über die Art der angestellten Nachforschungen, dass dem, was Walton erlebt zu haben vorgab, kaum noch Beachtung geschenkt wurde. Walton unterzog sich zwei Lügendetektortests, beim ersten fiel er durch, den zweiten bestand er. Auch alle anderen Holzfäller - bis auf einen - bestanden den Test, und es gab gute Gründe, warum der eine nicht bestand. Eine Reihe von Aspekten an Waltons Geschichte wurde nie geklärt. Warum beispielsweise hatte er bei dem hohen Fall aus 3 m Höhe keinerlei Verletzungen davongetragen? Warum befanden sich auf keinem der Telefone an der Tankstelle von Heber seine Fingerabdrücke?

Jerome Clark, ein Veteran unter den amerikanischen Ufologen, liefert in einer bewundernswert umfassenden Abhandlung des Falles Erklärungen für einige der Ungereimtheiten und bemerkt, dass es einen „ganzen Berg von stützenden Beweisen gibt, die selbst die überzeugtesten Skeptiker bisher

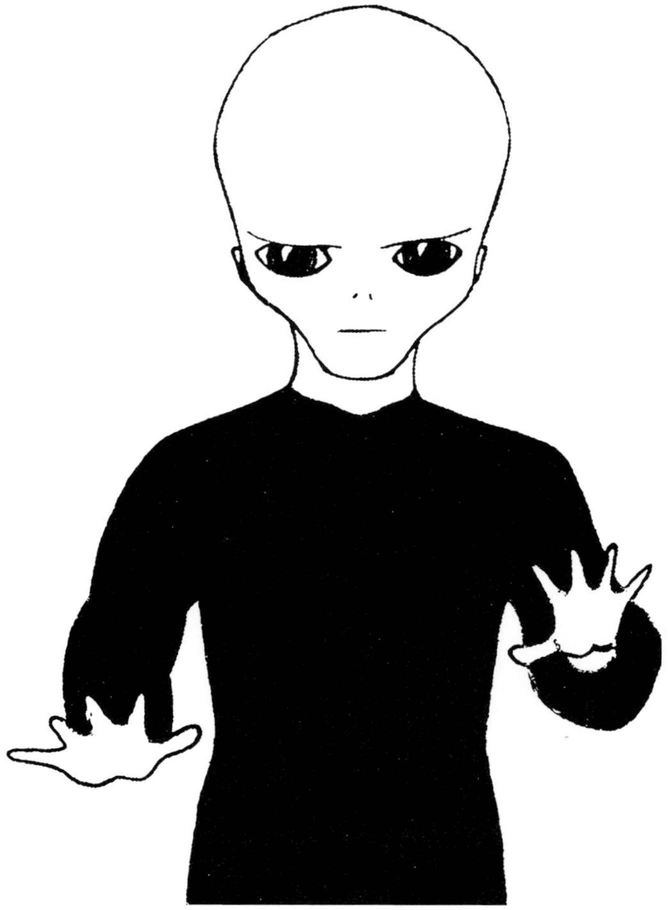

Travis Waltons Arbeitskollege Mike Rogers, ein Augenzeuge des ersten Schrittes von Waltons „Entführung", machte diese Zeichnung des kleinen Aliens, den Walton an Bord des UFOs gesehen haben will.

nicht haben widerlegen können." Wenn der Fall Walton also ein Schwindel war, dann, so Clark, „war es der ausgeklügelste und bestinszenierte der UFO-Geschichte. War es aber keiner, dann sind die Implikationen - für uns alle - in der Tat ganz außergewöhnlich." Einigkeit herrschte unter Ufologen insofern, als sie den Fall Travis Walton als den bestgesicherten überhaupt bezeichneten, was für viele - auch für die Hobbyufologen - so viel bedeutete wie: Die Sache hat sich genau so zugetragen, wie Walton sie beschrieb. Der Fall trug zusammen mit anderen, die sich Mitte der Siebzigerjahre ereigneten, viel dazu bei, den Status von Entführungen unter Ufologen zu heben.

Jerome Clark, der in den Siebzigerjahren paranormale Erklärungen für Entführungen lieferte, betrachtet sich heute bezüglich des Themas als Agnostiker.

Der Wirbel, der um den Fall Walton gemacht wurde, verschaffte dem Phänomen der Entführung durch Aliens ungeahnte Publizität und sorgte zugleich dafür, dass sich das Bild der Aliens, die heute als „Graue" bekannt sind, in den Köpfen festzusetzen begann. Waltons Erlebnis prägte auch die Vorstellung, dass Aliens mit anderen Wesen, darunter auch Menschen, zusammenarbeiten. Schon die im ersten Kapitel erwähnte Patty Roach hatte 1973 in ihrem Entführungsbericht von einem Menschenmann gesprochen, der eine Hornbrille trug. Dr. James Harder, der jenen Fall untersucht hatte, wurde nun durch die APRO auch zum Fall Walton hinzugezogen.

Der Fall der Sandy Larson (siehe Seiten 48/49) ist insofern interessant, als auch er wieder Themen und Motive einführt, die danach zum Standardrepertoire der Entführungsberichte werden sollten, die Forscher in den Achtziger- und Neunzigerjahren veröffentlichten. In Sandy Larsons Bericht ist erstmals die Rede davon, dass ein Mensch auf dem Weg zwischen Schlafzimmer und Raumschiff durch eine solide Mauer hindurchgleitet, außerdem ist die Rede von Übelkeit und Schwindel während kritischer Phasen des Erlebens und davon, dass Begleitpersonen des Entführungsopfers für die Dauer des Erlebnisses „ausgeschaltet" werden.

Während Sandy Larsons Bericht ein paar ungewöhnliche Elemente enthält - zum Beispiel meinte sie ja, man habe ihr das Gehirn herausgenommen und dafür etwas anderes eingesetzt, und die Aliens wirkten auf sie wie „Mumien" -, scheint es im Rückblick doch so, als bestätige ihr Fall die Realität früherer und späterer Fälle. Da ist ihre Behauptung, die Augen der Aliens hätten über beängstigende Kräfte verfügt, da ist die „fehlende Zeit", die „extraterrestrische Reise" durch eine Wüstenlandschaft sowie die Distanziertheit und Gleichgültigkeit der Entführer gegenüber ihrem Gefangenen.

Bis 1980 waren ein halbes Dutzend Bücher über Entführungen durch Aliens auf dem Markt, darunter auch Waltons eigener Bericht. Diese Veröffentlichungen waren ein Zeichen dafür, dass man das Phänomen ernst zu nehmen begann.

◆
Sandy Larsons Bericht enthielt ungewöhnliche Details – zum Beispiel meinte sie, man habe ihr das Gehirn herausgenommen und dafür etwas anderes eingesetzt
◆

DIE SÄNGERIN UND DIE MUMIEN

Sandy Larson

◆ ◆ ◆

Die Countrysängerin Sandy Larson, ihre 15-jährige Tochter Jackie und der 20-jährige Terry O'Leary (Jackies Freund) fuhren am 26. August 1975 nachts um 3 Uhr 15 von Fargo in North Dakota los zum 300 km entfernten Bismarck, wo Sandy Larson später am Morgen eine Prüfung als Grundstücksmaklerin ablegen sollte. Alle drei saßen sie – mit O'Leary am Steuer – auf dem Vordersitz von Larsons 1970er Plymouth Barracuda.

Etwa 70 km hinter Fargo auf der Interstate 94 sahen die Reisenden ein helles Licht, das den Himmel erleuchtete, und hörten einen ungewöhnlich lauten Donner. Sie blickten Richtung Süden und sahen etwa acht „runde, orange glühende Objekte", die Richtung Norden und Osten flogen und an Höhe verloren. Die UFOs waren hell wie die Sonne und „von Rauchwolken umgeben". Als sie noch 50 m vom Auto entfernt waren, schossen einige von ihnen mit hoher Geschwindigkeit davon. Niemand sah, wo die anderen abblieben. O'Leary gab an: „In dem Moment war mir, als würde ich still stehen ... als würde sich der Wagen gar nicht bewegen, und dabei fuhr ich mindestens 80. Es war gerade so, als wär'n wir für 'ne Sekunde angefroren." Als sie sich von ihrem Schreck erholt hatten, merkten sie, dass Jackie nun auf dem Rücksitz saß, sie konnte sich aber nicht erinnern, nach hinten gestiegen zu sein. Bei einer wenige Kilometer entfernten Raststätte erstattete O'Leary Bericht bei der Straßenpolizei, doch man nahm ihn nicht ernst. Sandy Larson bemerkte jetzt, dass es 5 Uhr 23 war, die Fahrt hatte also schon eine gute Stunde länger gedauert, als sie hätte dauern sollen.

◆

Als das UFO landete, wurde der Wagen „automatisch gestoppt" und dann irgendwie in eines der Raumschiffe „gezogen"

◆

Am 20. Oktober 1975 sah Sandy Larson im Fernsehen den nach den Erlebnissen von Betty und Barney Hill gedrehten Film *The UFO Incident* und war überrascht vom Phänomen der „fehlenden Zeit". Durch einen lokalen UFO-Forscher kam sie mit Jerome Clarke in Kontakt, der wiederum Dr. Leo Sprinkle von der University of Wyoming in Laramie in die Untersuchung des Falles einbezog. Im Dezember 1975 und Januar 1976 verbrachten Sprinkle und Clark mehrere Tage in Fargo, um Sandy und Jackie Larson unter Hypnose zu befragen (Terry O'Leary, der sich inzwischen von Jackie getrennt hatte, verweigerte die Hypnose), dabei kam folgende Geschichte zum Vorschein:

Als das UFO landete, wurde der Wagen „automatisch gestoppt" und dann irgendwie in eines der Raumschiffe „gezogen". Sandy Larson wurde schwindlig, sie meinte zu schweben und fühlte eine Taubheit. Sie glitt in das UFO und erinnerte sich als Nächstes, „auf einem langen, schmalen Tisch zu liegen und O'Leary an einen vertikalen ‚Tisch' geschnallt zu sehen, der an der Wand befestigt schien". Jackie war nicht anwesend, ein Kraftfeld außerhalb des UFOs hielt sie offenbar paralysiert.

Man hatte Sandy die Kleider ausgezogen und mit einem Instrument wurde ihr eine „alkoholähnliche Substanz" auf den Körper gestrichen. Sie sah nur einen Alien, der etwa 1,80 m groß war, „metallische" Arme hatte und „einen Lichtkranz um Kopf und Schultern. Vielleicht trug er einen Gummianzug. Als er sich umdrehte, um ein paar Kontrollknöpfe zu bedienen, leuchtete sein Hinterkopf auf." Die Verständigung funktionierte auf telepathischem Wege. Das Erstaunlichste an dem Wesen war sein Gesicht.

„Es hat gar kein Gesicht", sagte Mrs. Larson, „es ist wie ein… wie ein Verband um den Kopf." Danach nennt sie den Alien nur noch „die Mumie". Die Augen waren allerdings sichtbar: „das besonders Merkwürdige waren die gleißenden Augen. Es war, als ob diese Augen mein Gehirn kontrollierten."

Estelle Parsons in der Rolle der Betty Hill in dem amerikanischen Fernsehfilm The UFO Incident *von 1975. Nachdem Sandy Larson den Film gesehen hatte, fragte sie sich, ob sie selbst nicht auch entführt worden war.*

Der Alien machte eine Röntgenaufnahme von ihrem Magen und „mit einem kleinen Messer oder einem Wattestäbchen" fuhr er ihr in die Nase. „Und dann", sagte sie, „war es, als würden sie mich aufteilen… als würden sie mit der Hand oben in meinen Kopf greifen, das Gehirn herausnehmen und beiseite legen."

„Fühlte es sich an, als würden sie Gedanken herausnehmen oder Gefühle?", fragte Dr. Sprinkle. „Es war, als wollten sie was anderes einstöpseln, als sie's wieder zurücktaten", antwortete Sandy und deutete damit an, man habe ihr das Gehirn herausgenommen und nicht nur dessen Inhalte.

Nach etwa einer halben Stunde im UFO schwebten Mrs. Larson und O'Leary zum Auto zurück, das – mit Jackie auf dem Rücksitz – in einem Graben stand. Irgendwie gelang es ihnen, das Auto wieder auf die Straße zu schieben. An diesem Punkt setzt ihre normale Erinnerung wieder ein, und sie setzten die Fahrt fort.

Als Sprinkle und Clark kamen, um den Fall vom August zu untersuchen, erzählte ihnen Mrs. Larson, dass sie am 2. Dezember wiederum ein Ufo gesichtet und danach komische, nur schwach erinnerte „Träume" gehabt habe. Im Januar 1976 erinnerte sie sich in einer Hypnosesitzung, dass sie zwischen 3 und 4 Uhr morgens aufgewacht sei und zwei kleine Wesen neben ihrem Bett gesehen hatte, die ansonsten dem vom August glichen. Sie „magnetisierten" sie und schwebten dann mit ihr durch die Hauswand und die Straßen von Fargo zu einem Feld, wo ein orangefarbenes UFO in der Luft stand. Danach erinnerte sie sich, dass ihr nackter Körper eingeschlossen wurde, „wie in einen Eisblock und sie durch eine kahle, wüstenähnliche Landschaft schwebte. In einem einzeln stehenden Gebäude entließ man sie aus dem Block, sie hatte eine telepathische Unterhaltung mit dem Bewohner, der etwas über das Leben auf Erden wissen wollte und „was die Leute denken". Sie sollte ihm „über alle berichten, die ich kenne".

Danach wurde sie zum UFO zurückgebracht, wo sie durch einen Tunnel aus strahlend weißem Licht schwebte; beim Austritt konnte sie die Erde sehen. Das UFO kehrte zum Landeplatz bei Fargo zurück, und Sandy Larson wurde in ihr Bett zurückgebracht. Sie wollte sich sofort duschen, um die „Bazillen der Aliens" abzuwaschen. Offensichtlich ihre Gedanken lesend, fragten die Aliens sie, was Seife sei. Sandy nahm sie mit hinunter in die Waschküche und gab ihnen eine Tasse voll Waschpulver, die sie mitnahmen, als sie verschwanden, nachdem sie Sandy wieder ins Schlafzimmer begleitet hatten.

Es schien weder vernünftige Erklärungen, noch sinnvolle Gründe für die Entführungen zu geben. Doch die schiere Unheimlichkeit des Phänomens verlangte nach einer Erklärung.

1981 veröffentliche Budd Hopkins sein Buch *Missing Time,* eine Sammlung von Fällen, die er in den vergangenen Jahren verfolgt und untersucht hatte. Hopkins war ein angesehener New Yorker Künstler, der immer stärker von dem Entführungsphänomen fasziniert – um nicht zu sagen besessen – war. Wie der Titel seines Buches bereits vermuten lässt, sah Hopkins in einer Periode „fehlender Zeit" einen Hinweis auf eine mögliche Entführung durch Aliens, besonders, wenn dem Blackout eine UFO-Sichtung vorausgegangen war. Nachdem er erfahren hatte, welche Rolle Dr. Benjamin Simon und die von ihm durchgeführte Hypnose im Fall von Betty und Barney Hill gespielt hatte, sah Hopkins die rückführende Hypnose als das Mittel schlechthin, um aufzudecken, was sich in einem nicht erinnerbaren Zeitraum zugetragen hatte. Er nahm mit verschiedenen Berufspsychologen Kontakt auf, die versiert mit Hypnose umgehen konnten. In seinem Buch stellte er sieben Menschen vor, deren verschüttete Erinnerung an eine Entführung durch Hypnose wieder in deren Bewusstsein geholt worden war und erwähnte viele andere, darunter bisher unveröffentlichte Fälle. Alle sieben im Mittelpunkt stehenden Entführungsopfer berichteten von Wesen, die heute allgemein als Graue bekannt sind. Die Ähnlichkeit der Aliens, die Coral Lorenzen vor einem Jahr noch überrascht hatte, gehörte nun zum Schema.

◆
Zu diesen neuen Aspekten des Phänomens zählte der Hinweis, es könne sich um ein Langzeitprojekt der Aliens handeln
◆

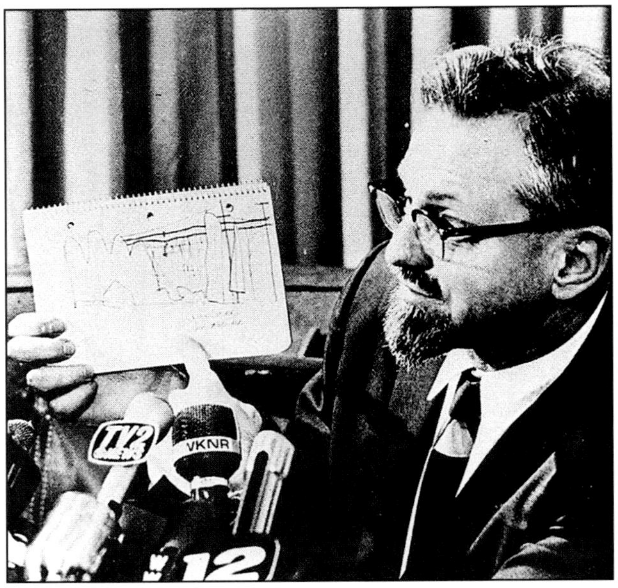

Dr. J. Allen Hynek, lange Zeit UFO-Berater der US-Air Force, stand Entführungsberichten skeptisch gegenüber, gab aber zu, dass gewisse Individuen wohl beängstigende und unerklärliche Erlebnisse gehabt hatten.

Anders als frühere Studien strich *Missing Time* gemeinsame Züge an den Erlebnissen heraus. Hopkins nannte sie „sowohl beängstigende als auch Hoffnung machende Spekulationen". Außerdem listete er nicht nur die Symptome auf, die einen Hinweis auf eine Entführung in der Vergangenheit geben können, er deutete – wenngleich nur vorsichtig – auch an, welche Motive und Absichten hinter dem Phänomen stehen mochten, indem er einige typische Merkmale der Entführungen, erstmals enthüllte.

Virginia Horton

Zu diesen neuen Aspekten des Phänomens zählte die Idee, hinter den Entführungen könne ein Langzeitprojekt der Aliens stecken. Hopkins stellte nämlich überrascht fest, dass viele

Entführte berichteten, bereits in der Kindheit – und dann wieder und wieder – entführt worden zu sein. An Bord des UFOs seien sie dann jedesmal mit denselben Wesen zusammengetroffen, die sie befragten und untersuchten. Hopkins' wichtigste Kronzeugin für seine Theorie war Virginia Horton, die 1950 – sie war sechs Jahre alt – im Hühnerstall ihres Großvaters in Manitoba in Kanada Eier eingesammelt und dabei auf unbekannte Weise einen tiefen Schnitt in die Wade beigebracht bekommen hatte. Komischerweise, so erinnerte sie sich, empfand sie keinen Schmerz, konnte sich aber auch nicht erklären, wie sie sich die Wunde zugezogen hatte. Für Hopkins war diese Erinnerungslücke des Kindes gleichbedeutend mit fehlender Zeit. Unter Hypnose stellte sich heraus, dass Virginia von grauhäutigen Aliens entführt worden war, die ihre Anwesenheit auf Erden als aufregendes Abenteuer bezeichneten und Virginia freundlich um die Erlaubnis baten, den Einschnitt in ihr Bein machen zu dürfen, um „ein kleines Stückchen von dir mit nach Hause" nehmen zu können. Die Aliens beschrieben ihr die Operation als „eine Kombination aus Andenken und Möglichkeit, dich besser kennen zu lernen."

Mit dem Bericht über ihre zweite Entführung brachte Virginia Horton einen weiteren neuen Aspekt ein. Diese hatte sich 1960 ereignet, als sie 16 Jahre alt war und zusammen mit der Familie im Elsass Urlaub machte. (Vielleicht wurde sie auch mit 13 entführt, aber ihre Erinnerung daran ist ein Traum.) Die Familie hatte einen Ausflug mit Picknick im Wald gemacht; Virginia und ihr Bruder stromerten allein im Wald herum und wurden irgendwie getrennt. Bewusst erinnerte sich Virginia nur an einen graubraunen Hirsch mit ungewöhnlich großen, glänzenden Augen, mit dem sie eine telepathische Unterhaltung führte.

Als Budd Hopkins 1980 sein Interesse für Entführungen durch Aliens entdeckte, brach er eine erfolgreiche Künstlerkarriere ab. Seine Bücher änderten die Sichtweise, mit der Ufologen dem Phänomen begegneten.

Dieser wunderschöne Hirsch, den ich so sehr mochte. Er war wie mein bester, lange fern gewesener Freund. Ich wollte nicht, dass er wegging, doch er sagte, er müsse gehen, käme aber wieder... In der Beschreibung erscheint es wie ein mystisches Erlebnis, aber mir kam es nicht so vor... Wie ich ihn traf und wie die Unterhaltung ablief, daran kann ich mich nicht er-

innern... jetzt erinnere ich mich, dass meine Eltern nach mir riefen. Und, ja - der Hirsch sagte zu mir: „Deine Eltern rufen dich, du musst zu ihnen gehen", und ich sagte: „Es eilt nicht!"... dann löste er sich irgendwie auf, verschwand. Und... als ich zurückkam, da war das Blut auf meiner Bluse. Nur ein bisschen, als hätte ich Nasenbluten gehabt.

Der Hirsch, so stellte sich unter Hypnose heraus, war ein Alien, der sich von Virginia verabschiedete, nachdem sie in ein Raumschiff entführt worden war, das unter den Bäumen stand.

Dies scheint der erste Bericht von einer „Deckerinnerung" in der Literatur zu sein. Der Theorie zufolge handelt es sich dabei um eine angenehme, aber falsche Erinnerung, die die tatsächliche Erinnerung an unangenehme Details der Entführung überlagert und ausblendet. Hopkins fragte sich, ob die Aliens das Gedächtnis der Entführten möglicherweise abschirmen, um die Erinnerung des Opfers an den Schock der Entführung zu mildern.

◆
Der Hirsch, so stellte sich unter Hypnose heraus, war ein Alien, der sich von Virginia verabschiedete, nachdem sie entführt worden war
◆

Bei einer Künstlerkollegin, die er „Mary" nennt, vermutete Hopkins ein weiteres Beispiel für dieses Vorgehen der Aliens gefunden zu haben. Mary war anwesend, als Hopkins ein paar Freunden von Virginia Horton erzählte. Eine Woche später berichtete Mary ihm von ihrer „stärksten Kindheitserinnerung" - ein Erlebnis, das sich ebenfalls im Jahr 1950 ereignet hatte, und zwar in Chapel Hill in North Carolina, und auch Mary war damals sechs Jahre alt gewesen.

Sie spielte im Garten eines Nachbarn, als sie einen Kolibri sah - „das Schönste, was ich je in meinem Leben gesehen habe, einfach fantastisch" - und den Entschluss fasste, ihn in einem Glas zu fangen. Sie holte das Glas, fing den Vogel und ging ins Haus zurück, um ihren Fang zu präsentieren, doch das Glas war leer. Dafür blutete sie am Bein, obwohl es nicht wehtat. Mary meinte, die Wunde hätte keine Narbe hinterlassen, doch Hopkins bat, nachschauen zu dürfen, und siehe da, er fand eine haarfeine Narbe an ihrer Wade, fast an derselben Stelle, an der sich auch bei Virginia Horton die Narbe befand. Doch auch unter Hypnose gelang Mary kein Durchbruch zum Geschehen, sie sah nur eine „Mauer" in ihrer Erinnerung, „durch die sie nicht hindurchschauen und um die sie nicht herumgehen" konnte. Hopkins ließ sich nicht beirren. Nach sechs Hypnosesitzungen war er der Überzeugung, dass „eine plausible, sachliche Erklärung für die Narbe inzwischen längst an die Oberfläche gekommen wäre". Und Mary bestärkte ihn in seiner Vermutung, als sie ihm erzählte, als Kind habe sie geträumt, an Bord eines Raumschiffs zu sein, wo man ihr (wie Betty Hill) Sternkarten gezeigt habe.

Hopkins gehörte zu den Ersten, die den Grund erkannt zu haben glaubten, warum die Aliens bei den Entführten besondere Untersuchungen vornahmen, warum sie ihnen Nadeln oder dünne scharfe Instrumente in die Nase oder die Nebenhöhlen einführten. Er verglich sämtliche Berichte von seinen eigenen und anderen Probanden und stellte fest, dass dabei wohl kleine Objekte eingesetzt oder entnommen wurden. Hopkins vermutete, es handele sich um eine Art Sensoren zur Überwachung und zum Wiederauffinden der jeweiligen Person. Virginia Horton erinnerte sich an eine solche Operation, während sie im Elsass

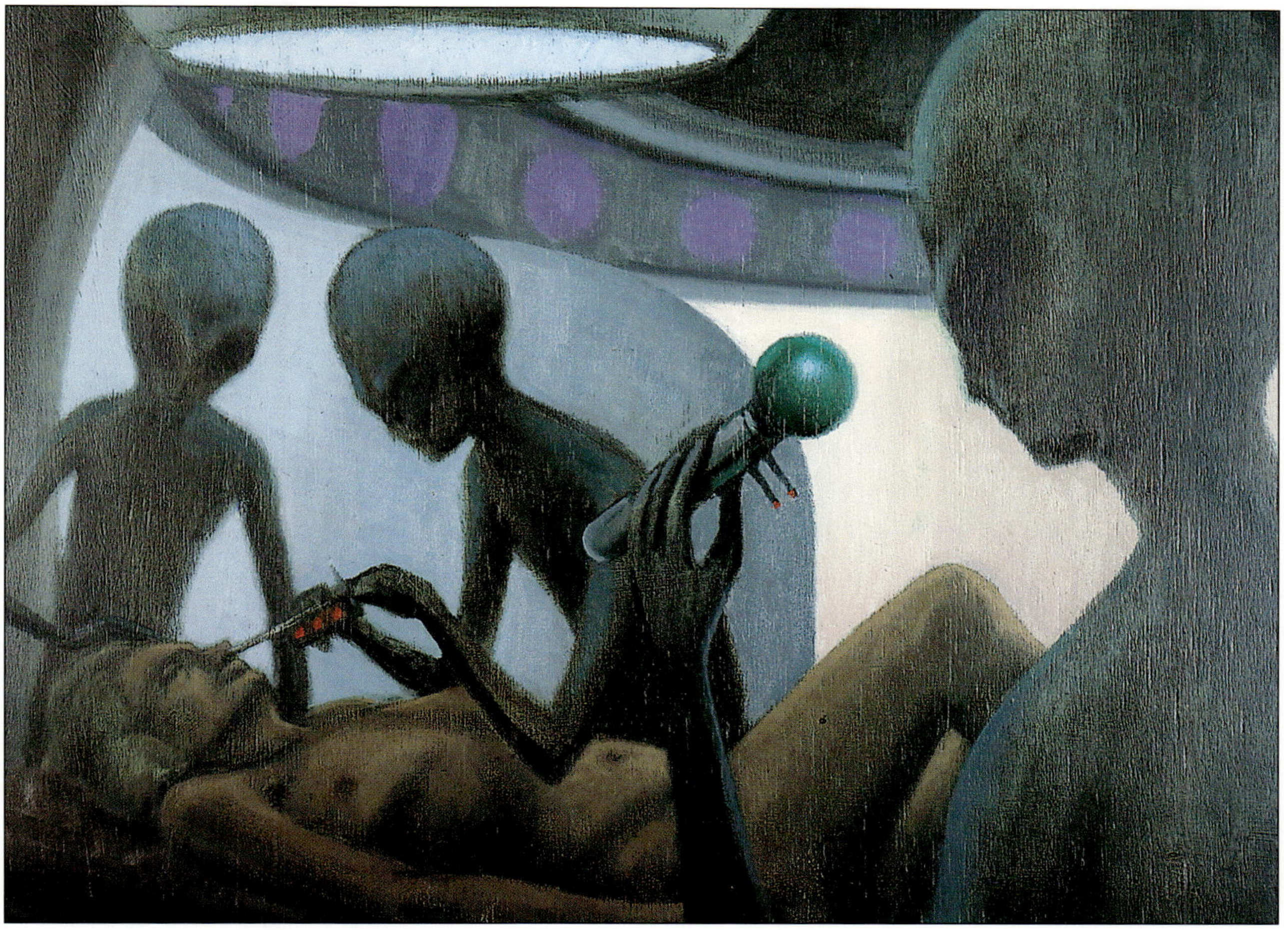

Aliens setzen einem Menschen durch die Nase ein Implantat ein, das eine Art Markierung zur Wiederauffindung ist. Ein Gemälde von Michael Buhler.

entführt worden war. Das Blut auf ihrer Bluse war die Folge.

In *Missing Time* äußerte Hopkins die Vermutung, das Langzeitprogramm der Aliens habe etwas mit menschlichen Genen zu tun. Solche Hinweise gab es bereits in den ersten Entführungsberichten. Erstmals deutlich zum Ausdruck gebracht wurde die Vermutung 1968, als sich Herb Schirmer unter Hypnose erinnerte, von den Aliens gehört zu haben, sie hätten „ein Programm, das ‚Zuchtanalyse' heißt, und bei den Experimenten seien einige Menschen benutzt worden". Hopkins dachte sogar daran, dass sowas wie Klonen im Spiel sei.

Wieder war Virginia Horton die Quelle seiner Mutmaßungen, denn bei ihrer zweiten Entführung hatten die Aliens ihr erzählt, „wie wichtig biologischer Artenreichtum sei", und sie hatte im Raumschiff „eine Art Freundin" getroffen, die, wie sie sagte, „ungefähr in meinem Alter war und auf mich wie eine Verwandte wirkte".

Am überraschendsten an den von Hopkins zusammengetragenen Berichten war für die Ufologen die Entdeckung, dass so viele der Entführungsopfer keinerlei bewusste Erinnerung an eine UFO-Sichtung vor oder nach der Entführung hatten.

Es überrascht nicht, dass Hopkins' Buch heftige Widersprüche auslöste. Was Skeptiker dagegen einzuwenden hatten, werden wir im nächsten Kapitel sehen. Für diejenigen aber, die UFOs und ihre Besatzungen für echte extraterrestrische Besucher halten, war das Buch ein Segen, denn endlich hatte das Entführungsphänomen einen Sinn bekommen. Außerdem bestätigte die Psychologin Dr. Aphrodite Clamar, die einige der Betroffenen hypnotisiert hatte, in einem Nachwort zum Buch die geistige Gesundheit – ja absolute Durchschnittlichkeit – der Augenzeugen.

◆
Ein Psychopath kann durchaus ein Entführungserlebnis haben, doch ist umgekehrt der Bericht von einer Entführung kein Zeichen von Verrücktheit, Wahnvorstellungen oder Geisteskrankheit
◆

Während der gesamten Achtziger- und Neunzigerjahre haben sich Gläubige, Skeptiker und Schwankende die Frage gestellt, ob das Entführungserlebnis möglicherweise einen psychologischen Hintergrund hat. Wir haben es Hopkins zu danken, dass diese notwendige Debatte überhaupt in Gang kam, und dass sich ausgebildete Berufspsychologen damit befassten. Inzwischen ist – zu beinahe jedermanns Zufriedenheit – klar, dass es sich bei den Entführungserlebnissen nicht um das Produkt einer Psychose, einer mentalen oder emotionalen Störung oder Fehlfunktion handelt. Das heißt: Ein Psychopath kann durchaus ein Entführungserlebnis haben, doch ist umgekehrt der Bericht von einer Entführung nicht unbedingt ein Zeichen von Verrücktheit.

Komplizierter und umstrittener ist die Frage, ob das Phänomen seine Wurzeln in der Psychologie des Alltags hat.

Hopkins hat einige der immer wieder auftauchenden Elemente der Entführungserlebnisse deutlich herausgearbeitet und ein paar andere entdeckt – oder eingeführt –, die neu waren. Sein 1969 veröffentlichtes Buch *Passport to Magonia* lenkte die Aufmerksamkeit auf die Ähnlichkeiten zwischen traditionellen Märchen und UFO-Begegnungen, doch wurde nicht deutlich, ob Vallée Berichte über UFOs – von merkwürdigen Lichterscheinungen in der Nacht bis hin zu umfassenden Entführungsberichten – für eine Art Folklore im Gewand moderner Technologie hielt oder ob umgekehrt Märchen und Legenden eine antike Form von UFO-Berichten sind, lediglich in eine Sprache gekleidet, die dem mangelnden technischen Verständnis alter Zeiten entspricht, oder ob Märchen und UFO-Berichte schlicht zwei Aspekte eines ganz anderen, nebelhaften, dritten Phänomens sind. Im Licht der Entdeckungen, die Hopkins gemacht hatte, und angesichts der strukturellen Gleichartigkeit so vieler Entführungsberichte, gewann die Frage, ob die Entführungsdarstellungen nicht eine Art moderner Märchen seien, neue Dringlichkeit.

Mithilfe eines Stipendiums des Fund for UFO Research (FUFOR) ging Dr. Thomas ‚Eddie' Bullard, der seinen Doktortitel in Volkskunde an der University of Indiana erworben hatte, in einer monumentalen Studie dieser Frage nach. Er durchforstete die Literatur und trug alle bis 1985 publizierten Entführungsberichte zusammen – insgesamt etwa 300. Im Verlauf seiner Analyse erkannte er jene grundsätzliche 8-Phasen-Struktur der Berichte, die in der Einleitung beschrieben wurde. Außerdem fand er heraus, dass in der überwiegenden Mehrzahl der Reporte Wesen vorkommen, die den Grauen ähneln, und dass Darstellungen, die durch Hypnose wieder an die Oberfläche geholt wurden, in allen wichtigen Punkten mit jenen Berichten übereinstimmten, die auf bewusster Erinnerung beruhten.

Dr. Thomas „Ed" Bullard, der die Phasenfolge der Entführungserlebnisse analysierte. Die Gleichförmigkeit der Berichte deutet seiner Ansicht nach auf wahre Begebenheiten.

Nun behauptet Bullard, dass Elemente eines echten Volksmärchens sich veränderten, dass aber dieses Merkmal den Entführungsberichten fehle. Er schreibt:

Wenn die Wesen in den verschiedenen Berichten so ähnlich aussehen und ähnliche Handlungen vornehmen, wenn also unterschiedlichste Zeugen immer wieder von den gleichen geistigen und körperlichen Effekten berichten, dann kann man von einem Zusammenhang sprechen. Je übereinstimmender die Darstellungen, desto wahrscheinlicher die Möglichkeit, dass unterschiedliche Zeugen, das gleiche erlebten.

Und weiter schreibt er:

Die Entführungen… umfassen eine verwirrende Mischung aus unglaubwürdigen, surrealistischen Elementen mit scheinbar physischen Wirkungen. Als Volkskundler bin ich beeindruckt von der Fülle der Parallelen zwischen den Entführungsberichten und Volksmärchen, schamanistischen Initiatonen, Nahtoderfahrungen und Ähnlichem. Ich könnte leicht den Schluss ziehen, diese Parellelen „beweisen" eine gemeinsame, möglicherweise psychologische Quelle. Doch als Volkskundler bin ich auch beeindruckt von der Gleichartigkeit der Berichte, während doch Vielfalt und Variation Markenzeichen der Folklore sind. Wenn Teile einer Geschichte sich ändern können, dann werden sie es wahrscheinlich tun. Die Teile einer Entführungsgeschichte aber ändern sich nicht, weshalb ich vermute, dass diese Erzählungen nicht zur oralen Tradition zählen.

Bullard sprach sich in seiner Studie weder für eine wortwörtliche noch für eine psychologische Interpretation der Entführungen aus, meinte aber, eine „weitere, ernsthafte Forschung" sei gerechtfertigt. Später gestand er einen Hang zur extraterrestrischen Erklärung des Phänomens, denn: „die Gleichartigkeit, die physischen Beweise, die Fälle, bei denen es mehrere Zeugen gibt… lassen mir keine andere Wahl, ich muss die Wahrhaftigkeit anerkennen. Die extraterrestrische Erklärung wird den Beweisen meist gerecht, also muss ich diese Erklärung ernsthaft in Betracht ziehen."

Dass ein qualifizierter, akribisch forschender Wissenschaftler wie Bullard die objektive Realität der Aliens nicht ausschloss, verlieh dem Glauben, Entführte berichteten das buchstäblich Wahre, große Autorität. Eine Rückenstärkung, die den Ufologen sehr zu Hilfe kam.

Debbie Tomey

Im selben Jahr 1987, in dem Bullard seinen Forschungsbericht veröffentlichte, kam Hopkins' zweites Buch auf den Markt, *Intruders: The Incredible Visitations at Copley Woods,* in dem der Fall von Kathy Davis im Mittelpunkt stand, Pseudonym von Debbie Tomey, die später zusammen mit ihrer Schwester auch einen eigenen Bericht publizierte. Debbie schrieb Ende 1983 an Hopkins, nachdem sie sein Buch *Missing Time* gelesen hatte, denn sie hoffte, er könne ihr bei der Klärung einiger Merkwürdigkeiten behilflich sein, die sich am Abend des 30. Juni jenes Jahres ereignet hatten.

An jenem Abend hatte sie im Garten des Hauses ihrer Eltern in einem Vorort von Indianapolis in Indiana, einen Lichtball gesehen. Später, als sie noch die Nachbarn besuchen wollte, überzeugte sie sich, dass draußen alles in Ordnung war. Tatsächlich war kein Lichtball zu sehen, nur die Tür vom Geräteschuppen, vorher offen, war jetzt geschlossen. Beruhigt fuhr sie zu den Nachbarn.

Während Debbie weg war, sah ihre Mutter vom Haus aus ein merkwürdig durchsichtiges Licht von der Größe eines Basketballs vor dem Schuppen schweben. Sie konnte durch das Licht, von dem keine Strahlen ausgingen, hindurchsehen „dann war es plötzlich verschwunden". Sie rief bei den Nachbarn an, Debbie kam zurück und mit der Flinte des Vaters in der Hand suchte sie 10 Minuten lang die Gegend ab; es war gegen 21 Uhr 30.

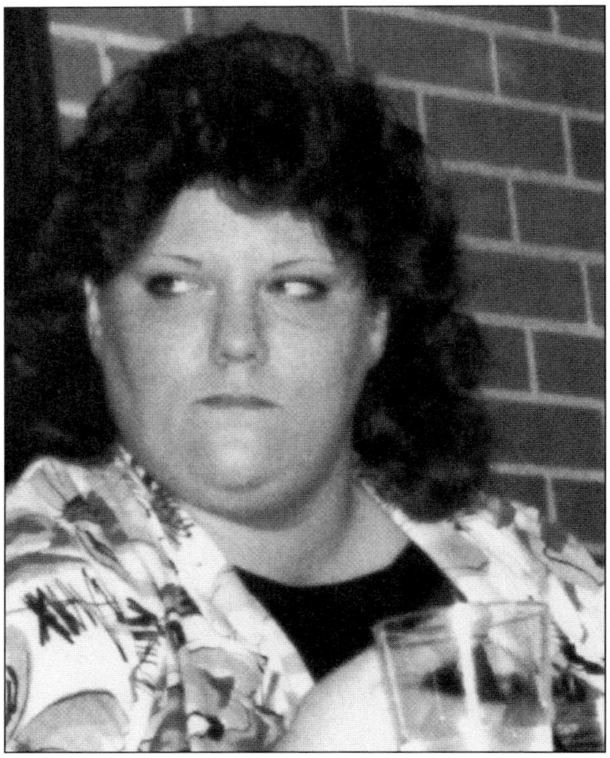

Debbie Tomey – alias „Kathy Davis" –, deren Erlebnisse Budd Hopkins zu dem Schluss kommen ließen, hinter den Entführungen stehe ein Zuchtprogramm der Aliens.

Wiederum konnte sie nichts entdecken, nur der Hund verkroch sich ängstlich unter dem Auto. Es war ein feuchtheißer Abend, und so fuhr Debbie los, um mit Freunden noch eine Runde zu schwimmen. Sie hätte um 22 Uhr an ihrem Ziel ankommen müssen, denn sie war nur 10 Minuten lang im Garten gewesen, doch als sie bei den Freunden ankam, war es 23 Uhr. Von der fehlenden Stunde nicht weiter irritiert, fuhr Debbie mit den Freunden zu sich zurück und alle zusammen stiegen sie in den Pool. Doch dann hatten sie alle ganz merkwürdige Empfindungen: Allen war plötzlich kalt, ihr Blick war verschwommen als herrsche Nebel, um das elektrische Licht bildete sich ein Halo und dann wurde allen zur gleichen Zeit schlecht.

Budd Hopkins zeigt Fotografien von Narben unbekannten Ursprungs, die den Betroffenen während Entführungen von Aliens beigebracht worden sein sollen.

Hopkins erfuhr, dass auch die unmittelbaren Nachbarn der Tomeys an jenem Abend Seltsames beobachtet hatten: einen Lichtblitz, der sich auf das Haus der Tomeys zubewegte, sowie einen tief vibrierenden Ton. Ihr eigenes Haus wackelte und eine Deckenlampe bewegte sich. Es gab Störungen im Fernsehen, die Lichter flackerten und die Digitaluhren im Hause mussten nachgestellt werden. Die Nachbarn dachten, es sei ein kleiner Erdstoß gewesen. Am nächsten Tag sah man auf dem Rasen der Tomeys einen verbrannten Kreis von etwa 2,50 m Durchmesser, von dem ein etwa 15 m langer, ebenfalls verbrannter Pfad wegführte.

Unter Hypnose erinnerte sich Debbie, dass sie, als sie nach der Lichterscheinung suchen wollte, derentwegen die Mutter sie zurückgerufen hatte, von einem Strahl getroffen und in ein UFO entführt worden war. Wie anderen vor ihr war auch ihr eine Sonde in den Unterleib eingeführt und durch das Ohr ein Objekt in den Kopf eingesetzt worden. Auch hatte man ihr eine Art Absauggerät angesetzt.

Während weiterer Hypnosesitzungen stellte sich heraus, dass die Aliens sie als Kind erstmals besucht hatten. Als sie sechs Jahre alt war, hatte man ihr ein Implantat eingepflanzt, ein Ereignis, das hinter einer Deckerinnerung vom Besuch eines fremden Hauses verborgen war, in dem ihr ein Alien in Gestalt eines kleinen Jungen erschienen war. (Sie und andere Familienmitglieder hatten auch unerklärliche Narben an den Beinen; Hopkins meinte, die Aliens hätten da Zellproben entnommen.)

◆

Es war ihr eine Sonde in den Unterleib eingeführt und durch das Ohr ein Objekt in den Kopf eingesetzt worden

◆

Als Teenager wurde Debbie dann angeblich schwanger, doch die Schwangerschaft endete plötzlich auf mysteriöse Weise. Wiederum unter Hypnose erinnerte sie sich, dass Aliens sie besucht hatten, kurz bevor sie schwanger wurde, und dass sie „unangenehme" intime Handlungen vorgenommen hatten. Einige Monate später waren sie dann erschienen und hatten den Fötus abgeholt.

Dies ist der erste veröffentlichte Bericht von einem „fehlenden Fötus" und einer angeblich von Aliens ausgelösten und ebenfalls von ihnen unterbrochenen Schwangerschaft. Dabei handelt es sich um ein Thema, das danach in der Entführungsliteratur noch sehr viel häufiger vorkommen sollte.

Jahre später, Debbie war inzwischen verheiratet und hatte zwei Söhne – und sie war auch mehrmals wieder entführt worden –, kam es erneut zu einer Entführung, bei der ihr die Aliens kurz ein kleines Mädchen vorstellten, das „wie eine Elfe oder ein Engel" aussah und offenbar ihre extraterrestrisch erzeugte Tochter war. Debbie war – wie Hopkins bald vermutete – nicht die einzige Frau, die von Ufonauten geschwängert worden war, doch sie war die erste, von deren Schwangerschaft berichtet wurde. Auch ihre späteren Entführungen umfassten merkwürdige Züge, wie etwa das Durchgleiten von Wänden. Vor allem aber entdeckte Hopkins, dass auch Debbies (irdische) Söhne entführt worden waren und es Anzeichen gab, dass auch ihre Mutter und ihre Schwester Teil des „Programms" der Aliens waren.

◆

Die Aliens stellten ihr ein kleines Mädchen vor, das „wie eine Elfe oder ein Engel" aussah

◆

Haarsträubend und gruselig wie der Fall auch sein mag, er lieferte Hopkins eine rationale Erklärung, warum die Aliens sich in menschliche Belange einmischen. Das bisher unerklärliche Interesse der Aliens am menschlichen Fortpflanzungssystem – die gynäkologischen Untersuchungen, die durch den Nabel eingeführten Sonden, die Verführungen oder mechanischen Abnahmen von Samenproben bei Männern –, all das ergab jetzt einen Sinn: Die Aliens benutzen Menschen um Zwitterwesen zu züchten. Niemand wusste, warum sie das taten, doch im Umfeld der Ufologie tauchten Spekulationen über „sterbende Rassen" auf, über dunkle Machenschaften der Aliens, in die die Regierung verwickelt sei, über Verbindungen zu den mysteriös verstümmelten Rindern und noch Schlimmeres.

Whitley Strieber

Eine ganz und gar optimistische Interpretation lieferte dagegen Whitley Strieber, ein höchst erfolgreicher amerikanischer Autor von Science-fiction und Horrorgeschichten. Doch *Communion,* das kurz nach seiner Veröffentlichung 1987 auf der Bestsellerliste der *New York Times* stand, und für das Strieber einen Vorschuss von einer Million Dollar vom Verlag erhalten haben soll, beschrieb angeblich „ein wahres Erlebnis", in dessen Mittelpunkt eine höchst beängstigende, schmerzliche Entführung stand, die Strieber über Weihnachten 1985 erlebt hatte, als er Wesen begegnete, die er „die Besucher" nennt. Dabei handelt es sich um klassische Aliens, die sich allerdings von den konventionellen UFO-Wesen signifikant unterscheiden. *Communion* katapultierte eine Thematik auf die Titelseiten, die sich mit obskuren Begebenheiten befasste, die bisher nur Spezialisten und Betroffene interessiert hatte. Ob zum Guten oder Schlechten, das Buch zerrte das Entführungsphänomen aus der Ufologenecke, und nichts konnte es wieder dorthin zurückstopfen.

Als Weihnachten 1985 vor der Tür stand, hätte Strieber allen Grund gehabt, seinen Erfolg zu genießen. Zwei der mit Co-Autor James Kunetka verfassten Bücher *(Warday* und *Nature's End)* waren Bestseller, zwei weitere *(The Wolfen* und *The Hunger)* wurden verfilmt, Letzteres mit Catherine Deneuve, Susan Sarandon und David Bowie. Mit dem reichlich fließenden Geld, einem Apartment in Greenwich Village und einer prächtigen Blockhütte im Staate New York hätten der Texaner, seine Frau Anne und der Sohn Andrew das Leben eigentlich genießen können.

Stattdessen zeigte Strieber eindeutige Symptome einer Paranoia. Statt sich in die Blockhütte ein erstklassiges Alarmsystem einbauen zu lassen, legte er sich lieber eine geladene Schrotflinte neben das Bett. Bevor er zu Bett ging, guckte er in alle Schränke und unters Bett, obwohl er nicht wusste, nach wem oder was er eigentlich suchte. In der Nacht des 26. Dezember bekam er den Grund für sein merkwürdiges Verhalten geliefert, denn die „Besucher" erschienen (siehe Seiten 60/61).

Das Erlebnis, an das er sich bewusst nur bruchstückhaft erinnerte, brachte Strieber in Kontakt mit Budd Hopkins, der ihm zur regressiven Hypnose riet. Zutage kam ein „typisches" Entführungserlebnis. Als Strieber aber anfing, seine bis in die Kindheit zurückreichenden Erinnerungen zu durchforsten, kamen ihm Zweifel daran, ob diese Besuche physisch so real zu nehmen waren, wie es Hopkins glaubte. Tatsächlich waren Striebers Erfahrungen so merkwürdig und vielfältig, dass jeder Versuch, sie zusammenzufassen oder zu ordnen, scheitern musste. Schließlich kam Strieber zu dem Schluss, dass das, was er das „Besuchererlebnis" nannte, etwas Lehrreiches war, die „Besucher" selbst nannte er „unsere Verbündeten des Wachstums". Diese Idee stand im Gegensatz zu den Vorstellungen von Entführungsforschern wie Budd Hopkins und David Jacobs. Striebers konziliante, fast anbetend unterwürfige Haltung gegenüber den „Besuchern" schmeckte nach Abtrünnigkeit und Häresie. Sie waren ein Rückfall in die Zeiten der „Kontaktpersonen" und ihrer „Brüder aus dem All", die angeblich das Wohl der Menschheit im Auge hatten. Wie die „Kontaktpersonen" der Fünfzigerjahre, so warnte nun auch Strieber vor globalen ökologischen Katastrophen, sollte die Menschheit nicht zur Einsicht kommen.

Der Archetyp eines „Grauen" auf dem Buchtitel von Whitley Striebers Communion.

Ein anderer von Strieber berichteter Aspekt brachte ihm allerdings bei konservativen Forschern Meriten ein, die Behauptung nämlich, Entführungen seien keineswegs zufällige Einzelereignisse, sondern begännen vielmehr immer schon in der frühen Kindheit der Opfer und würden bis ins Erwachsenenalter fortgesetzt. Strieber bestätigte die Vorstellung, dass individuelle Entführungen konstant fortgeführt würden. Wer einmal besucht worden war, durfte ziemlich sicher sein, immer wieder besucht zu werden.

Strieber hatte auch andere unerklärliche Erlebnisse, und auch Gäste, die zum Blockhaus kamen, schilderten anomale Phänomene. Als einer der Ersten berichtete Bruce Lee, ein Lektor des Verlages William Morris, von einer solchen Begebenheit. Kurz nachdem *Communion* erschienen war, stöberte Lee in einer bekannten großen Buchhandlung in New York und sah dabei einen Mann und eine Frau, die lange Mäntel, Hüte und lange Schals trugen. Sie blätterten in einem Exemplar von Striebers Buch und machten dabei in bestem Amerikanisch mit leicht jüdischem Akzent Bemer-

VON BESUCHERN VERWANDELT

Whitley Strieber

◆◆◆

Whitley Strieber, der Autor von Communion, *behauptet, seit seiner Kindheit Kontakt mit Aliens zu haben.*

Zusammen mit seiner Frau Anne und seinem Sohn Andrew verbrachte der Schriftsteller Whitley Strieber das Weihnachtsfest 1985 in seinem abgelegenen Blockhaus im Staat New York. In der Nacht des 26. Dezember wurde er durch etwas geweckt, das er als „sausend-heulendes Geräusch" bezeichnet, als hätte eine U-Bahn in seinem Wohnzimmer gehalten, und die Leute wären ausgestiegen. Statt nachzuschauen, schlief er wieder ein, wachte aber auf, als etwas das Schlafzimmer betrat – „eine gedrungene Gestalt", weniger als 1,20 m groß, „mit zwei dunklen Augenlöchern und einer nach unten gebogenen Mundlinie" – und an sein Bett kam.

Obwohl Strieber bald auch dem klassischen Grauen begegnen sollte, war dieser Eindringling anders. Erstens war er bekleidet, während die Grauen typischerweise nackt erscheinen oder eng anliegende Overalls tragen, denn er hatte „etwas wie eine Mütze mit breiter Krempe" auf dem Kopf sowie vor der Brust eine quadratische Platte mit konzentrischen Kreisen drauf und darunter eine rechteckige Platte, die das Wesen von der Taille bis zu den Knien bedeckte.

Das Wesen war in Begleitung einer Horde von Zwergen in dunkelblauen Latzhosen mit „breiten Gesichtern, glitzernden, tief liegenden Augen, Stupsnasen und breiten, entfernt menschlichen Mündern". Die Zwerge hoben Strieber aus dem Bett, trugen ihn nach unten, dann aus dem Haus und zu einer Lichtung im Wald. Hier fühlte er sich in die Luft gehoben und fand sich in einem „dreckigen, runden Raum" wieder, wo ihn ebenfalls Wesen umgaben. Eines roch nach „Pappe und Zimt". Überall in dem schimmelig wirkenden Raum lagen Kleider verstreut – ein ganz scharfer Kontrast zu der sonst immmer berichteten klinisch sterilen Atmosphäre der Räume. Eines der Wesen hockte sich vor Strieber hin, öffnete eine Schachtel und entnahm ihr „eine glänzende, haarfeine Nadel, die auf einer schwarzen Unterlage lag".

„Hatte ich vorher Angst gehabt", schreibt Strieber, „so packte mich jetzt nackte Panik", denn ihm wird klar, dass das Wesen ihm die Nadel ins Gehirn einführen wird. Er jammert: „Hier, an diesem Drecksort? Du wirst ein wunderbares Gehirn zerstören." Das Wesen ignorierte seine Einwände, es gab „einen Knall und einen Blitz". Doch es sollte noch schlimmer kommen. Strieber wurde in einen anderen Raum transportiert, wo man ihm ein „enormes, extrem hässliches Gerät" zeigte, „grau und schuppig, mit einer Art Drahtnetz am Ende. Es war mindestens 30 cm lang, schmal und dreieckig." Dieses groteske

Der Eingang zur „geheimen Schule" in der Nähe von San Antonio, wo Strieber in den Fünfzigerjahren zusammen mit anderen Kindern regelmäßig mit Aliens zusammengetroffen sein will.

Ding führt man ihm in den After ein, wo es „ein Eigenleben zu entwickeln schien, denn es schwärmte in mir herum. Wahrscheinlich sollte es Stuhlproben nehmen, doch mir kam es wie eine Vergewaltigung vor und zum ersten Mal empfand ich Zorn." Trotz aller Angst und Wut empfand Strieber zuletzt den Besuch doch als wohltätig.

◆
Dieses groteske Ding führt man ihm in den After ein, wo es „ein Eigenleben zu entwickeln" schien
◆

Vier Bücher hat Strieber inzwischen über seine Begegnungen mit den Besuchern verfasst (er vermeidet den Begriff Aliens und widersetzt sich der Idee, es handele sich um Außerirdische): *Communion* (1987), *Transformation* (1988), *Breakthrough* (1995) und *The Secret School* (1997). Das letzte konzentriert sich auf Striebers Kindheitserlebnisse in San Antonio in Texas. Die „Schule" war ein Waldstück in der Nähe des väterlichen Hauses, wo Strieber und andere Kinder nachts zusammenkamen und von einer großen Gestalt in einem Kapuzengewand unterrichtet wurden. Manchmal bekam er dabei eine Art Helm aufgesetzt - heute meint er, es müsse eine Art virtueller Bildschirm gewesen sein - und dann sah er Szenen aus der frühen Vergangenheit und der fernen Zukunft, unheimliche Landschaften, zu denen auch die Marsoberfläche gehörte. Am Ende seines Buches macht Strieber eine Reihe von Voraussagen, die sich auf das gründen, was er in der „geheimen Schule" gelernt hat. So heißt es:

Unser gegenwärtiges durch Schulden und Entfremdung von den Bürgern destabilisiertes Regierungssystem, in dem ein Abgrund zwischen geheimen und öffentlichen Sektoren klafft, wird sich durch wirtschaftliche Zusammenbrüche, die durch schwer wiegende Umweltverschmutzungen verschiedenster Art ausgelöst werden, drastisch verändern …

Dadurch, dass die Wissenschaft ehrlicher, offener, mächtiger wird, entdeckt sie auf unwiderlegbar faktische Weise die Gegenwart der Gottheit. In diesem Augenblick wird ein Wasserfall der Freude die Welt überfluten und die Arten finden bewusst zu jener Partnerschaft zusammen, für die sie geschaffen wurden …

Die Fusion ist eine perfekte Energiequelle; wir werden den Mond als Brennstofflieferanten abbauen. Dabei wird es Hindernisse geben, die nur durch eine umfassende persönliche und soziale Evolution überwunden werden können …

Wir werden Leute aus anderen Welten treffen, die Barriere zwischen den Lebenden und den Toten wird zusammenbrechen, und es wird dem Individuum möglich sein, riesige Mengen von Wissen zu speichern und zu verarbeiten.

John Velez' Darstellung einer „Untersuchung" durch Aliens. Da Velez selbst häufig UFOs gesehen und merkwürdige Begegnungen mit fremden Wesen gehabt hat, basiert seine Kunst auf persönlichen Erlebnissen. Außer physischen Tests nehmen die Aliens wohl auch „Durchleuchtungen" vor, in deren Verlauf die Gedanken des Menschen gelesen werden.

kungen wie: „Das stimmt doch gar nicht – er hat alles falsch verstanden". Nun sah Lee, dass sie auch Sonnenbrillen trugen, hinter denen sie „dunkle, mandelförmige Augen" verbargen.

Dem New Yorker Reporter Tracy Cochran vertraute Lee an, dass er sich den beiden genähert und sie gefragt habe, was denn nicht stimme. Während der Mann ihn ignorierte, schien die Frau „abgrundtiefe Verachtung und Hass" auszustrahlen. Verstört eilte Lee aus dem Laden. War er nur zwei Scherzbolden aufgesessen – an denen in New York ja kein Mangel herrscht –, die sich auf seine Kosten einen Witz geleistet hatten (ohne zu wissen, wer er war?). Oder war Lee den legendären „Männern in Schwarz" über den Weg gelaufen, jenen halbrealen Gestalten, von denen auch andere UFO-Zeugen immer wieder berichten?

Ebenso verwirrend – und viel zweideutiger – sind die Kindheitserlebnisse, über die Strieber in seinem 1997 veröffentlichten Buch *The Secret School* berichtet. Paranormale Ereignisse sind nichts Ungewöhnliches im Leben von Entführungsopfern, doch Forscher wie Budd Hopkins und David Jacobs sparen sie aus ihren Fallstudien regelmäßig aus. Debbie Tomey und ihre Schwester Kathie enthüllten in ihrem gemeinsam verfassten Buch, dass die Familie „schon immer" von Poltergeistern und anderen bizarren Manifestationen heimgesucht worden sei, doch in *Intruders* steht davon kein Wort. Striebers Eingeständnis, dass solche Phänomene in seinem eigenen Leben eine Rolle spielten, sowie seine Tendenz zu Prophezeiungen im Stil der Kontaktpersonen haben ihn wahrscheinlich von „konventionellen" Ufologen ebenso entfremdet wie die persönlichen Differenzen, die den Bruch mit Hopkins herbeiführten. Es war Striebers Verdienst, das Entführungsphänomen allgemein bekannt gemacht zu haben,

Die Skizze von Albert Bender zeigt den ersten „Mann in Schwarz" (MIB) der Ufologengeschichte. Diese Wesen belästigen Menschen, die mit UFOs zu tun hatten.

doch seine Überzeugung, dass das Phänomen in einem weiteren Rahmen als dem der Ufologie gesehen werden muss, könnte sich als die größere Tat erweisen.

Bereits 1975 hatte der Historiker Dr. David Jacobs eine allgemein begrüßte Studie über die Geschichte der UFOs und der Ufologie verfasst. 1982 war er mit Hopkins zusammengetroffen, der sein Interesse auf das Phänomen der Entführungen lenkte. Er beobachtete Hopkins bei der Arbeit, und 1986, nachdem er verschiedene Hypnosetechniken erlernt hatte, begann Jacobs mit eigenen Recherchen. 1992 veröffentlichte er sein Buch *Secret Life,* das sich weniger mit allgemeinen Begründungen des Phänomens befasste, als vielmehr mit Details der während der Entführungen von den Aliens angewandten Techniken, wobei er einige neue enthüllte.

◆
Häufig war die „Führung" auf einen Besuch im Kindergarten reduziert und auf die Erwartung der Aliens, dass die Entführten auf Kommando Zuneigung zu den Zwitterwesen fassten
◆

Zu den wichtigsten von Jacobs behandelten Techniken gehört die Deckerinnerung, daneben befasste er sich ausführlich mit den ausgeklügelten Gerätschaften, die die Aliens bei ihren medizinisch-gynäkologischen Untersuchungen verwenden, denn laut Jacobs ist die Beschäftigung mit den Prozessen der Fortpflanzung ein „herausragender" Bestandteil der Erlebnisse der Entführten. Andere Elemente, denen Ed Bullard noch gleichrangigen Wert eingeräumt hatte, wie etwa die Besichtigung des Raumschiffs oder die „extraterrestrische Reise" verwies Jacobs als bloße Fassette des Zuchtprogrammes in die hinteren Ränge. Häufig nahm die „Führung" jetzt die Form eines Besuchs im Kindergarten an, wobei die Aliens erwarteten, dass die Entführten spontane Zuneigung zu den Zwitterwesen fassten. Hatten die ersten Entführten noch berichtet, man habe ihnen geheimes oder esoterisches Wissen vermittelt, so traten an diese Stelle nun Erinnerungen an Videoschauen, bei denen apokalyptische Szenen von einer durch Umweltverschmutzung total zerstörten Erde gezeigt wurden.

Erstaunlicherweise konnten die von Jacobs untersuchten Probanden von jeder Phase des Erlebnisses sehr ausführliche Berichte geben, wohingegen frühere Entführte oft nur vage Erinnerungen hatten. Daraus folgte, dass die Forscher mit neuen Erkenntnissen über die primären Aspekte der Entführungserlebnissse aufwarten konnten, die dann wiederum neue Fragen bezüglich der Beweggründe der Aliens aufwarfen.

Der Prozess des *Mind-scannings* beispielsweise, eine Art Röntgenaufnahmen der Gedankenwelt der Entführten, der in früheren Berichten in der einen oder anderen Verkleidung aufgetaucht war, rückte immer mehr in den Vordergrund und nahm eindeutigere Konturen an. Bei den von Jacobs untersuchten Personen gehörte dazu häufig eine gruselige Szene, die sich ereignete, nachdem Gewebeproben genommen sowie Implatate eingepflanzt oder entfernt worden waren, jedoch bevor die Reproduktionsphase begann. Der Versuchsleiter der Aliens beugte sich über den Entführten und starrte ihm tief und lang in die Augen; alle Entführten hatten dabei den Eindruck, es würden ihre Gedanken und Empfindungen gelesen. Jacobs enthüllte eine neue und interessante Fassette dieses Vorgangs, denn eine Reihe seiner Klienten berichteten von Gefühlen der Wut, der Verachtung, des Hasses und der Hilflosigkeit gegenüber den Aliens, die sich im Laufe der Untersuchung dann aber in Ergebenheit und Liebe wandelten. Diesem Austauch (und Wandel) der Gefühle pflegte die „Unterhaltung" zu folgen, dann wurden Ovae oder Spermien entnommen, Embryonen implantiert oder Föten entfernt und Ähnliches.

Dieses von Jacobs entdeckte neue Entführungsszenario war weit trüber als das von Hopkins (und Lichtjahre entfernt von Striebers optimistischer Sicht). Die Angelegenheit wurde noch düsterer, als die beiden Forscher darauf kamen, dass Entführungen ein Familienphänomen waren: Kinder, Eltern und Großeltern waren ebenfalls Opfer von Entführungen oder trugen die verräterischen Zeichen einer wahrscheinlichen Ent-

Dr. John Mack, Professor für Psychiatrie, dessen Beitrag zur Entführungsforschung von Ufologen mit gemischten Gefühlen aufgenommen und von seinen Wissenschaftskollegen mit Spott überhäuft wurde.

führung. 1992 veröffentlichten Hopkins und Jacobs zusammen mit dem Soziologieprofessor Ron Westrum das Ergebnis einer großen in den USA durchgeführten Umfrage, die - ihrer Meinung nach - darauf hindeutete, dass bereits 3,7 Millionen Amerikaner entführt worden waren.

Während Jacobs und Hopkins die Elemente des Entführungsszenarios immer genauer herausarbeiteten, erschien ein weiterer mit akademischen Meriten geschmückter Ermittler auf der Bühne. John Mack, Pulitzerpreisträger und Professor für Psychiatrie an der Harvard Universität, interessierte sich schon lange für „wechselnde Wirklichkeiten". Der Freund eines Freundes machte ihn 1990 mit Hopkins bekannt. Wie David Jacobs nahm er zusammen mit Hopkins monatelang an regressiven Hypnosesitzungen teil, lernte die entsprechenden Techniken und machte sich an der Quelle mit dem Entführungsszenario vertraut. Bis 1993 hatte er selbst rund 80 Entführte befragt und hypnotisch zurückgeführt und über 13 seiner Klienten ein ausführlich ins Detail gehendes Buch geschrieben. Da es sich bei Mack um einen angesehenen Fachwissenschaftler handelte, und das Entführungsphänomen dank Whitley Strieber ins allgemeine Bewusstsein gerückt war, wurde Macks nüchtern betiteltes Buch *Abduction: Human Encounters With Aliens* von lokalen Wochenzeitungen ebenso wie vom Time Magazine rezensiert, als es 1994 erschien.

Mack konnte niemanden beeindrucken. Konventionelle Kritiker waren empört über seine flippige Art, mit der er der westlichen Wissenschaft eine Absage erteilte, indem er erklärte, sie sei zum Verständnis des Phänomens völlig unzureichend und sollte deshalb aus den Untersuchungen verbannt werden, aber auch über die offenbar unqualifizierte Leichtgläubigkeit, mit der er alles für bare Münze nahm, was seine Klienten ihm auftischten, etwa, dass sie schon viele Male wiedergeboren seien, dass sie halb Mensch, halb Alien seien (siehe Seiten 66/67), dass die Aliens sie auserwählt hätten, Führer jener Restmenschheit zu sein, die die unmittelbar bevorstehende Katastrophe überleben werde. Die Liste der Hirngespinste war endlos und verwirrte nicht zuletzt viele führende Ufologen. Macks Status als Wissenschaftler, seine Erfahrung und sein Wissen hätten helfen sollen, dem Thema Seriosität zu verleihen - stattdessen war die Sache an das vernebelnde Geschwafel des New Age verraten. Niemand würde mehr glauben, dass *echte* Aliens, *wahrhaftige* Entführungsopfer in ihre Raumschiffe brachten. Wie sollte man anerkannten Wissenschaftlern noch plausibel

◆

Niemand würde mehr glauben, dass echte Aliens, wahrhaftige Entführungsopfer in ihre Raumschiffe brachten ... wenn jemand von Macks Format einem solchen Unsinn das Wort redete

◆

EIN ALIEN AUF ERDEN

„Paul“

◆ ◆ ◆

Mit 25 Jahren unterzog sich Paul (Pseudonym) bei einer Berufstherapeutin einer Hypnosebehandlung, um herauszufinden, ob er als Kind sexuell missbraucht worden war, denn verwirrende und paranormal erscheinende Kindheitserlebnisse schienen darauf hinzudeuten. Es traten aber keine sexuellen Übergriffe zu Tage, sondern „Begegnungen mit ungewöhnlichen Wesen“, die bis ins Alter von zwei oder drei Jahren zurück reichten. In seiner frühesten Erinnerung wurde Paul von Grauen aus seinem Schlafzimmer geholt und an Bord eines Raumschiffes untersucht. Als eines der Wesen ihm mit dem Finger über das Bein strich, spürte er plötzlich einen Schmerz, dann Taubheit, als wäre „etwas in das Bein gespritzt“ worden.

Da die Therapeutin sowohl von den reaktivierten Erinnerungen verwirrt war wie von angeblichen Poltergeistaktivitäten in ihrer Praxis, für die Paul sich verantwortlich fühlte, nahm er 1994 Kontakt zu Dr. John Mack von der Havard Universität auf, der seine Untersuchungen damit begann, dass er Paul unter Hypnose über eine Begegnung befragte, die er bereits teilweise erinnert hatte.

Paul erinnerte sich an die Ankunft eines UFOs und an die freundliche Begrüßung durch zwei Gruppen winziger Aliens. Dann war er in einem von Aliens geflogenen Raumschiff, von dem aus er viele Sterne sah. Die Aliens hatten große, dunkle Augen ohne Iris, kahle Köpfe, flache Nasen „wie Affen“ und Münder mit Schuppen drumherum. Seiner Schätzung nach war Paul schon siebzigmal in dem Schiff gewesen, obwohl er diesmal eine typische Führung erlebte, als wäre es sein erstes Mal.

Man erklärte ihm, dass er der Geist eines Alien in einem menschlichen Körper sei. „Ich bin eine Kreuzung zwischen dem, was ich als mein Ich gekannt hatte, und den Wesen, die die Menschen Außerirdische nennen.“ Paul, der danach zwischen der Sprechweise eines Menschen und eines Alien hin und her pendelte, sagte, dass die Aliens – die TA-Menschen – sich „über einen langen Zeitraum hin entwickelt haben, aber anders als Menschen“. Es gebe viele Aliens mit zweifacher Identität auf Erden. „Ich bin mehr als ein TA-Wesen und mehr als ein Mensch. Immer mehr Menschen finden heraus, wie sehr dazwischen sie selbst sind.“

Sein „Heimat“-Planet sei sehr friedlich, und die Aliens seien hier, um sich mit den Menschen „zu vereinen“. „Ich versuche zu helfen, doch ich werde angegriffen ... Wir kamen und viele wurden von euch umgebracht ... ihr seid zu gewalttätig ... zu feindlich. Es gibt so viel Leben, doch die Menschen wollen den Tod.“

Die Aliens begreifen die menschliche Zerstörungswut nicht. Als Dr. Mack ihn fragte, ob die Eingriffe, die die Aliens bei den Entführungen durchführen, dazu dienen auf diese Frage eine Antwort zu finden, sagte Paul „zum Teil“, doch gehe es auch darum zu helfen und „anzupassen“. In Dr. Macks Worten: „Es scheint den Aliens so, als würden wir absichtlich den Tod dem Leben vorziehen. Ihre Experimente dienen zum Teil dazu, unsere perverse, starrsinnige Art zu begreifen, aber auch dazu, sich einzumischen und uns auf dem schwierigen Pfad von der Zerstörung hin zur Schöpfung zu begleiten.“

Dual Identity *von John Velez, ein Gemälde, das dem Empfinden vieler Entführungsopfer Ausdruck gibt, eigentlich halb Mensch, halb Alien zu sein.*

Die Aliens – „die TA-Menschen" – sagten, sie seien schon vor Jahrtausenden gekommen und hätten mit den Dinosauriern kommuniziert, die sehr intelligent gewesen seien – „gescheiter als Menschen" – und die Gabe Vorherzusehen besessen hätten. „Sie hatten Verständnis und Mitgefühl für die Zukunft unserer Existenz."

Bei einer späteren Rückführung bekam Paul von einer Gestalt mit Kapuze und Zeigestock „die Erde gezeigt. All diese Menschen werden sterben. Er sagt mir: ‚Ich werd's in Ordnung bringen'." Dann erinnerte sich Paul an einen Kampf, als er 12 war, in einem Keller mit einem Wesen, „das manche Leute Satan nennen". Im Alter von neun Jahren wurde er entführt und bekam bei einer schmerzlosen, unblutigen Operation ein Stück Knochen aus dem Bein entfernt. Sie sagten ihm, er solle „eine Gruppe bilden, die sich mit ihnen treffen kann", damit „ein Austausch von Liebe" beginnen könne. Die Aliens sollen ihm auch gezeigt haben, „wo die schöpferische Kraft ist". Paul behauptete, „Notizbücher voller Informationen" über die „unglaublichen medizinischen Fähigkeiten" der Aliens zu besitzen. Sie sollen ihre Toten unter bestimmten Umständen wiedererwecken können.

Paul berichtete, dass er in seiner Alienidentität (als Mensch war er neun Jahre alt) zu einem UFO gebracht wurde, das „in der Wüste abgestürzt war". Dort lagen tote Aliens, die „Männer in Uniformen" erschossen hatten. Paul und seine Begleiter sollten die Toten bergen und wiedererwecken, doch menschliches Militär war schon zur Stelle und brachte die Trümmer und die toten Aliens weg, also musste der Rettungstrupp die Flucht ergreifen. Dr. Mack dachte sofort an den Zwischenfall von Roswell von 1947, bei dem angeblich in New Mexico ein UFO abgestürzt war. Paul war aber erst 1966 geboren. Dr. Mack spekulierte laut über Pauls „Bewusstsein als einer Kontinuität, die ihm erlaubt, unter gewissen Umständen überall" zu sein, und Paul stimmte sofort zu.

Paul war überzeugt, in dem Rettungsschiff gewesen zu sein, das 1947 nach Roswell geschickt wurde. Dr. Mack stimmte ihm zu und erklärte, dies sei möglich, da das Bewusstsein „die Urquelle der Schöpfung" sei, „eine Art Hologramm einer universalen Quelle, die aus sich Materie und Form erschaffen kann". Bestätigung für einige von Pauls Entführungserlebnisse kam von „Julie", einem Mitglied von Dr. Macks Selbsthilfegruppe, die Paul wiedererkannte. Sie sagte, sie habe Paul früher oft in einem Raumschiff getroffen. Dort erschien er ihr als „grundsolides, sehr konzentriertes Individuum mit einer überwältigenden Persönlichkeit, die Liebe verströmt".

◆
15 Monate später, im Februar 1991, erhielt Hopkins einen Brief von zwei Männern, die behaupteten, Polizeibeamte zu sein und die Entführung Linda Cortiles beobachtet zu haben
◆

machen, dass Entführungen in ihren Zuständigkeitsbereich fallen, wenn jemand von Macks Format einem solchen Unsinn das Wort redete?

Darüber hinaus ist die Frage berechtigt, ob Mack nur den Ufologen Kummer machte. Das Unheimliche des Phänomens hatte er rückhaltlos bloßgelegt, indem er seine Fälle ungeschminkt mit allen ihren merkwürdigen Einzelheiten präsentierte. Seine Leichtgläubigkeit aber tat denjenigen Betroffenen keinen Gefallen, die ein merkwürdiges, zutiefst verwirrendes Entführungserlebnis gehabt hatten, an das sie sich ohne Hypnose erinnerten, und die folglich verzweifelt nach einer Antwort suchten. Solche Probanden kamen unter seinen eigenen Fällen offenbar nicht vor. Lediglich für eine kleine Gruppe sind Macks Bemühungen nicht ganz umsonst gewesen. Sie liefern nämlich eine nüchterne Warnung vor den Fallstricken, die den erwarten, der jegliche wissenschaftliche Objektivität über Bord wirft.

Linda Cortile

Budd Hopkins veröffentlichte 1996 seinen lange erwarteten Bericht über die Erlebnisse der Linda Cortile, die bereits seit Jahren auf UFO-Tagungen diskutiert wurden. Dieser Fall, so war er überzeugt, lieferte endlich das lang gesuchte Beweisstück, denn nicht eine, nein, gleich mehrere Personen waren unabhängige Zeugen dieser wahrhaft erstaunlichen Entführung.

Linda Cortile (Pseudonym), eine 45-jährige New Yorkerin, begann im April 1989 mit regressiver Hypnose, weil sie vermutete, in ihren Zwanzigerjahren von Aliens entführt worden zu sein. Ende November 1989 wurde sie offenbar erneut entführt: Um 3 Uhr früh war sie zu Bett gegangen, ihr Ehemann schlief bereits. Mit einem Mal fühlte sie, wie eine lähmende Taubheit von den Füßen aus ihren ganzen Körper erfasste. Von früheren Erfahrungen her wusste sie, dass das Vorboten einer Entführung waren, und sie versuchte, ihren Mann zu wecken – vergeblich. Als ein graues Wesen im Schlafzimmer erschien, warf sie das Kopfkissen nach ihm. Dann war sie völlig gelähmt, und ihr Kopf war wie leergefegt, sie meinte nur noch zu spüren, wie jemand ihre Wirbelsäule abklopfte. Das Nächste, woran sie sich bewusst erinnerte, war, dass sie aus einer gewissen Höhe auf ihr Bett fiel.

Unter Hypnose erinnerte sich Mrs. Cortile, dass drei oder vier Aliens ins Zimmer gekommen und zusammen mit ihr durch das geschlossene Fenster der Wohnung im 12. Stock des Apartmenthauses „geschwebt" waren. Auf einem blauen Lichtstrahl waren sie dann in das über dem Haus stehende UFO geglitten. Dort unterzog man sie einer medizinischen Untersuchung, brachte sie zurück und ließ sie aus der Luft auf ihr Bett zurückfallen. Auch das weckte ihren Mann nicht auf, weshalb Linda fürchtete, die Aliens hätten ihn und die zwei Kinder umgebracht. Mit einem Spiegel überprüfte sie die Atmung der Kinder; sie waren unverletzt.

Etwa 15 Monate später, im Februar 1991, erhielt Hopkins einen Brief von zwei Männern, die behaupteten, Polizeibeamte zu sein und von ihrem Auto aus, mit dem sie unter dem South Street Viaduct gestanden hatten, beobachtet zu haben, wie eine Frau, begleitet von drei Wesen, „wie ein Engel" durch die Luft in ein UFO geschwebt sei, „das etwa dreiviertel so groß war, wie das Gebäude gegenüber". Dann sei das UFO aufgestiegen, über das Viadukt geflogen und hinter der Brooklyn Bridge in den East River getaucht. Sie hatten überlegt, ob sie das Haus aufsuchen und die Frau ausfindig machen sollten, denn sie wollten gern wissen, ob die Frau noch lebte, sie hatten nämlich 45 Minuten lang gewartet, das UFO aber nicht wieder auftauchen sehen. Die Beamten unterzeichneten den Brief nur mit den Vornamen Dan und Richard.

Hopkins warnte Mrs. Cortile vor dem eventuell bevorstehenden Besuch der beiden. Linda war ziemlich niedergeschlagen, denn nun schien bestätigt, dass etwas, was sie nur für eine Einbildung gehalten hatte, doch Wahrheit war.

Kurz darauf erhielt Hopkins weitere Briefe mit Zeichnungen von dem Ereignis sowie einen auf Band gesprochenen Bericht von einem der beiden Beamten. Darauf erklärte er, er und sein Kollege könnten Hopkins nicht persönlich treffen, denn in Wahrheit seien sie Sicherheitsbeamte. Am Abend der Ereignisse hätten sie den damaligen UN-Generalsekretär Perez de Cuellar begleitet. Unterwegs habe der Motor des Wagens gestreikt, weshalb sie das Auto unter das Viadukt geschoben hätten. Von dort hätte auch Perez de Cuellar alles mit angesehen. Hopkins schloss daraus, die Aliens hätten ihre Macht und die Wahrhaftigkeit ihrer Präsenz auf Erden absichtlich einer Person von internationalem Rang und höchstem Einfluss demonstrieren wollen. Kurz, auch der Zusammenbruch des Wagens sei auf den Einfluss der Aliens zurückzuführen.

Die New Yorker Hausfrau Linda Cortile, deren Entführung von 1989 alles andere als ein Routinefall war.

Linda Cortile erlebte 1991 zwei weitere Entführungen – allerdings nicht durch Aliens. An einem Nachmittag im April zwangen Richard und Dan sie in ihren Wagen und stellten ihr dort ein paar bizarre Fragen. Sie verlangten, sie solle die Schuhe ausziehen und ihre Zehen zeigen, denn, so die beiden, Aliens hätten keine Zehen.

Am 15. Oktober 1991 wurde Linda von Dan alleine gekidnapped. Er zerrte sie in einen roten Jaguar und fuhr mit ihr zum Strand von Long Islands, wo er versuchte, sich ihr unsittlich zu nähern und sie zwingen wollte, ein weißes Nachthemd anzuziehen, wie sie es bei der Entführung durch die Aliens angehabt habe. Es gelang Linda, einen Teil dieser Begegnung auf Tonband aufzunehmen. Richard, der plötzlich auftauchte, machte der Sache ein Ende und beruhigte Dan.

Noch vor diesem Kidnapping hatte Hopkins Mitte September 1991 einen Brief von Dan erhalten, der dem Fall nochmals eine andere Wendung gab. Diesem Schreiben zufolge hatten Dan, Richard und Perez de Cuellar sich an Details der Ereignisse vom frühen Morgen des 30. November 1989 erinnert und erkannten nun, dass auch sie entführt worden waren. Man hatte sie zur Küste gebracht, wo sie Mrs. Cortile und einige Aliens sahen, die Schaufeln und beleuchtete Eimer trugen. Sie buddelten im Sand und Linda schien mit ihnen in der Sprache der Aliens zu reden. Dann kamen Linda und die Aliens auf die drei Zuschauer zu, Linda hielt einen toten Fisch hoch

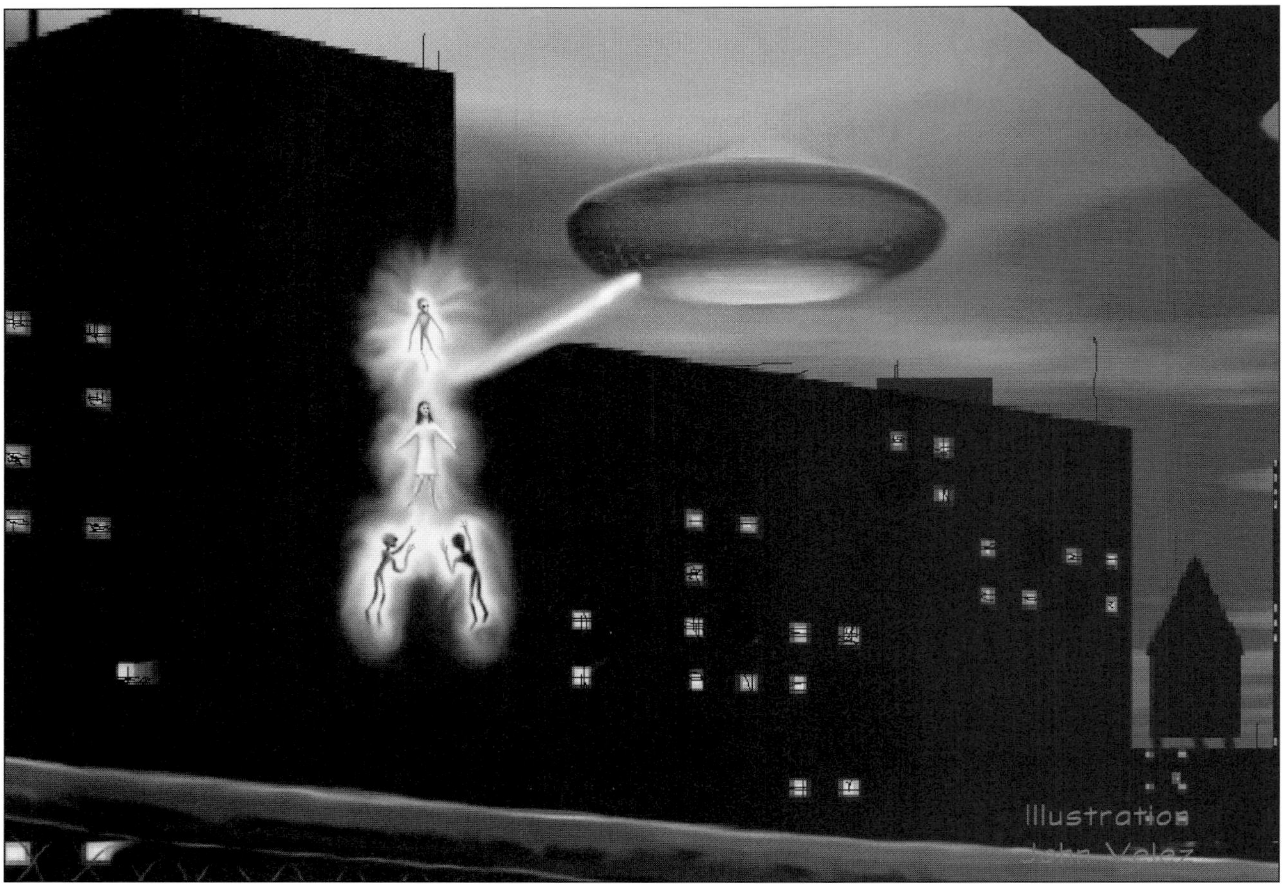

Auf diesem Bild von John Velez wird die von Aliens eskortierte Linda Cortile in das über ihrem Wohnhaus in New York City schwebende Raumschiff „gebeamt". Einer der angeblichen Augenzeugen behauptete, sie habe „wie ein Engel" ausgesehen, als sie durch die Luft schwebte.

und sagte mit kräftiger Stimme: „SEHT, WAS IHR GETAN HABT". Als Dan sie fragte, wer sie sei, habe einer der Aliens geantwortet: „Die Herrin der Strände".

Durch hypnotische Rückführung gelang es Hopkins, absolut identische Details dieser Szene bei Mrs. Cortile wachzurufen.

Im November 1991 erhielt Hopkins einen Brief von einer pensionierten Telefonistin, die er in seinem Bericht Janet Kimball nennt. Als die 60-jährige am frühen Morgen des 30. November 1989 über die Brooklyn Bridge Richtung Manhattan von einer Party nach Hause fuhr, hatte ihr Wagen plötzlich gestreikt. Mrs. Kimball behauptet, das UFO, die Aliens und Mrs. Cortile gesehen zu haben, die schwebend zum Raumschiff gebracht wurde, obwohl das UFO selbst so hell strahlte, dass sie ihre Augen zum Schutz bedecken musste. Hopkins fand noch zwei weitere Zeugen, die ein rotes UFO in der Nähe von Lindas Apartement gesehen hatten, sowie eine Mitbewohnerin des Hauses, die in der Nacht von Lindas Entführung wach geworden war, weil ein extrem helles Licht den Innenhof des Gebäudes erleuchtete.

Ebenfalls im November 1991 traf Linda auch wieder mit Richard zusammen, der romantisches Interesse an ihr bekundete. Aus Briefen, die Richard an Hopkins schrieb, aus Unterhaltungen und hypnotischen Rückführungen schälte sich dann heraus, dass Richard und Linda immer wieder zusammen entführt worden waren. Ja, es kam sogar der Verdacht auf, Lindas Sohn Johnny könne das Produkt dieser „Zusammenführung" sein.

Im Mai 1992 schickte Richard zwei Sandproben an Hopkins, die er seit dem Ereignis von 1989 aufbewahrte. Eine hatte er stiebitzen können, nachdem sie an Bord des UFOs „bearbeitet" worden war, die andere stammte von seinen Schuhen. Elektronenmikrographien der Proben zeigen, dass die Partikel des „bearbeiteten" Sandes viel kleiner sind, als die von Richards Schuhen.

Im Oktober 1992 hatte Lindas Sohn Johnny eine Unterhaltung mit einem wohlwollenden alten Herrn, der später den Helm von einem altmodischen Tauchanzug als Geschenk bei den Cortiles abliefern ließ. Hopkins zeigte Johnny daraufhin etwa 20 Fotos von berühmten Männern im passenden Alter und der Junge identifizierte Perez de Cuellar als seinen Wohltäter.

Im November 1992 entdeckte Hopkins, dass zwei Mitglieder seiner Selbsthilfegruppe, Marilyn Kilmer (Pseudonym) und Mrs. Cortile ganz erstaunlich übereinstimmende Träume gehabt hatten, in denen Johnny entführt worden war. Außer den beiden Frauen war wiederum Perez de Cuellar anwesend, der einen blaugestreiften Pyjama trug. Linda hält Perez de Cuellar inzwischen für ihren Vater.

Hopkins vermutet, dass die Ereignisse vom 30. November 1989 ein „Versuch sind, einem bedeutenden Politiker das wohlwollende Interesse der Aliens an der Ökologie der Erde zu vermitteln". Perez de Cuellar hat öffentlich bestritten, entführt worden zu sein.

Der „Fall Linda" spiegelt in vielerlei Hinsicht den aktuellen Stand der Entführungsforschung. Für diejenigen, die überzeugt sind, dass Aliens wahrhaftig in die Angelegenheiten der Menschen eingreifen, ist es ein nahezu „wasserdichter" Fall. Für die Skeptiker riecht er nach Schwindel und Täuschung. Warum sie diese Haltung einnehmen und auch die meisten anderen Punkte des Alienprogramms gestrichen sehen wollen, werden wir als nächsten Punkt untersuchen.

Die Brooklyn Bridge: Ein Zeuge sagte, die Lichter der Brücke seien während Linda Cortiles Entführung ausgegangen.

Drittes Kapitel

DIE ZU GERICHT SITZEN

Die Antworten der Skeptiker

◆◆◆

Gegenüberliegende Seite: Die Untersuchungsphase während einer Entführung durch Aliens aus einer Folge der TV-Serie Outer Limits. Skeptiker behaupten schon lange, die angeblichen Opfer schöpften ihre Vorstellungen aus den Medien.

Gläubige und Skeptiker streiten erbittert darüber, ob es Entführungen durch Aliens gibt. Keine der beiden Seiten ist frei von der Verantwortung dafür, dass der Streit so hässliche Formen annimmt. Budd Hopkins brachte die Argumente der kompromisslosen Skeptiker richtig auf den Punkt, als er sagte: „Da UFOs nicht existieren, kann es auch keine Entführungen geben…“, eine Position, die er als „starres Glaubenssystem“ bezeichnet. Der dienstälteste UFO-Skeptiker, Philip J. Klass, erscheint in diesem Sinne gewiss als unbelehrbar vorurteilsbehaftet, wenn er behauptet, Entführungsopfer seien „kleine Niemande, die ins Fernsehen kommen wollen“.

Philip J. Klass, macht 1997 auf einer Konferenz in London seinen Frieden mit den Aliens.

Andererseits zeigt Hopkins selbst eine gehörige Uneinsichtigkeit, wenn er diejenigen als „bigott“, „fanatisch“ und „schlicht verlogen“ beschimpft, die die Realität der Entführungen infrage stellen. Auch seine Kollegen Dr. David Jacobs und Dr. John Mack schrecken vor Pauschalurteilen nicht zurück. So behauptete Jacobs: „Es existiert kein signifikantes Erklärungsmuster, das überzeugende Gegenbeweise dafür liefern könnte, dass irgendetwas anderes geschehen ist, als genau das, was die Entführten berichten.“ Und Mack behauptet: „Bisher ist für die Entführungsberichte, die manchmal durch körperliche Beweise bestätigt wurden, keine plausible alternative Erklärung gefunden worden.“

Ein im Januar 1971 von Woody Akins in Charlotte, South Carolina, fotografiertes UFO. Ein hypnotisierter Zeuge kann leicht dazu gebracht werden, einen solchen ungewöhnlichen Anblick mit einer Entführungsfantasie zu „erklären".

Der wichtigste Einwand der Skeptiker gilt einer der Methoden, mit deren Hilfe das Zeugenmaterial ermittelt wird: der Hypnose. Jacobs nennt die Hypnose, „einen unverzichtbaren Schlüssel zu den Erinnerungen eines Entführten", und die Personen, die er, Mack und Hopkins in ihren Büchern vorstellen, wurden alle in Trance oder Hypnose versetzt und dann zu den Ereignissen zurückgeführt.

Der Luftfahrtjournalist und UFO-Skeptiker Philip J. Klass machte als einer der ersten deutlich, dass die Entführungsforscher die Fallen der Hypnose in beklagenswert naiver Weise unterschätzen. Wie andere, die die Effizienz der Technik bezweifeln, wies er auf die berühmten, doch leider nie wiederholten Experimente von Dr. Alvin Lawson, John Herrera und Dr. Bill C. McCall von 1977 hin. Das Trio hatte unter den Studenten von Los Angeles ein paar „verbal kreative Typen" herausgepickt, sich versichert, dass sie kein oder nur wenig Vorwissen über UFOs hatten und sie dann mit der Grundstruktur einer Entführungsgeschichte vertraut gemacht. Daraufhin hatte Dr. McCall, ein sehr erfahrener klinischer Hypnotiseur, die Probanden in Trance versetzt und sie nach Details ihrer Entführungserlebnisse gefragt.

Als Ufologen hatten Lawson und Herrera erwartet, das „echte" Entführungsberichte sich deutlich von denen unterscheiden würden, die diese Versuchspersonen lieferten. Doch die Berichte von den nur eingebildeten Entführungen entsprachen den „echten" in jedem Detail, und die Studenten mussten gar nicht dazu angeregt werden, sich an diese Einzelheiten zu „erinnern". Einer erzählte, er sei an Bord eines UFOs gebracht, dort mit Markierungen versehen und dann von zwei Aliens untersucht worden; einer der beiden habe wie ein Reptil ausgesehen. Ein anderer beschrieb eine Begegnung mit einem UFO in den Bergen; auf einem Lichtstrahl sei er in das Gefährt hineingezogen worden. Die 1,80 m großen Aliens nahmen eine Hautprobe und ließen die Stelle sofort wieder verheilen. Ein dritter Student fand sich in einer durchsichtigen Blase in einem saturn-förmigen UFO, umgeben von grün glühendem Licht und einem konstanten „hypnotischen" Summen. Die Aliens wurden als gesichtslos, freundlich aber geschäftig beschrieben, sie kommunizierten telepathisch, die bei den Untersuchungen benutzten Sonden waren Hightechgeräte, einige Versuchspersonen meinten, auf Tische geschnallt worden zu sein, andere meinten, man habe sie „paralysiert". Auch die bekannte Bemerkung (oder der Befehl?), dass die Opfer ihr Erlebnis vergessen würden, fehlte nicht.

Lawson meinte, „keine erheblichen Unterschiede" zwischen „echten" und nur eingebildeten Entführungen feststellen zu können, doch zeigte sich, dass es zwischen den Versuchspersonen und den Entführungsopfern Unterschiede gab. Erstere glaubten nicht, ein wahres Geschehen erneut durchlebt zu haben, sie waren emotional nicht aufgewühlt, hatten keine physischen Nachwirkungen und litten auch später nicht an emotionalen Effekten wie Träumen oder Albträumen. Egal, ob ihre Vorstellungskraft sie inspiriert hatte, ob ihre Erlebnisse aus dem Unterbewusstsein stammten oder auf natürliche neurologische Funktionen zurückzuführen sind, in jedem Fall zeigten die falschen Erinnerungen an eine Entführung, wie schwierig es ist, zu entscheiden, welche Art von „Wahrheit" bei der Hypnose auftaucht. Der Fall Christy Dennis (siehe Seiten 76/77) ließ die Frage unausweichlich werden.

◆ Lawson meinte, „keine erheblichen Unterschiede" zwischen „echten" und nur eingebildeten Entführungen feststellen zu können ◆

1981 hatte sie unter Hypnose von einer 13 Tage dauernden Reise zu einem anderen Planeten in Begleitung wunderschöner, großer Aliens berichtet. 1983 gestand sie öffentlich, alles nur erfunden zu haben. Ihre Motive waren unschuldig: Zutiefst überzeugt, es stehe eine nukleare Katastrophe bevor, meinte sie, die Menschen mit ihrer Botschaft besser erreichen und aufrütteln zu können, wenn diese von wohlwollenden, weisen Extraterrestrischen stamme. Unglücklicherweise waren die meisten, die ihr glaubten, „mehr an der Sensation als an der Vernunft" interessiert. Sie wollten was über „das Leben der Aliens" erfahren, die „Botschaft an die Erdlinge" interessierte sie nicht.

Ebenfalls sehr aufschlussreich war die Reaktion von Dr. Leo Sprinkle, der Christy Dennis als Erster hypnotisiert und ihren Bericht als „einen der bemerkenswertesten Fälle, der mir je begegnet ist", eingestuft hatte. Zu ihrem Geständnis von 1983 notierte er:

Ich gestehe, Christys jüngste Äußerungen verwirren mich ebenso, wie ihre ursprünglichen Aussagen … doch ich beobachtete in ihrem Verhalten ein paar typische Cha-

IRGENDWIE METAPHYSISCH

Christy Dennis

◆ ◆ ◆

Seit Jahren leitet der Psychologieprofessor Dr. Leo Sprinkle in Laramie im US-Bundesstaat Wyoming ein jährliches Treffen von Entführungsopfern. Am 23. Mai 1983 beschrieb die junge Hausfrau Christy Dennis aus Phoenix in Arizona den Konferenzteilnehmern ihre außergewöhnlichen Erlebnisse mit Aliens. Obwohl sie es während ihres Vortrags nicht erwähnte, hatte sie den größten Teil ihrer Zeugenaussage ursprünglich während einer von Dr. Sprinkle eingeleiteten Hypnose wiederentdeckt. Bei einem Autounfall hatte sich Christy die Hüfte gebrochen und musste im Bett liegen. Vom Fernsehen gelangweilt, hatte sie Bücher über „Metaphysik" gelesen und war dabei auch über Techniken zur Auslösung eines OBE (out-of-body experience = Außerkörpererlebnis) gestolpert, die sie nun selbst ausprobieren wollte. Tatsächlich gelang es ihr zu „dematerialisieren", doch es machte ihr Angst, und so brach sie die Übung ab. Sie spürte aber einen Überschallknall, der die Fensterscheiben klirren ließ. Trotz ihrer Angst wiederholte sie die Übung in der folgenden Nacht. Wieder spürte sie, wie sie aus ihrem Körper trat.

Christy setzte sich im Bett auf und wieder gab es „einen Überschallknall". Dadurch wurde der Rest der Familie wach. Am nächsten Tag rief Christy einen befreundeten Arzt an, um von ihm zu erfahren, ob das, was sie während der OBE gehört hatte, „irgendeine Gültigkeit hatte". Dem, was sie erfuhr, werden nur wenige Ärzte zustimmen: „Aber sicher, einige Wissenschaftler haben das schon bewiesen. Sie schicken Atome zeitlich zurück, bewegen sie von einem Ort zum anderen und dann gibt es Implosionen …" Christy fragte sich: „Womit spiele ich hier?", doch der „Arzt" riet ihr, einfach weiterzumachen und es herauszufinden: „Vielleicht kannst du mir berichten, was vor sich geht."

Als sie in der kommenden Nacht wieder mit der Übung begann, merkte sie, dass sich in ihr eine Botschaft formte: „Wenn mir doch jemand helfen würde, mich auszustrecken!" Wieder setzte das Gefühl der Dematerialisierung ein und dann: „… fühlte ich mich mit dem Gesicht nach unten in einer Art Kissen. Das war wie ein Schock, denn eigentlich lag ich meiner gebrochenen Hüfte wegen auf dem Rücken und konnte mich nicht umdrehen." Doch es gelang ihr, sich wieder auf den Rücken zu drehen. Sie sah einen glühenden Kegel über sich, dessen Licht schwächer und schwächer wurde. „Er steckte in einer Spirale und hatte eine Platte hinter sich. Ich befand mich in einem Zylinder, ein Kissen unter mir. Seitlich war eine Öffnung, wo ich rauskrabbeln konnte. Ich kroch hinaus, doch wegen meines Hüftbruchs fiel ich hin."

In diesem Augenblick „kam ein Wesen in einem bläulich glühenden Raumanzug in den Zylinder" und fragte Christy, ob sie sich verletzt habe, und sie fuhr es an, sie sei schon angeschlagen gewesen, bevor sie gekommen sei. Das Wesen war etwa 2,60 m groß, hatte goldene Haare, olivfarbene Haut und „perfekte Züge", und es war, wie Christy später erfuhr, weiblich. Sie bombardierte das Wesen mit Fragen. „Wie bin ich hierher gekommen? Was soll ich hier? Wo bin ich! Wer bist du?" Doch die Außerirdische half ihr nur schweigend auf.

„Ich hatte wirklich Angst, als sie mich berührte, denn irgendwie schuf dieses bläuliche Glühen eine Art Feld um sie. Sie griff nach mir, doch wir berührten uns nicht wirklich ... es kam zu keinem echten Kontakt." Durch einen langen Korridor wurde Christy in das „Quartier" gebracht, das sie während ihrer Zeit bei den Aliens bewohnen sollte, denn sie befand sich bereits auf einem andren Planeten. Man sagte ihr, sie sei wegen der Mikroben, die sie in sich trage und wegen ihrer „primitiven, zerstörerischen emotionalen Vibrationen" in Quarantäne.

Christy Dennis, die sich über Techniken zur Herbeiführung eines OBE informiert hatte, führte ein solches Außer-Körper-Erlebnis herbei und spürte, wie sie sich „dematerialisierte".

In ihrem Zimmer hatte Christy Tonband, Film und Fernsehen und konnte alles, was sie nur wollte, abrufen, wenn sie die richtigen Knöpfe drückte. Das Bett war mit einem „Schlafauslöser" ausgestattet, von dem man ihr sagte, sie dürfe „nicht daran herumspielen", sonst würde er zu einem Gehirnschaden führen. Christys Entführung war deshalb so ungewöhnlich, weil sie insgesamt 13 Tage bei den Aliens verbracht haben wollte.

Ich kam zu einem anderen Planeten ... wo man, wie man mir sagte, „Spektralscanning" durchführte; verschiedene Teile des Weltalls werden untersucht, um bestimmte Energiestufen festzustellen, die mit biologischen Lebensformen übereinstimmen ... dann „haken sie ein". Sie können jedes Individuum scannen, um herauszufinden, was für eine Art Leben es führt, welchem Lebensplan es folgt, ob ihm ein Unglück widerfuhr oder ob es einen Unfall hatte ...

Sie können die Zeit beugen. Wenn sie feststellen, dass jemand in ein paar Jahren sterben wird, können sie den Scanner zu jenem Zeitpunkt schieben, einhaken und die Person heraufbeamen ... sie fragen sie dann, ob sie an einem Experiment teilnehmen wolle, durch das die Menschen sich weiterentwickeln und neue Kommunikationsmethoden lernen können ... oder ob sie ihre schicksalsergebene Lebensweise weiterführen möchten".

Obgleich Christy etwas über das technische Wissen der Aliens erfuhr, verfügte sie doch nicht über die „geistige Kapazität, die Daten zu verstehen". Die Aliens sagten oft, ihre Instrumente arbeiteten „nach Prinzipien, die eure Kultur noch nicht entwickelt hat". Häufig gaben die Aliens ihrer Besorgnis über die Zukunft der Menschheit Ausdruck.

rakteristika, die uns Entführten [Sprinkle glaubt, selbst entführt worden zu sein] eigen sind, darunter ihre Sorge um unseren Planeten und die Gewissheit, dass intelligente Wesen auf verschiedenen Ebenen der „Realität“ eine Verbindung mit der menschlichen Gesellschaft entwickeln ... [aber] ich kann keine schlichte psychologische Erklärung für die komplexen Informationen finden, die sie uns geliefert hat.

Der Psychologe Dr. Leo Sprinkle und ein Entführungsopfer bei einer Konferenz in Laramie, Wyoming, 1981.

Es scheint, als könne und wolle Dr. Sprinkle einfach nicht akzeptieren, dass Christy Dennis eine Schwindlerin war, und damit den Gegenbeweis für die oft wiederholte Behauptung der Hypnotiseure lieferte, es sei unmöglich, in der Trance absichtlich zu lügen. Klass bemerkte daher trocken zum Fall Sprinkle: „... da noch kein Erdling eine extraterrestrische Zivilisation besucht und zur Berichterstattung von diesem Besuch zurückgekehrt ist, verfügt auch der erfahrenste Entführungsforscher über keinerlei Kriterien, zwischen Fakt und Fiktion zu unterscheiden.“

Was Lawson, Herrera und McCall 1977 herausgefunden hatten, verunsicherte die Ufologen. Seither haben sich die Forscher an den Unterschieden festgebissen, die zwischen „echten“ Entführten und solchen bestehen, die ihre Erlebnisse nur vortäuschten. Was freilich einem Zirkelschluss gleichkommt, denn die körperlichen und emotionalen Nebenwirkungen, von denen „echte“ Zeugen berichten, rühren ja ursprünglich daher, dass sie selbst glauben, ihr Erlebnis sei real. Die Möglichkeit, dass es sich um reale Erlebnisse handelt, muss in Betracht gezogen werden.

Um zu zeigen, dass Entführungsforscher schlechte Hypnotiseure sind, liefert Klass lange Zitate von einer weltweit anerkannten Autorität, Dr. Martin T. Orne, Professor für Psychiatrie. Orne betont einen wichtigen, dem gesunden Menschenverstand sofort einleuchtenden Punkt, dass nämlich nichts, was in der Hypnose geäußert wird, als wahr anerkannt werden dürfe, solange es nicht durch eine unabhängige Verifizierung bestätigt wurde. Nun liegt es in der Natur der Entführungserlebnisse, dass ihre „Wahrheit“ praktisch nicht bewiesen werden kann. Weiter weist Orne darauf hin, dass ein Hypnotisierter unter dem Druck, Information liefern zu sollen, frei zu fabulieren anfängt.

Zum Beispiel beschreibt David Jacobs in *Secret Life* (1992) einen Mann, der sich unter Hypnose zunächst an eine „wunderschöne junge Frau mit kohlrabenschwarzen Haaren“ erinnerte. „... kommt zu mir her ... für eine sexuelle Liaison“. Jacobs Reaktion ist aufschlussreich:

Durch genaues Befragen nach winzigsten Einzelheiten in ihren Handlungen und ihrer Erscheinung („Wenn ihr Kopf auf deiner Brust liegt, kannst du dann oben

Porträt von „Jordeye“, David Howards Kontaktperson und Freund unter den Aliens, denen er in seinen narkoleptischen Träumen begegnete. Howard erlebt seine Entführungen und Nahbegegnungen nur in Träumen, doch entsprechen sie genau den Erfahrungen „echter“ Entführter.

auf ihren Kopf sehen?") wurden die falschen Erinnerungen ausgefiltert und der Entführte erkannte ganz von selbst, dass er ihre schwarzen Augen beschrieben hatte. Tatsächlich war sie völlig kahl.

Hier haben wir ein Beispiel für das Ergebnis einer „richtigen" Befragung, deren Technik, laut Jacobs, die ersten Entführungsforscher noch nicht beherrschten:

Selbst wenn man kompetente Hypnotiseure zu den Fällen hinzuzog, hatten sie doch nicht genug Erfahrung mit der Entführungsforschung, um die richtigen Fragen stellen zu können. Sie konnten nicht feststellen, ob ein Augenzeuge lediglich falsche Informationen als „Füllsel" lieferte ... Und da die Forscher noch nicht genau wussten, was sich bei einer Entführung genau abspielt, konnten sie die falschen Erinnerungen nicht identifizieren, die den Opfern absichtlich eingegeben wurden.

Wo die richtigen Fragen enden und die, die in die falsche Richtung führen, anfangen, sagt Dr. Jacobs nicht, vielmehr rechtfertigt er das zutiefst unwissenschaftliche Prinzip, dass niemand eine Hypnoseuntersuchung leiten soll, der das Ergebnis nicht schon im Voraus kennt. Auch erklärt er nicht, wie er und seine Kollegen zwischen realen und falschen Entführungsberichten unterscheiden – denn immerhin sind beide ja nichts anderes als Berichte. Die Skeptiker vermuten, dass die Forscher diejenigen Berichte – oder Teilstücke von Berichten – ignorieren oder aussortieren, die nicht in das vorgegebene Schema passen. Ich selbst habe erlebt, wie Dr. Jacobs Zeichnungen von Zeugen, die diese von den Aliens gemacht hatten, denen sie begegnet waren, als Sinnestäuschungen abtat, weil sie nicht der Standardbeschreibung der Grauen oder der Nordischen entsprachen.

Darüber hinaus macht Orne unmissverständlich deutlich, dass die vor der Einleitung der Trance geführten Gespräche ebenso zur Vortäuschung falscher Informationen führen können, wie lenkende Fragen, unbewusste Suggestionen, Stimmhebung oder andere vom Hypnotiseur ausgesendete Signale. Die Sinnestäuschungen scheinen dann einen echten Teil der normalen Wacherinnerung des Probanden darzustellen.

Mit Blick auf Therapeuten, die Hypnose einsetzen, um Beweise für einen sexuellen Missbrauch im Kindesalter zu finden, warnt George Ganaway, Professor für Psychiatrie an der Emory Universität in Atlanta, Georgia:

Erinnerungen können durch den Tonfall, die Art der Fragestellung, durch subtile nonverbale Signale wie Langeweile, Ungeduld oder Faszination verdreht, von einem empfänglichen Geist sogar erfunden werden. Kurz... in manchen Fällen... schaffen die Therapeuten genau das Problem, das sie zu heilen hoffen.

In *Witnessed* (1996) beschreibt Budd Hopkins viele Gelegenheiten, bei denen er mit der Augenzeugin Linda Cortile (siehe zweites Kapitel) die Episoden durchsprach, die er anschließend in der Hypnose weiter zu erforschen wünschte. Ein besonders ungeheuerliches Beispiel taucht auf, als er eine Bestätigung dafür zu erhalten hofft, dass Linda, ihr Sohn Johnny und Marilyn Kilmer, ein Mitglied seiner Selbsthilfegruppe, zusammen entführt wurden. Nach einem längeren Gespräch hypnotisiert

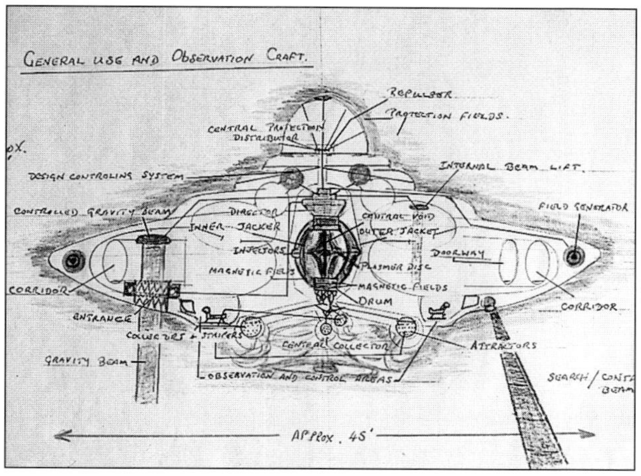

Die Zeichnung von David Howard, der behauptet, vorher kaum etwas von UFO-Entführungen gewusst zu haben, zeigt den Plan eines Beobachtungsschiffes vom Planeten Dut, den er in lebhaften, detailreichen Träumen besucht hat.

er Linda und drängt sie dann wieder und wieder, die Person genau anzusehen, die auf dem Untersuchungstisch der Aliens liegt. Endlich gesteht Linda, dass es sich um Johnny handelt.

Orne wies experimentell nach, dass es möglich ist, falsche Erinnerungen einzuflößen. Sogar triviale Pseudoerinnerungen waren sehr leicht einzuimpfen (von verwirrenden Entführungen ganz zu schweigen), wenn in dem zu erinnernden Zeitraum im Leben des Probanden wenig oder gar nichts Interessantes passiert war, es also keine Konkurrenzerinnerungen gab.

Außerdem hält es Orne für wichtig, dass während der Trancesitzung außer dem Probanden und dem Hypnotiseur niemand anwesend ist, „denn nur zu leicht können Anwesende dem Probanden ihre Erwartungen, ihre Überraschung oder Enttäuschung übermitteln“. Klass bemerkt, dass Hopkins, bevor er selbst Hypnosen durchführte, bei den Sitzungen immer anwesend war.

Während Hopkins und Jacobs versichern, ihren Probanden nichts zu suggerieren, scheint Mack die Sinnestäuschung für einen Bonus zu halten. In *Abduction* bezeichnet er sie als einen „co-kreativen, intuitiven Prozess“, der, so bekennt er entwaffnend,

> *Informationen liefern kann, die in gewisser Weise ein Produkt der Vermischung des Bewusstseins der zwei (oder mehr) anwesenden Personen sind. Es mag dabei etwas entstehen, das zuvor nicht in exakt gleicher Form vorhanden war. Anders ausgedrückt, die in der Sitzung gewonnene Information ist nicht einfach ein „Erinnerungsstück“, das aus dem Bewusstsein des Klienten geholt wird wie ein Stein aus einer Niere. Es repräsentiert vielmehr eine weiterentwickelte Wahrnehmung …*
> *Aus westlicher Perspektive könnte man das eine „Verfälschung“ nennen; aus überpersonaler Sicht jedoch haben der Klient und ich an einer Evolution des Bewusstseins teilgenommen.*

Unbeeindruckt von dieser grandiosen, etwas selbstherrlichen Rhetorik kommentiert Dr. David Gotlib im *Bulletin of Anomalous Experience*:

> *Mack gibt zu, dass ein Großteil seines Materials „im Rahmen eines westlichen ontologischen Paradigmas“ [d.h. aus wissenschaftlicher Sicht] keinen Sinn ergibt. Er schlägt deshalb vor, sich von diesem Paradigma zu Gunsten eines anderen, in dem alles möglich ist, zu lösen, und für „bekannte Begriffe wie ‚Entführung‘, ‚Ereignis‘, und ‚Wirklichkeit‘ neue, weniger wörtliche*

Definitionen" zu verwenden. Doch nirgendwo in seinem Buch erklärt er, in welcher Weise wir unsere Definitionen und Konzepte denn ändern sollen. Sein Argument ist ein beliebter „Stopper", der jeden Versuch einer logischen oder rationalen Analyse seiner Argumente effektiv ausschließt.

Julie Presson, Partnerin von Clarke Hathaway (siehe fünftes Kapitel) ist eine auf Rückführungen spezialisierte, qualifizierte klinische Hypnotherapeutin, die Zeugin mancher sehr verblüffender paranormaler Phänomene war. Bissig kommentiert sie die Art und Weise, wie die Entführungsforscher ihre Probanden lenken. Sie führte aus, dass Menschen unter Hypnose nur ein Minimum an Führung oder Ermunterung gegeben werden dürfe. Fragen sollten so vage wie möglich sein. („Und was geschieht jetzt?") Selbst eine scheinbar so unverfängliche Frage wie: „Welche Farbe haben die Augen?" sei suggestiv, denn durch die Frage erlange die Farbe für den Probanden eine Bedeutung, die sie möglicherweise vorher nicht hatte; er antwortet, um dem Hypnotiseur zu Gefallen zu sein.

◆

Bissig kommentiert Julie Presson die Art und Weise, wie die prominentesten unter den Entführungsforschern ihre Probanden lenken

◆

Kevin Randle, bekannt für seine Forschungen im Zusammenhang mit dem Zwischenfall von Roswell, 1947, gehörte zu den Forschern, die mit dem Fall Patty Roach (siehe erstes und zweites Kapitel) befasst waren. Inzwischen ist er überzeugt, dass Suggestivfragen und „Vorgespräche" seines Kollegen Dr. James Harder verantwortlich waren für die Geschichte, die Patty Roach unter Hypnose erzählte. Bei der ersten Sitzung zeigte sie keinerlei Emotionen, während sie von ihrem Erlebnis berichtete, was bei Harder Besorgnis erregte. Während einer Kaffeepause bedachte er sie mit Details der Entführung von Betty Hill (siehe erstes Kapitel). Bei der folgenden Hypnosesitzung zeigte Patty alle erwarteten emotionalen Reaktionen, während sie von der klassischen „gynäkologischen Untersuchung" bei ihrer „Entführung" berichtete.

Betty Hill sieht die von den heutigen Entführungsforschern angewandte Art der Hypnose ebenfalls sehr skeptisch. Der hypnotische Zustand, in den sie ihre Probanden versetzten, sei, so Betty, nicht die tiefe Trance, die Hypnotiseure wie Dr. Benjamin Simon anwenden, noch erhielten die Probanden den posthypnotischen Befehl, ihre Berichte bis zur nächsten Sitzung zu vergessen, wie man es bei ihr gemacht hatte. Die Folge sei ein hochgradig beeinflussbarer Proband. Betty ist überzeugt, dass der von den Aliens induzierte Gedächt-

Betty und Barney Hill (sitzend) während einer von Dr. Benjamin Simon (stehend) durchgeführten klinischen Hypnose.

nisverlust nur in der tiefen Trance durchbrochen werden könne, doch schwäche er sich – wie jede posthypnotische Suggestion – im Laufe der Zeit ab. „Alles, was ein echter Entführter braucht, ist Geduld", sagt Betty.

Entführungsopfer, die Betty Hill für echt erachtet, brauchten ihrer Meinung nach keine Hypnose, denn sie könnten sich an alles erinnern, was dem Eintritt ins Raumschiff vorausging und was ihm folgte. Die wachsende Zahl von „UFO-losen" Entführungen samt der Vorstellung, Aliens könnten auf blauen Lichtstrahlen unverletzt durch Mauern und Fenster schweben, tut sie mit der Bemerkung ab: „Sie sind Wesen wie wir! Auch für sie gelten die Naturgesetze!"

Ein den Aliens oft zugesprochenes Talent ist die Fähigkeit, ihre Spuren zu verwischen, indem sie die Erinnerung der Opfer verändern. Angeblich überlagern die Aliens die Erinnerung an grausige Ereignisse mit einer „Deckerinnerung", die verhindert, dass sich das Opfer an die Vorfälle erinnert und so die Aktivitäten der Aliens verrät. Im zweiten Kapitel erwähnten wir Virgina Horton, die als Teenager im Wald einen Hirsch gesehen hatte; bei der hypnotischen Rückführung durch Budd Hopkins stellte sich dann heraus, dass der Hirsch eine Deckerinnerung an einen Alien war.

Sigmund Freud, der Begründer der Psychoanalyse, führte auch den Begriff „Deckerinnerung" ein, bei der es sich seiner Ansicht nach um eine sehr lebhafte, doch gleichzeitig oft merkwürdig triviale Erinnerung handelt, die ursprüngliche, aber verdrängte Erinnerungen an unangenehme oder unerträgliche Ereignisse überlagert. Allerdings, so stellte Freud fest, handelt es sich bei Deckerinnerungen immer um Umwandlungen des tatsächlichen Geschehens, die den Schlüssel zum „verdrängten Material" enthalten, das sie kaschieren.

Ein anonymer Entführter malte diesen Grauen, der, anders als von seinen Artgenossen sonst berichtet, mit dem Phänomen Zeit vertraut scheint.

Die Entführungsforscher haben sich das freudsche Konzept ausgeliehen, es aber geschickt verändert. Während sie die Macht zur Verdrängung und Substitution auf die Aliens übertragen, lassen sie die peinliche symbolische Verbindung, die zwischen beiden Arten von Erinnerung besteht und die Freud in die Lage versetzte, zwischen echt und „ausgedacht" zu unterscheiden, einfach unter den Tisch fallen. Hopkins, Jacobs und Mack ignorieren darüber hinaus einen wichtigen Punkt – falls sie ihn überhaupt kennen –, auf den Freud in seinem Originalaufsatz (1899) hinweist, nämlich dass diese verfälschten Erinnerungen erst viel später entstehen als ihre Inhalte.

Nirgendwo in der Entführungsliteratur wird berichtet, dass dies der Fall wäre. Den Ufologen zufolge wird die Deckerinnerung quasi gleichzeitig mit dem Ereignis geschaffen, das überdeckt werden soll. Dem halten die Skeptiker entgegen, dass Deckerinnerungen, wenn sie überhaupt existieren, die Aliens gar nicht als Verursacher brauchen. Das menschliche Gehirn ist alles, was benötigt wird, denn da die Entführungen traumatische Erlebnisse sind, wird das Erinnerungsvermögen von allein versuchen, sie zu verdrängen.

Wieso also die Aliens für die Deckerinnerungen verantwortlich machen? Weil es, sagen die Skeptiker, die Aliens potenter erscheinen lässt, außerweltlicher und Furcht einflößender. Und Aufgabe des Entführungsforschers sei es, den Entführten aus dem dunklen, Angst machenden Dschungel herauszuführen. In einem provozierenden Aufsatz in *The Gods Have Landed* (1995) erklärt der Soziologe John Whitmore die Strategie so: „In typischen Erzählungen von einer Gefangennahme wird das Opfer oft von einem moralisch perfekten Helden gerettet, der die Quälgeister vernichtet; in den Entführungsgeschichten ist der Forscher-Hypnotiseur der Held, der allein die haarsträubenden Hintergründe der Gefangennahme kennt." Die dunkle Seite dieses ritterlichen Wagemuts besteht darin, dass vor allem Frauen in eine demütigende Rolle gedrängt werden; sie werden ermutigt zu glauben, dass sie Teil eines echten, sich fortsetzenden Ereignisses sind. Indem die Forscher die „Deckerinnerung" für ihre Zwecke benutzen, verraten sie

◆

Aufgabe des Entführungsforschers ist es, den Entführten aus dem dunklen, Angst machenden Dschungel herauszuführen

◆

Sigmund Freud, der Begründer der Psychoanalyse. Skeptiker sagen, Ufologen missverstünden und verdrehten das freudsche Konzept der „Deckerinnerung", wenn sie versuchten, Erinnerungen an Entführungen durch Hypnose ins Bewusstsein zurückzuholen.

Freud nicht nur, sie widersprechen auch einer Schlüsselaussage seines Konzepts. J. La Planche und J.-B. Pontalis bringen es in *Das Vokabular der Psychoanalyse* (1985) auf den Punkt, wenn sie schreiben: „Eine Deckerinnerung führt zurück zu unauslöschlichen Kindheitserinnerungen und *unbewussten Fantasien*". Das stimmt interessanterweise mit dem überein, was mir Dr. Bob Hinshelwood sagte, Direktor des Riverside Mental Health Service in Richmond, Südengland:

Im Prinzip würde ein Freudianer dazu tendieren, das [Entführungs-] Phänomen als einen Besuch aus der Innenwelt des Patienten zu betrachten, aus seiner ihm unbekannten inneren Welt, aus dem Unbewussten, wie Freud sagen würde… Dass er von einem Besuch aus dem Weltraum berichtet, sieht nach einer (traumähnlichen) Verkleidung aus, nach einer Verlagerung der „Rückkehr des Verdrängten" nach außen.

Mit anderen Worten: Wenn Freud Recht hatte, dann ist die Erinnerung an eine Entführung selbst eine Deckerinnerung!

Das bestätigt auch Professor George Ganaway mit seinen Ausführungen zur Deckerinnerung: „Therapeuten", so pflegt er zu sagen, „müssen sich stets davor hüten, Erinnerungen einzupflanzen… sei es durch Beeinflussung oder Erwartungshaltung, denn sobald das Samenkorn einer Beeinflussung eingebracht ist, erblüht es zu einer herrlichen ‚Deckerinnerung', die dazu dient, die zweideutigen, schmerzlichen, dabei aber relativ unbedeutenden Kindheitserinnerungen zu blockieren."

Ganaway zitiert das Beispiel von „Sarah", die sich „erinnerte" gesehen zu haben, wie bei einem satanischen Ritual 12 Kinder gefesselt, vergewaltigt und brutal ermordet wurden. Schließlich stellte sich heraus, dass dies eine Maske für eine Angst aus Kindertagen war, als die Großmutter darauf bestand, ihr gruselige Details von Mordgeschichten aus der Skandalpresse vorzulesen. „Sarah erfand die ‚Deckerinnerung', um sich das Bild der Großmutter als einer liebenden, beschützenden Gestalt erhalten zu können", schloss Ganaway.

Sofern sie sie nicht einfach ignorierten, haben Ufologen auf die genannten Einwände der Kritiker reagiert, indem sie auf die vielen Fälle von Entführungen verwiesen, an die sich die Betroffenen ohne Hypnose erinnerten. Dieses Argument, entgegnen wiederum die Skeptiker, wäre zugkräftiger, wenn die Entführungsliteratur wenigsten einen einzigen Fall enthielte, der nicht auf Rückführungshypnose basiert (und einige ganz Unfreundliche verweisen außerdem auf den Fall Christy Dennis). Bestenfalls würde aber auch das nur zeigen, dass es nichts weiter braucht als menschliche Fantasie, um einen Entführungsbericht zu erzeugen.

◆

… man bedenke die vielen Beispiele, wo die Hypnose erfolgreich half, eine Amnesie zu durchbrechen oder ein Verbrechen aufzuklären

◆

Aber, kontern die Gläubigen und ihre Anhänger, man bedenke doch die vielen Beispiele, wo die Hypnose erfolgreich eingesetzt wurde, um eine Amnesie zu durchbrechen oder verschüttete Details in Erinnerung zu rufen, um ein Verbrechen aufzuklären.

Wir wollen zugunsten der beteiligten Hypnotiseure annehmen, dass sie peinlich darauf bedacht waren, ihre Versuchspersonen nicht zu beeinflussen. In jedem Fall können wir sicher sein, dass sämtliche berichteten Fälle sich mit realen Ereignissen in der wirklichen Welt befassten. Doch wenn wir, wie Sandow, über die Frage hinauskommen wollen, ob die Hypnose nun im Wesentlichen zuverlässig ist, so müssen wir zunächst anerkennen, dass Entführungen durch Aliens diesen Status des anerkannt Realen ja gerade nicht besitzen. Sandow bestreitet das nicht, scheint aber dennoch nicht zu erkennen, dass es in der Grundfrage nicht um Hypnose geht, sondern um die Natur der Erinnerung.

Die angeführte Untersuchung Chamberlains über Geburtserinnerungen ist nur insofern

DIE GLORIE VON ARIZONA

Jack und Peter Wilson

◆ ◆ ◆

Vorgestern war ich sieben Stunden an Bord eines UFOs", sprudelte es aus Jack Wilson heraus, als er Ronald K. Siegel, Professor an der University of California in Los Angeles, einen Experten für Halluzinationen, anrief. Wilson hatte Kontakt mit ihm aufgenommen, nachdem er ihn im Radio über UFOs hatte sprechen hören. Noch für denselben Tag vereinbarten sie ein Treffen.

Wilson, ein 52 Jahre alter Ex-Marinesoldat, lebte in San Diego und wollte über ein Erlebnis berichten, das er zusammen mit seinem Sohn auf der Rückfahrt von Florida nach Californien gehabt hatte. Sie waren die ganze Nacht durchgefahren und erreichten in den frühen Morgenstunden die Grenze von Arizona. Nachdem sie getankt und für die Durchquerung der Wüste genügend Wasser eingekauft hatten, setzen sie die Fahrt ohne Pause auf einer einsamen Straße fort. Nach einiger Zeit hörte Wilson ein merkwürdiges „mechanisches" Geräusch von der Rückseite des Wagens. Er fuhr an den Straßenrand und hielt an um nachzusehen. Kaum war er ausgestiegen, fühlte er sich wie benommen, außerdem sah er ein blendendes Licht am Himmel. „Und da habe ich ihn gesehen", berichtete er, „da habe ich den kleinen Mann gesehen."

Die Kreatur war menschenähnlich, nicht mehr als 1–1,20 m groß, trug einen grauen, nahtlosen Raumanzug und schien in einer Art Kraftfeld zu stehen, denn sie erschien „verwaschen", von „einem Ring aus glühendem Licht umgeben". Erschrocken eilte Wilson in den Wagen zurück, wobei ihm die Kreatur zu folgen schien. Plötzlich spürte er, wie sein Körper wie gelähmt war und sich zugleich ganz leicht anfühlte. Er schwebte auf das helle Licht zu. Als er näher kam, erkannte er, dass es ein Raumschiff, „ein gottverdammtes echtes UFO", war.

Das Nächste, woran sich Wilson erinnert, ist ein langer Korridor im Innern des UFOs, dessen Wände mit „Waben" aus leuchtendem Metall verkleidet und die mit ausgefeilten geometrischen Mustern versehen waren. Durch diesen Gang schwebte er hindurch und fand sich dann in einem Raum, der ihn an einen Operationssaal in einem Krankenhaus erinnerte. Mehrere grau gekleidete Gestalten versammelten sich um ihn. Er meinte, sie müssten ihm mit etwas auf den Kopf geschlagen haben, denn nun sah er Sternchen, wie er es einmal erlebt hatte, als er in einem Boxkampf k.o. ging.

„Und dann", flüsterte er den Tränen nahe, „dann haben sie mich ausgelaugt, sie haben alle meine Erinnerungen aus meinem Hirn gesaugt, all meine gottverdammten Erinnerungen haben sie mir irgendwie abgesaugt!" Es musste so gewesen sein, denn auf einer Art Bildschirm im Raum sah er wie in einem Film kurze Szenen aus seinem Leben ablaufen. Er sah sich selbst als kleinen Jungen, der zusammen mit seinem Vater angelt, er sah das Schiff, auf dem er bei der Marine gedient hatte und Szenen vom Besuch in Florida.

Im letzten Bild sah er sich in seinem Wagen am Straßenrand in Arizona sitzen, dann spürte er, wie er eins wurde mit dem Bild, er wachte auf und befand sich tatsächlich in seinem Auto. Das UFO war weg, sieben Stunden waren seit der Begegnung mit dem „kleinen Mann" vergangen.

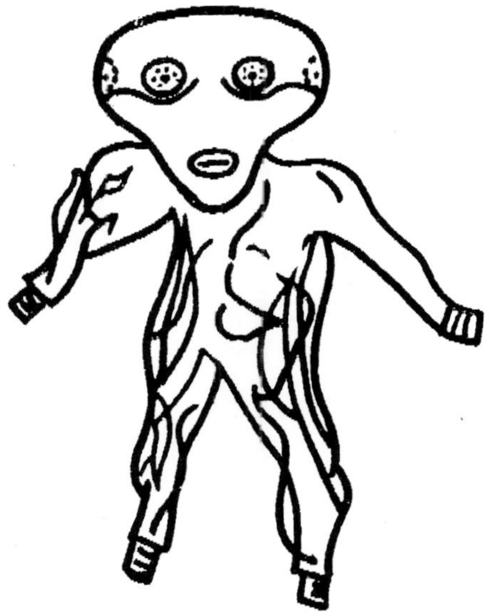

Eine hypnotisierte Versuchsperson, die nicht behauptete, von Aliens entführt worden zu sein, zeichnete dieses Wesen, das den Grauen, von denen „echte Opfer" häufig berichten, sehr ähnlich ist.

Professor Siegel wusste, dass für viele Entführungsgeschichten Träume verantwortlich sind, und er wusste auch, dass Menschen die kaum Vorkenntnisse über UFOs besitzen, dennoch in der Lage sind, in der Hypnose plausible, und doch nur der Einbildung entspringende Berichte von Entführungen zu geben. Sein erster Gedanke war, Wilson hätte einen komplexen, sehr lebendigen Traum gehabt, doch Wilson beschied ihm: „Mein Freund, das war kein Traum!" und triumphierend fügte er dazu: „Mein Sohn Peter war auch dabei, ihn haben sie ja ebenfalls ausgelaugt."

Am nächsten Tag begann Siegel die Untersuchung von Jack Wilson und seinem 24-jährigen Sohn Peter. Es zeigte sich nichts Ungewöhnliches, dennoch stimmte Jack zu, sich einer gründlichen ärztlichen Untersuchung mit Blut- und Urinprobe zu unterziehen, um so feststellen zu können, ob ihm an Bord des UFOs irgendwelche Mittel eingegeben worden waren. Auch das Auto wollte Siegel genau überprüfen lassen. Der Wagen war in Ordnung.

Während Siegel Wilson erneut genau befragte, beobachtete er dessen Gesichtsausdruck und die Augenbewegungen. Wenn die Augen eines Menschen beim Gespräch nach links wandern, so kann das ein Hinweis auf große Fantasie des Sprechers sein, der dann dazu neigt, Geschichten zu erfinden. Wandern die Augen mehr nach rechts, hat der Sprecher ein gutes Gedächtnis und spricht aus der Erinnerung. Siegel war überzeugt, dass Wilson die Wahrheit sagte. Er beschrieb die genaue Fahrtroute von Florida aus, wann und wo sie Halt gemacht hatten, der Bericht stimmte mit Markierungen auf einer Karte überein, die Siegel im Wagen gefunden hatte.

◆

Auf einer Art Bildschirm im Raum sah er wie in einem Film kurze Szenen aus seinem Leben ablaufen

◆

Die körperliche und die psychologische Untersuchung ergaben, dass Wilson außer Tabak und Kaffee keine anderen Drogen zu sich nahm, nicht besonders kreativ oder fantasievoll war, nicht an Tagträumen und nur sehr selten an Albträumen litt. Die Blut- und Urinwerte waren normal, und es fanden sich keine ungewöhnlichen Male an seinem Körper. Bei den medizinischen Tests war er „ruhig und gelassen", hatte sogar genau zugesehen, wie die Nadel zur Blutabnahme in die Vene gestochen wurde und sich die Kanüle mit Blut füllte. Das zeigte, dass die Angst, die Wilson an Bord des Raumschiffs durchlebt hatte, als die Aliens ihn untersuchten, nicht seiner normalen Reaktion bei solchen Gelegenheiten entsprach. Und das konnte bedeuten, dass der Ex-Marinesoldat die Wahrheit über seine Entführung berichtete.

Siegel flog nach San Diego, um den Sohn Peter zu interviewen. Er hatte eine geringfügig andere Geschichte zu erzählen. Beide hatten sie das merkwürdige Geräusch hinter dem Wagen gehört und beide hatten entsetzt den bizarren kleinen Mann gesehen. Beide waren sie wieder ins Auto eingestiegen und hatten über das gesprochen, was sie gesehen hatten. Aus diesem Material konnte Siegel die Bausteinchen für eine Erklärung für Jack Wilsons angebliche Entführungsgeschichte zusammentragen.

„schwer zu glauben", als man sich wundert, dass ein Wissenschaftler ein solches Experiment für durchführenswert hält. Die Erfahrung lehrt uns, dass die meisten Kinder irgendwann Berichte über ihre Geburt gehört haben, und je ungewöhnlicher die Umstände, desto größer die Wahrscheinlichkeit, dass in der Familie darüber gesprochen wurde. Eine routinemäßige Geburt hingegen kann aus dem Allgemeinwissen rekonstruiert werden.

Dasselbe Problem haben wir bei den Entführungsopfern. In den kommenden Kapiteln werden wir sehen, dass die Entführungsberichte sowohl im Volksgut als auch in keineswegs seltenen, veränderten Bewusstseinszuständen in Struktur und Detail übereinstimmende Vorläufer haben. Sie könnten ihre Wurzel sogar in der Organisation des menschlichen Gehirns haben. Eine bewusst erinnerte Entführung könnte nichts anderes sein als die Erinnerung an ein Erlebnis in einem veränderten Bewusstseinszustand. Die Erinnerung selbst kann durch persönliche und kulturelle Faktoren geformt sein, und gewiss kann sie durch überzeugende Forscher verändert werden. Durch Analysen von Fällen, in denen es um sexuellen Missbrauch von Kindern ging, sowie des verwandten Phänomens des Missbrauchs bei satanischen Riten, ist dies immer wieder bewiesen worden.

Die Entführungsforscher, die die Berichte der Opfer für wahr halten, scheinen nicht zu wissen, dass Psychologen stark bezweifeln, dass es möglich ist, Erinnerungen aktiv zu verdrängen. Die Havard-Psychiater Dr. Harrison Pope und Dr. James Hudson jr. haben die Literatur durchforstet nach Beweisen für tatsächliche verdrängte Erinnerungen an sexuellen Missbrauch in der Kindheit – und haben keine gefunden. Zahllose wissenschaftliche Studien kommen zu dem Schluss, dass die menschliche Erinnerung keine fixe, Bandaufnahme ist, die vergraben, wieder vorgekramt und beliebig oft abgespielt werden können; Erinnerung ist eine *Rekonstruktion* von Ereignissen, ihre Bausteine sind austauschbar, anfällig gegenüber sozialem und psychologischem Druck und unzuverlässig.

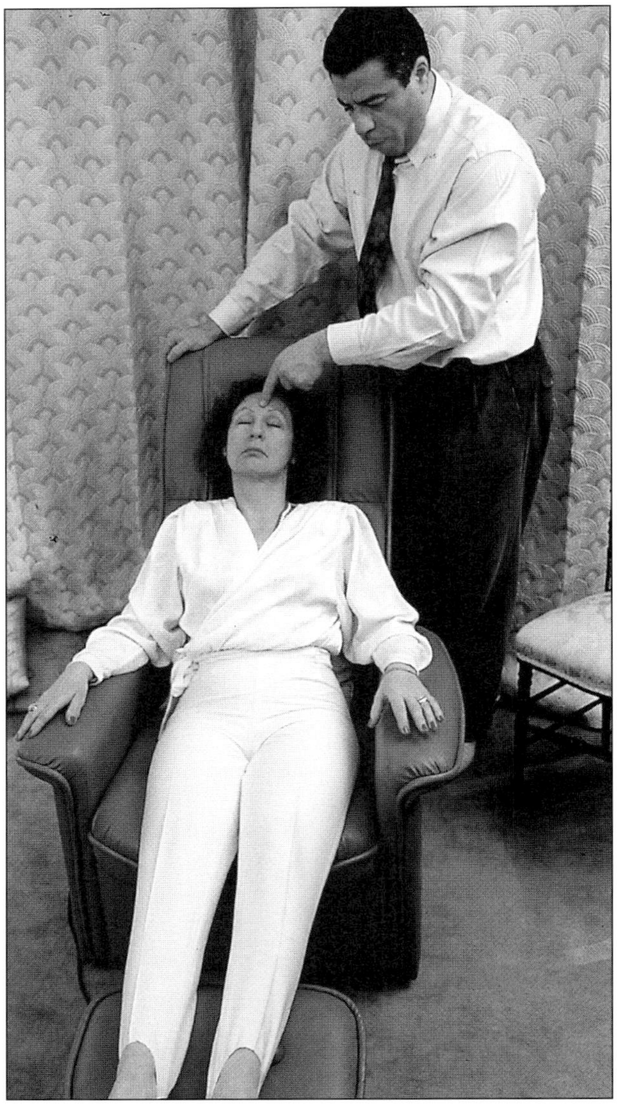

Die Hypnose kann Erinnerungen an wahre Begebenheiten auffrischen, doch es können auch falsche Erinnerungen erschaffen werden, wenn der Hypnotiseur voreingenommen oder unerfahren ist oder der Proband Zustimmung gewinnen will.

Das Erlebnis, das Jack und Peter Wilson auf einem einsamen Highway nahe der Grenze zwischen New Mexico und Arizona hatten (siehe Seiten 86/87), zeigt, wie besondere Umstände, wenig bekannte Naturphänomene sowie nichts weiter als eine Unterhaltung zwischen zwei Leuten, die sich respektieren, zusammenwirken können, damit eine „Entführung“ entsteht – eine mit zwei Zeugen obendrein. Hätte Jack Wilson seine Geschichte einem von Entführungen überzeugten Ufologen vorgetragen, der Fall wäre heute sicherlich einer der Klassiker in der einschlägigen Literatur. Stattdessen erzählte er sie Dr. Ronald Siegel, einem Experten für veränderte Bewusstseinszustände. Siegel unterzog Wilson einer gründlichen körperlichen und psychologischen Untersuchung, befragte ihn gewissenhaft und präsentierte dann seine Schlussfolgerungen.

Jack Wilson war körperlich wie geistig kerngesund, bis auf zwei Kleinigkeiten: eine Tendenz zu einem leichten Schwindelgefühl, wenn er nach langem Sitzen plötzlich aufstand sowie eine leichte Überempfindlichkeit gegenüber hellem Licht. Nach eingehenden Untersuchungen erklärte ihm Siegel nun, wie seiner Meinung nach aus einer Mischung von objektiven Gegebenheiten und mentalen Zuständen der Eindruck einer Entführung hatte entstehen können.

Wilson und sein Sohn hatten sich während der langen Fahrt am Steuer abgelöst, keiner von beiden hatte unterwegs gut geschlafen. Zum Zeitpunkt ihrer „Entführung“ waren sie seit 30 Stunden unterwegs. Als Wilson die merkwürdigen Geräusche hinter dem Wagen hörte, saß er bereits seit 11 Stunden am Steuer. Als er anhielt, hatte der Wagen die frühe Morgensonne im Rücken. Von der örtlichen Wetterstation hatte Siegel in Erfahrung gebracht, dass die Sonne zwei Stunden vorher aufgegangen war, und an dem Tag leichter Nebel herrschte. Als Wilson aus dem Wagen stieg, fühlte er sich plötzlich schwindlig, er schaute zum Rückteil des Wagens, um zu prüfen, was den Lärm verursacht haben mochte und war von der Sonne geblendet, die im flachen Winkel durch den Dunst schien. Seiner Lichtempfindlichkeit wegen drehte er sich unwillkürlich um und schaute nun Richtung Westen, zu jenem Punkt, der der Sonne genau gegenüber lag. Und da sah er den kleinen grauen Mann.

Der Punkt gegenüber der Sonne lag genau vor Wilson auf dem Boden beim Kopf seines eigenen Schattens. Was Wilson sah, war eine so genannte Glorie, eine Lichterscheinung aus hellen farbigen Ringen um den Schatten eines Körpers auf einer von der Sonne beschienen feuchten Fläche, wie etwa Tautropfen, Nebel oder eine Wolke. Sie entsteht, weil die winzigen Tröpfchen wie optische Linsen oder Prismen wirken, die die Sonnenstrahlen zerlegen. Peter war ebenfalls aus dem Wagen gesprungen, da er meinte, sein Vater fiele in Ohnmacht. Als er ihn von hinten stützte, sah er ebenfalls eine graue Gestalt mit verwischtem, glühendem Umriss – tatsächlich sein eigener Schatten. Als sie wieder im Wagen saßen, redeten sie natürlich über die Gestalt, bis sie schließlich beide einnickten.

◆
Als er seinen Vater von hinten stützte, sah er ebenfalls eine graue Gestalt mit verwischtem, glühendem Umriss
◆

Siegel erläuterte, dass übermüdete Menschen während sie aus dem Wachzustand in den Schlaf gleiten – ein Zustand, der hypnagoge Phase genannt wird –, oft besonders lebendige, rasch wechselnde Bilder sehen. Erinnerungsfetzen mischen sich und bilden neue, fantastische Szenen, und manchmal hört man auch kurz merkwürdige

Viele Entführungsopfer berichten von Nahbegegnungen während nächtlicher Autofahrten. Psychologen wissen, dass Fahrten auf langen, geraden, leeren Straßen eine so genannte Autobahnhypnose auslösen können, einen veränderten Bewusstseinszustand, in dem es zu Halluzinationen kommen kann.

Geräusche. Das, sagt Siegel, sei „das Keimmaterial der Träume“.

Hypnagoge Bilder sind typischerweise abstrakte, geometrische, so genannte entoptische Muster: Tunnel, Spiralen, Spinnweben oder Schachbrettmuster. Hervorgerufen durch bisher noch wenig erforschte Prozesse in der Hirnrinde, sind sie allen Menschen eigen und kommen sowohl bei natürlicher als auch bei durch Drogen hervorgerufener Trance vor.

Auch Lichtblitze sieht man dann häufig, sie verbinden sich mit den geometrischen Mustern, sodass man im geistigen Auge vorüberziehende Bilder von Flammen zu sehen meint, Objekte oder Szenen aus der Erinnerung. Während der Mensch durch die hypnagoge Phase in den eigentlichen Schlaf gleitet, verliert er zunehmend die bewusste Kontrolle über seine Muskeln. Dieser physische und geistige Zustand ähnelt der hoch suggestiblen Phase des Eintritts in die Hypnose.

Von diesem Wissen ausgehend, meinte Siegel, dass Wilson und sein Sohn, als sie schläfrig noch über das fremde Wesen und UFOs sprachen, langsam in die hypnagoge Phase glitten, und Wilson dabei das sah, was man als das Isakower Phänomen bezeichnet, eine jener universellen entoptischen Formen, die als beleuchteter Kreis oder wachsende runde Form beschrieben wird, die den Eindruck erweckt, näher zu kommen. „Isakower zufolge“ erklärte Siegel seinem Patienten Wilson, „hat das Bild seine Wurzel in der frühkindlichen Erinnerung an die näher kommende Mutterbrust. Jedenfalls spielt sich alles nur im Geist des Betrachters ab. Ein Mensch in der hypnagogen Phase ist ebenso empfänglich für Beeinflussungen wie jemand in hypnotischer Trance.“ Und die Lichterscheinung hatte Wilson ja bereits an Aliens und Entführung denken lassen.

Während die glühende Lichtform größer wurde, meinte Wilson, durch einen Tunnel darauf zuzuschweben. Sein schwindendes Bewusstsein verknüpfte das Isakower Licht mit der Lichterscheinung, die er außerhalb des Wagens gesehen hatte, und machte daraus das Bild eines UFOs.

◆
Sein schwindendes Bewusstsein verknüpfte das Isakower-Licht mit der Glorie, die er außerhalb des Wagens gesesehen hatte, und machte daraus das Bild eines UFOs
◆

Er *träumte* von grauen Wesen, die sich mit Rückblenden an die Floridareise und anderen Erinnerungsfetzen mischten. Auch Peter erinnerte sich, eingeschlafen zu sein und geträumt zu haben, er schwebe durch einen Korridor und sehe dort graue Gestalten. Als die beiden Männer aufwachten, so vermutet Siegel, erzählten sie sich gegenseitig ihre Träume, glätteten, was nicht zusammenpasste und konstruierten so eine fertige Entführungsgeschichte. Es ist auch möglich, dass beide bruchstückhafte Wachträume hatten – ein Bewusstseinszustand, in dem die geistigen Bilder so lebendig scheinen, dass man sie für wahr hält, was dadurch verstärkt wird, dass der Träumer spürt, dass er noch wach ist.

„Bis die Wilsons in Los Angeles ankamen, hatten sich die flüchtigen Traumbilder zu einer handfesten Entführungsgeschichte verdichtet.“

Siegel legte dem ziemlich niedergeschlagenen Jack Wilson Dutzende von Bildern vor, die Alvin Lawsons „vermeintlich Entführte“ gezeichnet hatten. Sie zeigten lange Flure, kleine graue Männer, geometrische Muster, Fernsehschirme mit Szenen aus der Vergangenheit der „Entführten“ und medizinische Untersuchungen. Sie entsprachen ganz und gar den Skizzen, die Wilson gemacht hatte. Jack Wilson war mit der Erklärung alles andere als glücklich, was Siegel einer gewissen

NACH ALPHA CENTAURI

Harry Joe Turner

◆◆◆

Fußabdruck eines Astronauten auf dem Mond, aufgenommen während der bemannten Mission im Juli 1969. Aliens nahmen Harry Joe Turner 1979 mit und zeigten ihm das Original.

Am 28. August 1979 donnerte Harry Joe Turner um 23 Uhr 15 mit seinem 18-rädrigen, mit Senf und Tomatenketschup beladenen Mehrtonner über die Route 17 von Winchester nach Fredericksburg. Er befand sich gerade 3 km außerhalb von Warrenton im Bundesstaat Virginia und hörte irgendeine Sendung im Radio. Zunächst „begann das Radio zu spinnen", dann erfüllte ein mysteriöser, immer lauter werdender Lärm die Fahrerkabine, sodass Turner sich die Ohren zuhalten musste. „Ich konnte es nicht aushalten, es war ein kreischendes Geräusch", sagte er später. „Dann packte mich was an der linken Schulter, es war wie der Griff eines Metallarms."

Im Rückspiegel zeigten sich helle Lichter, etwas Dunkles schoss über das Fahrerhaus, dann gab es zwei laute Schläge, die Lichter und der Motor des Trucks gingen aus, doch rollte er mit 110 km/h weiter. Jetzt sah Turner, was ihn gepackt hielt: Eine dunkle Gestalt, die vor der Kabinentür stand. Als die Tür aufging, langte Turner nach seiner .32er Automatic und jagte dem Ding acht Kugeln rein – ohne Wirkung. Er schrie: „Mein Gott, der Kerl lässt sich nicht umbringen!"

Als er nach seiner Ohnmacht zu sich kam, saß er auf dem Beifahrersitz seines Trucks, der vor dem Supermarkt geparkt war, den er als nächsten in Fredericksburg hätte beliefern müssen. Seine Uhr zeigte 23 Uhr 17, doch auf der Uhr des Supermarkts war es 3 Uhr früh. Dem Fahrtenschreiber zufolge war er nur 27 km gefahren, doch der zurückgelegte Streckenabschnitt betrug 130 km. Außerdem hatte der Truck, wie er später feststellte, 518 l Diesel verbraucht. In der Führerkabine waren seine Sachen durchwühlt, doch es fehlte nichts. Draußen lagen seine Werkzeuge am Boden, die Antenne für das batteriebetriebene Radio war abgebrochen, die Antenne des anderen Radios zum Teil verschmort.

Als Turner nach Winchester zurückfuhr, waren seine Augen so lichtempfindlich, dass sie ihm wehtaten, außerdem war er so verwirrt, dass er sich einmal verfuhr. Einem Filialleiter in Winchester erzählte er, was ihm passiert war, dann ging er zu Bett, um sich für die Weiterfahrt nach Pennsylvania am Abend auszuruhen. Als er um 21 Uhr in seine Fahrerkabine kletterte, wurde er ohnmächtig. Man brachte ihn ins Krankenhaus in Winchester, wo man eine geplatzte Ader im linken Auge feststellte.

Als Harry Turner wieder zu Hause war, versuchte er sich zu erinnern, was auf der Route 17 geschehen war. Zusammen mit seinem Truck war er in ein UFO gehievt worden, wo er blasse, menschenähnliche Gestalten sah, die Hände mit Schwimmhäuten hatten und sprachen, „wie wenn man ein Tonband schnell rückwärts laufen lässt". Sie trugen weiße Hemden und Hosen sowie Mützen, die ihre Ohren und Stirnen verdeckten. Als sie die Mützen abnahmen, konnte Turner sehen, dass sie Nummern auf der Stirn trugen. Einige, so erfuhr er, hatten „bionische" Körperteile, die Ersatz für verloren gegangene Glieder waren. Die Aliens fühlten sich kalt an, wie tote Menschen.

Offenbar sprachen die Wesen sehr schnell, denn als einer – nicht mit einer Nummer versehener – seine Sprache verlangsamte, konnte Turner verstehen, was er sagte. Er nannte sich Alpha la Zu Lu, und befragte Turner zu seinem Truck. Außerdem sollen die Aliens Turner in die linke Brustseite ein Implantat eingesetzt haben, mit dessen Hilfe sie Kontrolle über diese Seite seines Körpers gewannen.

◆

Als sie die Mützen abnahmen, konnte Turner sehen, dass sie Nummern auf der Stirn trugen. Einige hatten „bionische" Körperteile, die Ersatz für verloren gegangene Glieder waren

◆

Danach nahmen die Aliens Turner mit auf eine Vergnügungsreise durchs All. Man zeigte ihm den Fußabdruck, den Neil Armstrong auf dem Mond hinterlasssen hatte und brachte ihn dann zu einem Planeten, der 2,5 Lichtjahre hinter Alpha Centauri lag, wo er futuristische Städte sah. Die Landschaft sah allerdings vollkommen zerstört aus, wie nach einem Atomkrieg. An die Rückreise konnte sich Turner nicht erinnern.

Nach diesem Vorfall litt Turner an physischen und psychischen Störungen, zu denen auch Panikattacken gehörten. Die Ärzte führten seine körperlichen Symptome auf die Angstzustände zurück. Tatsächlich war er psychisch sehr labil. Nachdem er am 3. September eine große Dosis Valium geschluckt hatte, brauste er im Wagen seiner Mutter in der Gegend herum und hatte bald eine ansehnliche Schlange von Polizeiwagen hinter sich. Später sagte er aus, er habe gedacht, die Aliens seien wieder hinter ihm her. Nach einem Besuch am Ort der Entführung kamen er und der Truck beide klatschnass zurück denn, so behauptete er, die Aliens hätten sie beide sterilisiert. Bei einer anderen Gelegenheit sah man ihn mit einem unsichtbaren Wesen kämpfen, das, wie er später erklärte, ein Alien gewesen sei. In seinem eigenen Haus spürte er mehrmals, wie der „metallische Griff" ihn packte.

Turner wurde tief religiös, er besuchte die Kirche, was er vorher nie getan hatte, und studierte die Bibel auf der Suche nach einer Erklärung für seine Erlebnisse. Einmal verirrte er sich in einem Einkaufszentrum. Wer auch immer ihn gerettet haben mag, Turner identifizierte die Person als Jesus.

Die Meinungen über Harry Joes Begegnungen gehen auseinander. Sein Pfarrer sagt: „Ich habe keine Zweifel, dass er selbst überzeugt ist, dass alles wirklich geschah." Der Manager des Auslieferungslagers, von dem aus Turner die Waren abfährt, konnte Turners Angaben zur falschen Kilometermessung und zum unnormalen Treibstoffverbrauch nicht bestätigen. Da er Turner schon öfter beim Lügen erwischt hatte, wurde er skeptisch. Auch andere Arbeitskollegen sind sicher, dass Turner die Geschichte erfunden hat, „um sich wichtig zu machen". Harry Joe Turner stand im Ruf, gerne großartige Geschichten zu spinnen, doch habe er es, wie seine Bekannten sagen, „noch nie so weit getrieben". Das *Centre for UFO Studies* in Chicago ließ die demolierten Antennen in einem Labor untersuchen, das herausfand, dass die eine wohl mit einer Metallbügelsage gekappt, die andere mit einer gezielten Flamme, etwa der einer Lötlampe, verschmort worden war.

◆
Philip Klass' flapsige Bemerkung, sie seien „kleine Niemande, die ins Fernsehen kommen wollen", ist unüberlegt und für viele Betroffene ausgesprochen beleidigend
◆

Enttäuschung zuschrieb. Wilson, so vermutet er, wäre gerne ein Entführungsopfer gewesen, denn es hätte ihm Aufmerksamkeit, eingebracht.

Auf Wilson mag das in der Tat so zutreffen. Und zweifellos genießen es auch ein paar andere „Entführte", im Rampenlicht zu stehen (obwohl es nicht alle zugeben). Die Aussicht auf Ruhm soll auch der Grund gewesen sein, warum Harry Joe Turner (siehe Seiten 92/93) es mit der Wahrheit bei seiner angeblichen Entführung nicht so genau nahm. Das Kuriose ist freilich, dass die Ufologen und Entführungsforscher, nicht die Skeptiker Turners Akte unter „Schwindel" ablegten. Dabei hatte es durchaus den Anschein, er habe spontan auf eine Reihe echter und sehr beängstigender Erlebnisse reagiert, auch wenn deren Auslöser nicht unbedingt Aliens waren. Jedenfalls sind seine Behauptungen nicht sonderbarer als die vieler anderer, die von den Ufologen ohne Frage akzeptiert werden. Indem Skeptiker auf diesen Fall verweisen, haben sie ein gutes Argument gegen die Ufologen in der Hand, denn hier zeigt sich, welche rigorosen, festgefügten Standards Ufologen fordern, wenn es darum geht, „Beweise" für eine Entführung zu akzeptieren oder zurückzuweisen.

Im Allgemeinen wünschen Entführungsopfer nicht mehr als ein bisschen emotionalen und sozialen Rückhalt angesichts eines unverständlichen und oft sehr belastenden Erlebnisses. Philip Klass' flapsige Bemerkung, sie seien „kleine Niemande, die ins Fernsehen kommen wollen", ist unüberlegt und für viele Betroffene ausgesprochen beleidigend. Klass schließt die Möglichkeit, dass es irgendwo anders als auf der Couch des Hypnotiseurs ein Entführungserlebnis geben könne, kategorisch aus und verkennt dabei, dass es sich auch dann um ein sehr Furcht erregendes Erleben handeln kann, wenn es einer realen physischen Grundlage entbehrt.

Seine Überzeugungen haben Klass gelegentlich in die Irre geführt. Die von ihm vorgeschlagene Lösung für den Fall des Travis Walton (siehe zweites Kapitel) ist wohl sein größter Irrtum. Er stellte die Theorie auf, Mike Rogers, der Fahrer und Arbeitgeber der Holzfäller, zu denen auch Walton gehörte, habe aus seinem für ihn finanziell ungünstigen Vertrag mit der Firma Forest Service aussteigen wollen. Nachdem er zwei Wochen zuvor den TV-Film über die Entführung von Betty und Barney Hill gesehen hatte, sei er auf die Idee gekommen, eine Entführungsgeschichte zu inszenieren und dann, um aus dem Vertrag rauszukommen, zu behaupten, seine total verängstigten Arbeiter würden den Wald nicht mehr betreten. Walton, angeblich ein UFO-Freak, habe genau wie die anderen Arbeiter in den Kuhhandel eingewilligt und sich fünf Tage lang bei seiner Mutter versteckt. Leider erklärte ausgerechnet die Firma Forest Service die Hypothese für „absurd", und Rogers erwähnte den Fall Walton auch nicht bei seinen späteren Vertragsverhandlungen.

Klass und andere Skeptiker stehen auf viel festerem Boden, wenn sie die Weigerung der Ufologen und Entführungsforscher kritisieren, irgendeine andere Erklärung in Erwägung zu ziehen.

Besonders ärgerlich reagieren die Aliengläubigen, wenn die Skeptiker behaupten, die Berichte der Entführten seien von Sciencefiction, Film und Fernsehen beeinflusst. In seinem Buch *Secret Life* beharrt David Jacobs, bisher sei „noch kein Sciencefictionfilm herausgekommen, der irgendeine Ähnlichkeit hat mit den Ereignissen einer

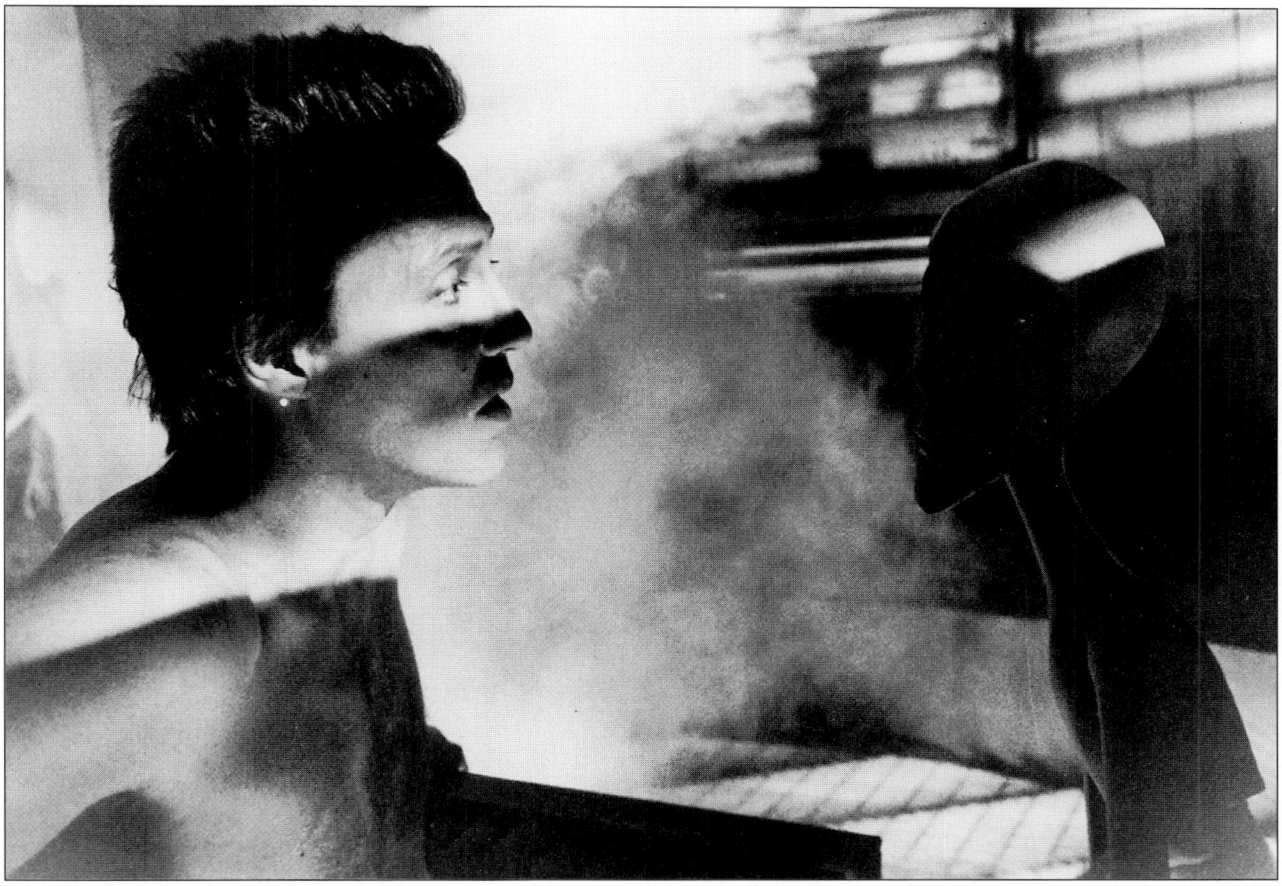

Christopher Walken als Whitley Strieber in dem nach dem Bestseller gedrehten Film Communion.

echten Entführung". Und weiter behauptet er: „Viele Entführte sind keine Sciencefictionfans. Sie schauen sich keine entsprechenden Filme im Kino oder Fernsehen an, lesen keine einschlägigen Bücher und haben mit der gesamten Welt der Sciencefiction nichts zu tun." Man braucht keine Nachforschungen darüber anzustellen, wie Jacobs zu dieser Behauptung kommt, um zu wissen, dass sie einer Prüfung nicht standhalten würde. Seit 1975 der Film über die Entführung von Betty und Barney Hill herauskam (er wurde zigmal wiederholt), gab es zahllose Verfilmungen anderer Berichte von Entführungsopfern. Genannt seien außerdem Filme wie *„Unheimliche Begegnung der dritten Art"* (1977), in dem die typischen Grauen erscheinen und Fernsehserien, die sich z.B. auf Bücher von Budd Hopkins *(The Intruders)* und Whitley Strieber *(Communion)* stützen oder auf den Bericht von Travis Walton. Kurz, es gibt wohl kaum einen Menschen in der westlichen Welt, der nicht eine vage Vorstellung von UFOs und kleinen grauen Außerirdischen hätte.

Wichtig ist dabei, dass man die Filme und Serien wahrhaftig nicht selbst in voller Länge gesehen haben muss, um wichtige Details zu kennen und von ihnen beeinflusst zu sein. Es genügt, dass man Einzelbilder gesehen hat, beim Zappen im Fernsehen kurze Szenen eines Films verfolgte, Kollegen oder Freunde darüber reden

Eine Szene aus Stephen Spielbergs Film Unheimliche Begegnung der Dritten Art (1977), *der ein Weltpublikum mit dem spindeldürren Grauen und der Idee der Entführung durch Aliens vertraut machte.*

hörte. Diese Information aus zweiter Hand könnte allerdings ein unter Ufologen umstrittenes Phänomen erklären, dass nämlich seit der Veröffentlichung des Falls von Betty und Barney Hill 1966 plötzlich in den Berichten immer von den unheimlichen Augen der Aliens die Rede ist. Martin Kottmeyer, der sich bestens mit Sciencefictionfilmen auskennt und zugibt „auf schlechte Filme ganz versessen" zu sein, schreibt in einem 1994 im *REALL News* veröffentlichten Artikel *(The Eyes That Spoke)*, dass Barney Hill in einer Hypnosesitzung bei Dr. Simon am 22. Februar 1964 zum ersten Mal die großen, länglichen Augen der Aliens erwähnt. Am 10. Februar 1964 war im US-Fernsehen die Folge *„The Bellero Shield"* aus der Sciencefictionserie *Outer Limits* gelaufen, in der Aliens mit großen, länglichen Augen vorkamen. Dies, sagt Kottmeyer, scheint das erste Mal gewesen zu sein, dass Aliens in einem Film auftauchten, die den später so berühmten Grauen mit ihren dunklen Riesenaugen ähnlich waren. Doch nicht nur das. In derselben Sitzung am 22. Februar erwähnte Barney Hill auch den bizarren Aspekt, dass die Aliens nicht mit der Stimme zu ihm sprachen, nur ihre Augen sprächen mit

Ein Alien, wie ihn ein britisches Entführungsopfer sah, das anonym bleiben möchte. Das bekleidete Wesen hat ungewöhnliche Gesichtsmarkierungen.

ihm, sie sagten ihm, er solle keine Angst haben … (siehe erstes Kapitel). In der genannten Serienfolge erklärt einer der fiktiven Aliens: „Ich kann weder deine Gedanken lesen, noch kann ich deine Sprache verstehen. Aber ich analysiere deine Augen. Alle Wesen des Universums, die Augen haben, haben Augen, die sprechen …“ Und Kottmeyer bemerkt dazu: „Wir haben hier einen exemplarischen Fall von Beeinflussung vor uns.“

In *High Strangeness* (1966) gibt der UFO-Wissenschaftler Jerome Clark zähneknirschend zu: „Es ist ein Argument, aber es hat keine Schlagkraft, denn“, so fährt er fort, „Betty Hill hat mir versichert, sie und ihr Mann hätten nie von *Outer Limits* gehört, sie wären selten zum Fensehen abends zuhause gewesen und dieses Programm hätte sie garantiert nicht interessiert.“ Während man einerseits wohl sicherlich glauben darf, dass Betty sich richtig erinnert, muss man andererseits aber auch zugeben, dass wohl niemand mit Bestimmtheit sagen kann, was er vor 35 Jahren für Fernsehprogramme gesehen oder nicht gesehen hat.

> ◆
> **Die Parallelen sind so frappierend, dass man kaum glauben kann, zwischen Barneys Bericht und der Ausstrahlung der Serienfolge bestehe keinerlei Zusammenhang**
> ◆

Ich selbst sehe mir *Star Trek* nicht an, trotzdem bin ich manchmal überrascht, wie viele Details der Serie ich aus Unterhaltungen, aus dem Blick in die Fernsehzeitschrift und aus anderen Quellen über die Serie kenne. Barney hätte also von den faszinierenden Augen der Aliens aus zweiter Hand erfahren können, als Freunde oder Kollegen sich darüber unterhielten, die die Folge gesehen hatten. Und zu jener Zeit, als er mit Dr. Simon schon seit Monaten an der Erinnerung an die Entführung arbeitete, hätte er eine solche Unterhaltung wohl kaum langweilig gefunden. Die Parallelen sind jedenfalls so frappierend, dass man kaum glauben kann, dass zwischen Barneys Bericht und der Ausstrahlung der Serienfolge keinerlei Zusammenhang bestehen soll. Auch der 1953 herausgekommene Film *Invaders from Mars* enthält, laut Kottmeyer, sehr viele Übereinstimmungen mit der Entführung der Hills.

Auf der Suche nach Vorbildern für die Entführungsberichte gehen andere noch weiter zu rück als Kottmeyer. Der französische Philosoph Bertrand Méheust schreibt in seiner brillanten

Eine Illustration aus dem Magazin Amazing Stories *aus dem Jahr 1937 zeigt Aliens, die einen Menschen entführen und entfernte Ähnlichkeit mit den Wesen haben, von denen heute berichtet wird. Seit den Zwanzigerjahren kursierten solche Bilder in den Medien.*

Studie von 1978 *Sciencefiction et Soucoupes Volantes,* dass absolut jeder Aspekt der Aliens der Ufologen bereits in der zwischen 1904 und 1940 veröffentlichten britischen, französischen und amerikanischen Sciencefictionliteratur vorkommt. Da gibt es fliegende Untertassen, langhaarige Aliens von sterbenden Planeten, fehlende Zeit, und ganze Entführungsszenarien.

Keith Thompson, ein gemäßigter Skeptiker, hat Parallelen aufgezeigt zwischen den Aliens und den Possen der ungebärdigeren heidnischen (vor allem griechischen) Götter. In *Angels and Aliens: UFOs and the Mythic Imagination* (1991) lenkt Thompson die Aufmerksamkeit auf einen Aspekt des Falles Hill, den die Ufologen lieber unerwogen lassen: sein Status als *mythisches Vorbild.* In folgerichtiger Konsequenz „kommen die Ufologen immer auf diesen Fall zurück. Der Bericht der Hills von der UFO-Sichtung ist der unausgesprochene Prototyp für die Welt der Bilder und Ereignisse, die unter dem Begriff ‚Entführung durch Aliens' zusammengefasst werden ... Hopkins bestätigt die Urnotwendigkeit des Falles Hill, wenn er in *Missing Time* sagt, dass er ihn als Modell nimmt für seine Forschungsarbeiten mit den Entführten." Dem schließt sich dem auch David Jacobs an. In *Secret Life* enthüllt er den eingeengten Blick, mit dem er das Problem der Entführungen betrachtet, denn er gibt doch zu: „Ich hatte keine Grundregeln oder Wegweiser ausser Hopkins' Arbeiten."

Der geheiligte Status des Falles Hill ist „unausgesprochen" nur in dem Sinne, als Ufologen selten bereit sind, seine mythische Natur einzugestehen. Es kommt einem Sakrileg gleich, seine Realität infrage zu stellen. Denn wenn der Fall der Hills seiner Glaubwürdigkeit beraubt wäre, dann würde auch jede weitere Entführungsgeschichte als reales Geschehen zerbröseln. Der Fall muss also nicht nur um seiner selbst willen verteidigt werden, sondern als *Präzedenzfall* schlechthin. Daher auch die Heftigkeit, mit der die Entführungsgläubigen jede Andeutung zurückweisen, der Fall könne Vorläufer in der Sciencefictionliteratur haben oder Verbindungen zum Mythos, zum Volksgut, zur Religion, zu esoterischen (aber nicht pathologischen) psychischen Zuständen. Hopkins brandmarkt solche Erklärungsversuche als „Muspott-Denken" und als „Hindernis auf dem Weg zur Wissenschaft". Worauf der Skeptiker John Harney spöttisch kontert: „Wissenschaft? Was haben die Aktivitäten und lächerlichen Spekulationen eines Hopkins und Konsorten denn mit Wissenschaft zu tun?" Und John Mack hat, wie wir sahen, das wissenschaftiche Denken lieber ganz und gar an den Nagel gehängt.

◆

Man könnte argumentieren, dass zumindest diejenigen ein echtes Erlebnis beschreiben, die auch ohne Hypnose eine klare Erinnerung haben

◆

Nun könnte man natürlich argumentieren, dass zumindest diejenigen ein echtes Erlebnis beschreiben, die ohne Rückführungshypnose eine klare Erinnerung haben. Doch auch für diese Erlebnisse lassen sich Erklärungen finden. Skeptikern erscheint es schwieriger, die Entführungsforscher vom Vorwurf der Selbsttäuschung freizusprechen. Sie zeigt sich vor allem in der Behauptung, physische Beweise für die Entführungen vorweisen zu können. Drei Arten von physischen Beweisen werden angeführt: angeblich von Aliens eingesetzte Implantate, von Aliens herbeigeführte Schwangerschaften sowie Wunden, Schnitte oder andere Male, die den Entführungsopfern von den Aliens zugefügt wurden.

Man darf guten Gewissens behaupten, dass sich bisher noch alle angeblichen Implantate als alltägliches organisches Material erwiesen haben –

◆
... dennoch beharren Hopkins und Jacobs bei Konferenzen darauf, dass es andauernd zu diesen anomalen Schwangerschaften komme
◆

Baumwollfasern und Ähnliches – das unter die Haut geraten ist und sich dort verkapselt hat. Was die Selbsttäuschung angeht, so behauptet der bekannteste „Implantat"-Sammler der USA, Derrel Sims vom UFO Network Houston in Texas, unter anderem einen – natürlich siegreichen – intergalaktischen Kampf gegen einen bösen Alien namens Mondoz geführt zu haben. Diejenigen, denen auf sein Geheiß hin Objekte aus dem Körper entfernt wurden, warten noch auf die Ergebnisse der wissenschaftlichen Untersuchungen, die er ihnen versprochen hat. Hopkins, Jacobs und Mack erwähnen Versuchspersonen, die Implantate trugen, doch keiner der drei hat dafür medizinische Belege beigebracht. Die Röntgenaufnahme, die in der Nase der Entführten Linda Cortile ein merkwürdiges Objekt erkennen lässt, wurde von einem Familienmitglied gemacht. Sie hätte sich das Ding auch selbst in die Nase stecken können.

Dasselbe Problem haben wir mit den von Aliens herbeigeführten Schwangerschaften. Obwohl eine Frau behauptete, schwanger zu sein, doch bei der Untersuchung sei ein intaktes Hymen (Jungfernhäutchen) festgestellt worden, so fehlt für diese Behauptung der offizielle medizinische Bericht. Überraschenderweise fehlen in der gesamten medizinischen Literatur Berichte über solche Fälle. Dr. John G. Miller berichtet, dass in der Medizin keine Fälle von „verloren gegangenen Embryos" bekannt seien: „Dennoch denke ich, dass verifizierbare Fälle gefunden werden können. Ich glaube, wir haben nur noch nicht genau genug gesucht."

Die Narben, Schnittwunden und anderen Male, die manche Entführte auf ihren Körpern entdecken, stellen ein schwierigeres Problem dar. Manche sind in der Tat mysteriös (man vergleiche den im vierten Kapitel erwähnten Fall des Sohnes und der Frau von John Velez). Manche könnten psychosomatische Ursachen haben und auf die gleiche Weise entstehen, wie die Stigmata (die Wundmale Christi), die manche religiösen Fanatiker entwickeln. Keith Thompson erinnert uns mit einigen Beispielen daran:

Derrel Sims (stehend), selbst ernannter „Alienjäger", behauptet, von Aliens gesetzte und von ihm gesammelte Implantate strengen wissenschaftlichen Test unterziehen zu lasssen, doch liegen bisher keinerlei Ergebnisse vor.

Ein Armeeoffizier, der wegen Schlafwandelns behandelt wird, zeigt an den Armen plötzlich tiefe, wie von Fesseln herrührende Einschnitte, als er die schmerzliche Erinnerung durchlebt, wie er ans Bett gefesselt wurde, um sein Schlafwandeln zu verhindern.

Ein als schizophren diagnostizierter Mann möchte unbedingt gebären und spürt, wie sich etwas in seinem Bauch regt… Innerhalb von drei Wochen bläht sich sein Unterleib mehr und mehr auf und er nimmt, ohne Veränderung der zugeführten Nahrung, 7,25 kg zu.

Eine Gruppe von Versuchspersonen, denen gesagt wird, welche Wirkungen und Nebenwirkungen sie von einem Medikament zu erwarten haben, zeigen sowohl die Wirkungen als auch die Nebenwirkungen, obwohl sie nur Placebos (Tabletten ohne Wirkstoffe) erhalten haben.

Angesichts solcher Fälle sollten die physischen Symptome, die als „Beweise" für Entführungen auf den Körpern mancher Opfer erscheinen, nicht unbedingt überraschen. Die Standardfrage der Skeptiker ist es noch immer wert gestellt zu werden: Gibt es irgendjemanden, der, wenn er nur lange und gründlich genug sucht, nicht die eine oder andere auffällige Stelle oder kleine Narbe am Körper hat, die er sich nicht erklären kann?

Zum Schluss sollten wir zum Ausgangspunkt zurückkehren – der Aussage der Hardliner unter den Skeptikern: „Da es keine UFOs gibt, kann es auch keine Entführungen geben." Selbst Astronomen und Kosmologen sind sich nicht einig, wenn es um die Frage geht, ob es im Universum extraterrestrische Intelligenz (ETI) gibt, geschweige denn, ob diese ETI einen Hang dazu hätte, andere Planeten zu erforschen.

Immerhin sollten wir nicht vergessen, dass auf der Erde selbst lediglich ein Kulturkreis, das westliche europäische Christentum, jenen Aufruhr durchmachte, den wir die Renaissance nennen und aus dem dann schließlich die moderne Wissenschaft hervorging. Die Menschheit selbst existiert nur, weil sich vor etwa 65 Millionen Jahren eine weltumspannende Katastrophe ereignete, der die bis dato erdbeherrschende Tierart, die Dinosaurier, zum Opfer fielen. Dadurch erhielt eine winzige, mausähnliche Kreatur die Möglichkeit, aus ihrer ökologischen Nische auszubrechen und sich zu dem breiten Spektrum an Säugetieren zu entwickeln, das wir heute kennen.

In *„Alien Dreamtime"*, einem Artikel in *The Anomalist* von 1995, zitiert der Psychologe und UFO-Skeptiker Professor Robert A. Baker namhafte Biologen, die zu dem Schluss gekommen sind, dass es sich beim intelligenten menschlichen Leben um einen *Unfall* der Evolution handelt und dass es keinen Grund zu der Annahme gibt, etwas Gleichartiges müsse sich zwangsläufig auch woanders ereignet haben. Der erstaunliche Artenreichtum der vor 570 Millionen Jahren ausgestorbenen Tiere, deren Überreste sich als Fossilien im Burgess-Schiefer in British Columbia in Kanada, finden, widerlegt Baker zufolge

… die Idee des Menschen, dass die [biologische] Vielfalt mit der Zeit zunahm… das Evolutionsmuster zeigt vielmehr eine rasche Abnahme der Artenvielfalt der eine Dezimierung folgt, bis vielleicht nurmehr fünf Prozent [der Arten] überleben…

Stephen Jay Gould macht sehr deutlich, dass absolut kein Grund zu der Annahme

besteht, unsere ganz besondere, selbstbewusste Lebensform würde je wieder entstehen, sollte das Band des Lebens nochmals von Anfang an abgespult werden… Coffey fasst unseren Trugschluss sehr prägnant zusammen, indem er sagt:

„Der aus unserer Evolution gezogene Schluss, menschenähnliche Intelligenz sei woanders unwahrscheinlich, erwächst aus der tiefen Einsicht, dass die Evolution kein anderes Ziel verfolgt als das, Lebewesen den besonderen lokalen Gegebenheiten bestmöglich anzupassen. Weder wir noch unsere Form der Intelligenz sind der Gipfelpunkt der Evolution. Die Pfade der Evolution sind viel zu verschlungen, als dass dies je der Fall sein könnte.“

Weiter betont Baker: „Es wird höchste Zeit, dass wir begreifen, dass unsere sämtlichen Szenarien von extraterrestrischem Leben… *nichts anderes sind als Selbstprojektionen.“*

Luftaufnahme von einem 200 m tiefen, 800 m breiten Meteorkrater in Arizona. Der zufällige Einschlag solcher Himmelskörper, zufällige Mutationen und die zufällige Anordnung der Planeten im Sonnensystem haben entscheidend zur Entwicklung des menschlichen Lebens beigetragen. Können wir angesichts so vieler Zufälle wirklich sicher sein, dass wir nicht die Einzigen im Universum sind?

Von der zufälligen Entwicklung intelligenten Lebens auf der Erde können wir noch weiter zurückgehen zu den besonderen und wahrscheinlich einmaligen Umständen, unter denen unser Planet entstand. In seinem in *The Anomalist* 1997 erschienenen Artikel „Cosmic Dancers on History's Stage?", führt Mike Davis aus, dass ein Planet, damit sich Leben auf ihm entwickeln kann, die richtige Größe und Masse haben und sich im richtigen Abstand zu seiner Sonne befinden muss (die Fehlerquote darf nur 1 Prozent betragen). Der Planet selbst braucht einen genügend großen Mond, damit Gezeiten und Jahreszeiten entstehen können, von denen Biologen behaupten, sie seinen unabdingbar für den „Evolutionsprozess". Des Weiteren ist ein massereicher, gasförmiger Riesenplanet in der Nähe nötig (in unserem Fall der Jupiter), der den größten Teil der zerstörerischen Geschosse – Kometen, Asteroide und andere kleinere Brocken – auf sich zieht, die sonst die planetarische Biosphäre zerstören würde. Diejenigen galaktischen Querschläger, die doch durchkommen, haben, dessen sind sich die Wissenschaftler inzwischen sicher, einen ganz enormen Einfluss auf den Verlauf der Entwicklung des Lebens, das entstanden ist. Auch scheint es inzwischen sehr wahrscheinlich, dass der größte Teil des Wassers auf der Erde von Kometeneinschlägen stammt.

Es bildet sich augenblicklich ein wissenschaftlicher Konsens heraus, demzufolge ein dem unseren vergleichbares Sonnensystem höchst unwahrscheinlich ist. Mike Davis: „Unser gegenwärtiges Sonnensystem wäre theoretisch nicht einmal in seinen allgemeinsten Zügen aus dem Zustand des ursprünglichen Solarnebels ‚ableitbar' gewesen." Daraus folgt, dass die Menschheit – oder intelligentes Leben irgendwo sonst – weder vorhergesagt noch vermutet werden kann.

Ungeduld mit der Extraterrestrischen Hypothese und der intellektuellen Trägheit derjenigen „Forscher", die vor alternativen Erklärungen für das Entführungsphänomen die Augen verschließen, verleitet Baker zu der wütenden Beschuldigung:

> *Egal ob es mit Absicht geschieht oder nicht, das ganze Szenario der Entführungen durch Aliens ist ein kunstvoll inszenierter Schwindel, der dem amerikanischen Publikum von einer Gruppe naiver, leichtgläubiger, sensationsgieriger Fanatiker und fehlgeleiteter Psychotherapeuten, die es besser wissen müssten, aufs Auge gedrückt wird. Diese Alarmschläger haben bei vielen Menschen nicht nur voll erblühte Neurosen hervorgerufen…, sie schüren auch die Ängste einer ohnehin schon belagerten und überstrapazierten Bevölkerung. Sie handeln im Namen der Wohltätigkeit und geben sich als gute Staatsbürger aus, und haben doch nur beträchtlichen Schaden angerichtet, denn es ist ihnen nicht nur gelungen, Medizin und Wissenschaft zu diskreditieren, sondern auch die Psychologie und die Psychiatrie. Ihre Inszenierungen, die sie als Entführungen durch Aliens kaschieren, sind in der Tat, wie Philip Klass es vor einigen Jahren so treffend nannte „ein gefährliches Spiel", ein Spiel, das niemand, dem das Wohlergehen der Mitmenschen wirklich ein ehrliches Anliegen ist, würde spielen wollen.*

◆

Mit anderen Worten, nicht nur die Erde, sondern unser ganzes Planetensystem ist das Produkt eines chaotischen Prozesses und von daher wahrscheinlich einmalig

◆

Viertes Kapitel

ZWISCHEN HIMMEL UND ERDE

Ein Mittelweg zwischen Gläubigen und Skeptikern

◆◆◆

Gegnüberliegende Seite: Ein Blitz schlägt außerhalb von Tucson, Arizona, in die Berge ein. Einige Wissenschaftler glauben, natürlich erzeugter Elektromagnetismus könne UFO-Sichtungen und Entführungserlebnisse auslösen.

Die Skeptiker stimmen überein, dass UFOs und ihre fremdartigen Besatzungen keine extraterrestrischen Raumschiffe sind, und sie weisen die Vorstellung zurück Aliens seien Wesen, die die Naturgesetze, wie wir sie kennen, ignorieren oder umgehen können. Und wenige Skeptiker, schenken Zeugenaussagen Glauben, die in der Hypnose gemacht wurden.

Dennoch sind keineswegs alle Skeptiker der Meinung, das Erlebnis der Entführung müsse als eine Einbildung von Leuten gedeutet werden, die bestenfalls einer Selbsttäuschung unterlagen und in die Fänge inkompetenter „Forscher“ gerieten, die einem Irrglauben anhängen.

Doch es gibt Menschen, die – ohne Hypnose – von merkwürdigen, ja traumatischen Erlebnissen berichten, und es gibt keinen Grund, die Glaubhaftigkeit dieser Zeugen zu bezweifeln. Statt auf die zweifelhafte Lösung zu verfallen, außerirdische Besucher verantwortlich zu machen, haben sich einige Skeptiker die Frage gestellt, was hinter den als echt empfundenen Erlebnissen stecken könnte und warum sich die Berichte so stark ähneln.

Im August 1975 erhielt die in Los Angeles tätige UFO-Forscherin Ann Druffel einen Anruf von der damals 43-jährigen Sara Shaw (Name geändert). Mit sanfter Stimme berichtete sie: „Vor 22 Jahren hatte sie etwas erlebt, das ihr bisher unerklärlich blieb, vor allem fehlte auch ihr ein Stück Zeit. Druffel übernahm den Fall und zog nach drei Jahren den Parapsychologen D. Scott Rogo hinzu.

Im Grunde war die Geschichte dürftig. Zusammen mit ihrer damaligen Partnerin Jan Whitley (Name geändert) bewohnte Sara Shaw 1953 eine einsame Blockhütte im Tujunga Canyon, nördlich von Los Angeles. Am 22. März wachte sie kurz vor 2 Uhr nachts auf, weil draußen ein bläuliches Licht leuchtete und Totenstille herrschte. Sie kniete sich auf die Kissen und schaute aus dem Fenster, konnte aber die Lichtquelle, die links neben dem Fenster hin und her schwang, nicht sehen. Sie fürchtete, eine Gang von Motorradrockern, die am Tage schon mal dagewesen waren, wären zurückgekommen. Jan, die nun auch aufgewacht war, stand auf und ging zum Schrank, um sich einen Bademantel überzuziehen. Sara schaute auf die Uhr, „mir wurde schwindlig, ein Gefühl der Verlassenheit und der Verwirrung überkam mich".

Als Sara im nächsten Moment wieder auf die Uhr schaute, war es 4 Uhr 20, sie kniete nicht mehr beim Fenster, sondern saß auf dem Bett, doch Jan schien sich nicht vom Schrank wegbewegt zu haben. Die Luft war stickig. Da sie fürchteten, die Butangasflasche habe ein Leck, eilten die verängstigten Frauen in die Küche, doch es war alles in Ordnung, nur die Katze und der Hund hockten ängstlich unter der Küchenbank. Die beiden Frauen nahmen die Tiere und rannten zum Auto. Draußen meinte Jan „ein nebelhaftes Etwas" zu sehen, das „vor den grünen Blättern des Busches bei der Garage" stand. „Die Erscheinung zeigte deutlich Kopf und Schultern einer langhaarigen Person", schrieben Druffel und Rogo später, „doch ihre Züge waren matt, nur aus Licht und Schatten bestehend." Die beiden Frauen fuhren zu Jans Stiefeltern, die in der Nähe wohnten.

Die sich anschließenden Nachforschungen ergaben eine lange Kette von Entführungen, in die Jan und mehrere ihrer Freunde und Partner verwickelt waren, die uns hier nicht beschäftigen müssen. Jan konnte sich weder bewusst, noch unter Hypnose erinnern, im März 1953 entführt worden zu sein, doch Scott Rogo zog aus Saras Bericht einige faszinierende Schlüsse über das, was während der zwei „fehlenden" Stunden geschehen war. Seine Interpretation des Falles speist sich aus mehreren Quellen.

Die Gedanken des Psychoanalytikers C. G. Jung zum UFO-Phänomen beeinflussten die Sicht der Entführungserlebnisse in den Siebzigerjahren.

1975 veröffentlichten der Ufologe Jerome Clark und der mit paranormalen Phänomenen befasste Journalist Loren Coleman das Buch *The Unidentified,* in dem sie der Überzeugung Ausdruck gaben, das UFO-Rätsel sei „in erster Linie subjektiv und sein Inhalt vorrangig symbolisch". Angeblich von UFOs hinterlassene physische Spuren hielten sie für „psychokinetisch generierte Nebenprodukte jener unbewussten Prozesse, die das Bild einer Kultur von einer anderen Welt formen. Da sie nur kurzfristig existieren, sind sie bestenfalls quasi-physisch." Diese Idee knüpft an Gedanken an, die der Psychologe C.G. Jung bereits 1957 in seinem Buch *Ein moderner Mythos* formulierte. Während UFOs ein „visionäres Gerücht" seien, ein Symbol der Ganzheit und der geistigen Gesundheit, das einer entfremdeten, gefährlich gespaltenen Welt erscheine, wie Jung fast am Rande bemerkt, sei die Notwendigkeit, die sie erschaffe, so übermächtig, dass UFOs quasi physische Realität annähmen.

Clark distanzierte sich später von seinen in *The Unidentified* formulierten Ideen und bezeichnet sich selbst heute als „absoluten Agnostiker" in Sachen Entführungen. Er glaubt nicht länger, dass die Extraterrestrische Hypothese (ETH) eine befriedigende Erklärung für das UFO-Phänomen darstellt. Zu seinem Verdruss blieben seine in den Siebzigerjahren entwickelten Vorstellungen aber bis heute einflussreich, besonders unter den europäischen „psychologischen" Ufologen. Die Idee, UFOs seien Konstrukte des menschlichen Hirns, mögen sie zurückweisen, doch sie betrachten UFOs mehr als Symbole denn als Realität, und sie glauben, dass es fruchtbarer ist, individuelle UFO-Erlebnisse aufzudröseln, als über ihre Echtheit zu argumentieren (die sie ohnehin weitestgehend bestreiten).

Clarks neuer Hypothese zufolge - die Scott Rogo dann weiterentwickelte - ist eine Kraft, eine Intelligenz, ein Superhirn, das sie der Einfachheit halber „Das Phänomen" nennen, im Universum tätig, das körperlich auf menschliche Emotionen und geistige Bedürfnisse reagiert. „Wir spekulierten weiter", schreibt Rogo, „dass UFOs durch unseren Glauben an sie leibhaftig entstehen. Mit anderen Worten, UFOs sind Symbole, die tief in unserem eigenen Geist verborgen sind. Sie spiegeln sich im Phänomen, das sie dann physisch erschafft und in unsere Welt projiziert." Dieselbe Idee wendet Rogo auf die Entführungen an:

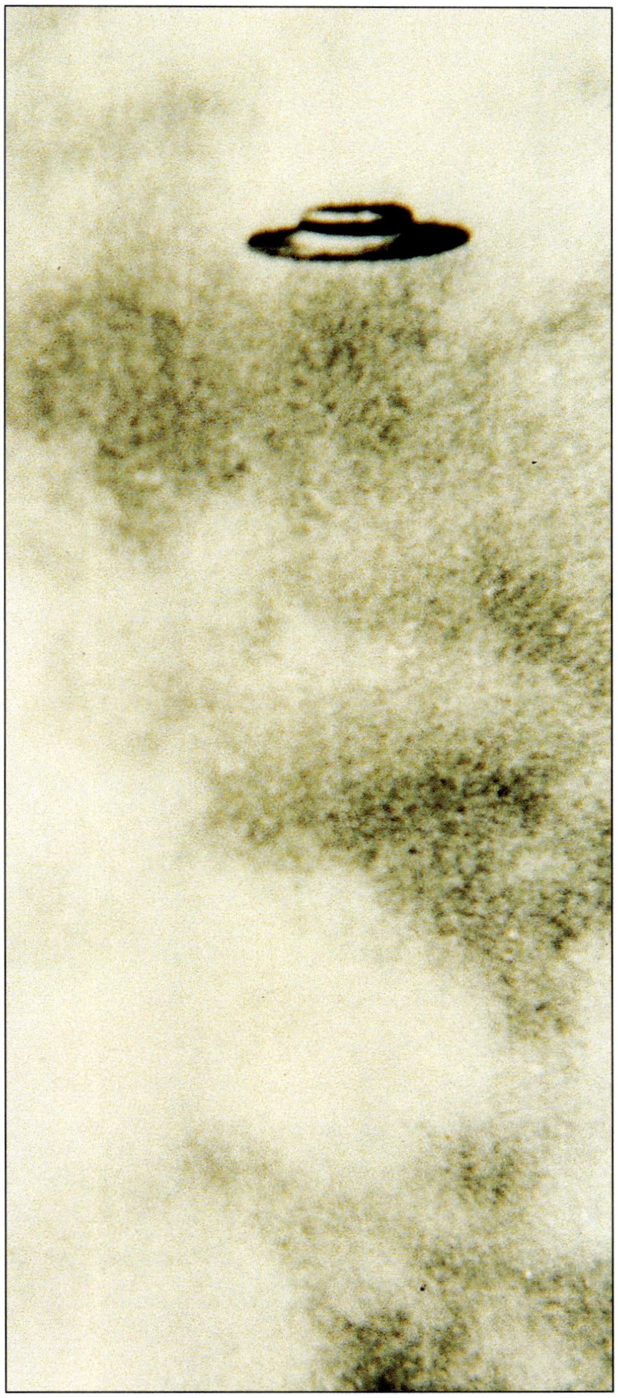

Ein im April 1971 über der Marde Plata, Argentinien, aufgenommenes UFO. Ufologen der Siebzigerjahre meinten, aus emotionalen und spirituellen Nöten stammende psychische Energien ließen solche Objekte entstehen.

UFO-Entführungen entstehen, wenn der Zeuge sich in einem Zustand psychologischer Notwendigkeit danach befindet, wenn das Unbewusste dem Bewusstsein eine wichtige Nachricht zukommen lassen muss... [Das Superhirn] strukturiert diese Information als Teil eines Entführungsszenarios und präsentiert es dem Zeugen in objektivierter Form, es bildet quasi ein urbildliches Erleben individuell so um, dass es dem Zeugen seine lebensnotwendige Botschaft in symbolischer Form bestmöglich vermittelt..

Deshalb scheinen so viele Entführungsberichte so viele Charakteristika gemein zu haben... Ich denke, wir können einen Schritt weiter gehen [als Clark und Coleman] und sagen, dass UFO-Entführungen sich manchmal um individuelle [aber nicht archetypische] Symbole im Geist der Zeugen ranken.

Scott Rogo führt aus, dass Jan Whitley und Sara Shaw 1953 ein lesbisches Paar waren. Sara war von ihrer Mutter dazu erzogen worden, Sex als ein „ziemlich ekelhaftes" Tabu anzusehen. „Indem sie getrennt von Männern mit Jan lebte", schreibt Rogo, „brauchte sie sich um die Zustimmung der Mutter keine Gedanken zu machen. Doch Sara verließ Jan kurz nach der Entführung und heiratete einen Querschnittgelähmten – was Rogo als „letzten Versuch, ihre Sexualität zu leugnen", deutete. Später heiratete sie einen gesunden Mann.

Angesichts dieser biografischen Details ist das, was laut Hypnosebericht mit Sara geschah, von Bedeutung. Sie und Jan wurden im Raumschiff von den Aliens getrennt, dennoch konnte Sara sehen, was mit Jan geschah. Sara, die über einem Tisch schwebte, jedoch nicht auf ihm lag, sah, wie Jan sich gegen die Aliens wehrte, als sie versuchten, sie zu entkleiden. „Sie hat keinen BH an und es ist ihr lästig. Sie hat so große Brüste, und sie will nicht, dass jemand sie sieht..." Die Aliens machen es noch schlimmer, indem sie Jans Brüste befühlen. (Währenddessen bemerkte Sara, dass alle Aliens mindesten 1,70 m groß waren und schwarze eng anliegende Anzüge trugen, die alles außer dem Gesicht bedeckten.) Sara selbst wurde von männlichen Wesen untersucht, während weibliche sich im Hintergrund hielten und sobald sie merkte, dass ihr nichts Schlimmes drohte, empfand sie die Untersuchung interessant und angenehm – „irgendwie schön". Scott Rogo bemerkt:

Jedem, der mit Traumsymbolen und psychoanalytischem Denken vertraut ist, muss die Interpretation offensichtlich sein. Unausgesprochen hatte Sara erkannt, dass die Beziehung mit Jan nicht zufriedenstellend war, dass sie nur in einer gesunden, heterosexuellen Beziehung persönliche Befriedigung finden könne. Ausdruck findet dies in der plötzlichen Erscheinung der Aliens in ihrem Zimmer, die sie symbolisch vergewaltigen, was sie aber [zu ihrer Überraschung] mit Freude und Wohlgefühl erfüllt.

Jan hingegen wehrt sich gegen die männlichen Übergriffe – demonstriert also ihren Widerstand gegen Bedrohungen der Beziehung mit Sara, wie Rogo aufzeigt. Ihre Reaktion macht deutlich, dass sie an Männern kein sexuelles Interesse hat und dass sie sich instinktiv gegen Gewalt zur Wehr setzt. Auch Saras Reaktion passt zu einer gewissen bewussten Erkenntnis, dass nämlich männliche

Aufmerksamkeit nicht gar so schrecklich ist, wie sie vermutet hatte.

Nach der ersten Hypnosesitzung sagte Sara etwas sehr Wichtiges: „Ich komme mir vor, als hätte ich das Ganze nur erfunden... Es würde mich nicht wundern, wäre ich in der Lage, das zu erdichten. Trotzdem war es anders als alles andere, was ich mir je ausgedacht habe, ich brauchte nach nichts zu suchen, ich fiel in die Geschichte hinein."

Ich vermute, dass Sara das Ganze in der Tat „nur erfunden" hat. Die Vorstellung von Clark, Coleman und Rogo, dass entweder der menschliche Geist oder ein übernormales Superhirn eine Idee in eine physische Realität verwandeln könne, missachtet die einfachste Regel der Wissenschaft: ein unerklärliches Phänomen (UFOs und UFO-Entführungen) kann nicht durch ebenso unerklärte und rätselhafte andere Mechanismen (Psychokinese, Superhirn) erklärt werden.

Rogos These ist plausibel, doch sie weist logische Mängel auf. Wenn das Unbewusste Sara Shaws ihrem Bewusstsein so dringend eine Botschaft vermitteln musste, dann macht es doch keinen Sinn, die dringend gebrauchte Information in ein Erlebnis zu verpacken, das der Adressatin lediglich als eine beängstigende Periode fehlender Zeit im Bewusstsein bleibt, deren Bedeutung ihr aber verborgen bleibt. Selbst auf symbolischer Ebene machte die Entführung nur dann Sinn, wenn das Superhirn vorausgesehen hätte, dass sich Sara einer hypnotischen Rückführung unterziehen werde. Nun unterzog sie sich tatsächlich einer Hypnose, aber erst 22 Jahre später, und bis dahin hatte sie die Probleme längst gelöst, die die Inszenierung des unbewussten Dramas nötig gemacht hatten.

Das Entführungsphänomen ist entweder eine Realität, dann müsste es mit wissenschaftlichen Mitteln nachgewiesen werden können, oder es entbehrt der körperlichen Realität. Im dritten Kapitel habe ich dargelegt wie einige Entführungsfälle aus höchst weltlichen Ingredienzien erschaffen wurden. Trotzdem bleibt der Widerspruch zu klären, dass Entführungserlebnisse vollkommen real erscheinen können und doch jeglicher objektiver Basis entbehren.

John Velez zeigt die Häuser in Brooklyn, über denen er vor seiner Entführung im August 1979 die UFOs schweben sah.

Mit anderen Worten: Aus der Art und Weise wie Sara Shaws „durch Hypnose aufgefrischte" Erinnerung die wahre Natur ihrer sexuellen Vorliebe enthüllte, wird deutlich, dass das Entführungsszenario als eine Art Rahmenhandlung dienen kann, um mächtiges, höchst persönliches psychologisches Material zu dramatisieren. Was aber kann die ursprüngliche Sichtung des Lichts ausgelöst haben? Wie erklären wir uns die fehlende Zeit? Und wieso ähnelt Saras Bericht anderen Entführungsberichten, die nicht auf Hypnose beruhen?

Es sind dieselben Fragen, die die Erlebnisse von John Velez aufwerfen (siehe Seiten 112/113), und es gibt viele mögliche Antworten. Zwei davon möchte ich herausgreifen. Beide erkennen die Realität des Ereignisses und die Integrität der Zeugen

Ein in Hessdalen, Norwegen, fotografiertes Erdlicht. Nähe zu diesen rätselhaften Lichtern kann Halluzinationen auslösen, die später als Entführungen gedeutet werden.

an, vermeiden aber die Fallstricke übergroßer Skepsis und das Schema der Erklärung einer unbekannten Größe durch eine andere, wodurch die Ufologie nur als ein obskurer Seitenzweig des Paranormalen erscheint. Die zwei hier vorgestellten Möglichkeiten stützen sich auf etablierte Wissenschaftsbereiche.

Überlegen wir zunächst, was für ein strikt erdgebundenes Ereignis ein Entführungserlebnis auslösen könnte. Auch wenn viele Entführungserlebnisse auf hypnotisch herbeigeführte Übertragungen (realer) persönlicher, medizinischer oder sozialer Spannungen oder Probleme zurückgeführt werden können, gibt es in einigen Fällen doch sachliche Komponenten. So kann es möglich sein, dass ein überweltlich scheinendes, albtraumhaftes Geschehen ausgelöst wird durch engen Kontakt mit einem energiegeladenen Objekt wie es beispielsweise ein Erdlicht darstellt. Es handelt sich dabei um seltene, aber natürliche Lichtphänomene, vielleicht eine Art leuchtendes Gebilde, das durch Prozesse entsteht, die in oder über der Erde ablaufen, also durch meteorologische, atmosphärische oder tektonisch-geologische Aktivitäten.

Nach bescheidenen Anfängen in den Sechziger- und Siebzigerjahren entwickelte sich die Untersuchung dieser rätselhaften Lichter inzwischen zu einem dynamischen Forschungszweig, denn ihre Merkwürdigkeiten sind erstaunlich genug, um konservative Wissenschaftler neugierig zu machen. Erdlichter bleiben eine Anomalie, doch erfreuen sie sich größerer wissenschaftlicher Authentizität als Psychokinese oder „Superhirne“.

1983 beschrieb Michael Persinger, Neurologe und Geologe an der Laurentian University in Sudbury, Kanada, eine Reihe möglicher Auswirkungen, die Erdlichter auf Körper, Gehirn und Geist eines Zeugen haben können. Dabei stützte er sich auf die bekannten Auswirkungen, die der Elektromagnetismus auf den menschlichen Organismus hat.

In einigem Abstand außerhalb des Energiefeldes eines Erdlichtes sieht man lediglich eine fremdartige Lichterscheinung. Kommt der Beobachter näher, so erkennt er Form, Farben und innere Schwankungen des Erdlichts. Bei wachsender Nähe zum Licht gerät der Beobachter in das möglicherweise mit dem Lichtphänomen in Zusammenhang stehende elektromagnetische Feld. Die erste wahrnehmbare Auswirkung am Rand eines solchen Feldes ist ein Kribbeln, man bekommt Gänsehaut und fühlt eine Beklemmung in der Brust. Gerät man tiefer in das Feld, wird die Hirnfunktion zunehmend beeinflusst, der Beobachter wird wahrscheinlich in einen veränderten Bewusstseinszustand eintreten, Halluzinationen mischen sich mit dem Wachbewusstsein. Je tiefer man in das Feld gerät, desto umfassender sind die Veränderungen, die das Bewusstsein, die Sinneswahrnehmungen und die Erinnerung erfahren. Der Beobachter kann von unkontrollierbarer Panik oder von religiöser Ehrfurcht ergriffen werden.

Herrschen die elektrischen Aspekte des elektromagnetischen Feldes vor, so wird man lokale Auswirkungen auf Hals oder Schenkel verspüren; überwiegen die magnetischen Anteile, so werden vor allem Hüfte und Genitalbereich betroffen sein. Die Empfindungen in diesen Körperteilen werden in die geistigen Bilder des Zeugen eingebaut. Wenn

Clarke Hathaways Gemälde Der Mund, der die Erde aß *entstand aufgrund von Visionen, die er 1970 und 1971 hatte und in denen er die katastrophale Zerstörung von Oregon und Kalifornien sah.*

ÜBERFALL IN BROOKLIN

John Velez

◆◆◆

John Velez vor dem Haus in der 62sten Straße in Brooklyn, New York, in dem er im August 1979 wohnte. Als er spät in der Nacht heimkam, sah er ein riesiges UFO. Seiner nächsten Erinnerung zufolge wachte er blutüberströmt in seinem Bett auf. Hypnotische Rückführung ergab, dass er während der „fehlenden Zeit" entführt worden war.

John Velez ist gebürtiger New Yorker und hat immer in der Stadt gelebt. Als Teenager war er ein ziemlich erfolgreicher Drummer. Da er in der Musikszene Erfahrungen mit Drogen gesammelt hatte, arbeitete er 10 Jahre lang in einem Rehabilitationszentrum, danach war er 16 Jahre im Verlagswesen tätig, 1990 machte er sich als Grafiker selbstständig.

John Velez hat bis in seine Kindheit reichende bewusste Erinnerungen an Begegnungen mit Aliens, außerdem hat er zahllose UFOs gesehen.

Als Kind sah er Lichtkugeln und Lichtstrahlen in seinem Schlafzimmer; als er fünf war, sah er im East Side Park „einen silbernen Kreis" über seinem Kopf schweben, mit acht wachte er auf und spürte, wie er von kleinen Aliens durchs Zimmer getragen wurde. Er glaubt, dass auch seine Frau und sein Sohn schon entführt wurden. Die dramatischste unter seinen eigenen Begegnungen ereignete sich Ende August 1979, als er in der 62sten Straße in Brooklyn wohnte.

In jener Nacht war er mit Freunden zum Essen aus gewesen. Da seine Frau Margie sich nicht wohl fühlte, war sie mit den zwei und vier Jahre alten Kindern zu Hause geblieben. Velez ging die acht Blocks zu seinem Haus in der 62sten Straße zu Fuß. Es war 1 Uhr 30, als er 10 bis 12 m über den Dächern der drei großen backsteinroten Apartmenthäuser in seiner Straße ein Licht sah „so groß wie ein Kleintransporter", das die Form eines Fußballs hatte. „Ich hatte panische Angst und rannte wie ein Schulmädchen", erinnert sich Velez. „Ich glaubte zu spüren, dass man mich erwischen will …"

Velez erinnert sich, sein Haus fast erreicht zu haben. „Im nächsten Moment ist es taghell, und ich sitze aufrecht im Bett. Es ist sieben Uhr früh. Überall ist Blut, auf dem Kissen, auf meinem T-Shirt, und mein Auge tut weh. Ich geh zur Kommode und schau in den Spiegel. Mein Auge ist rot und geschwollen, das ganze Weiß ist vollkommen rot." Velez dachte, man habe ihn überfallen und zusammengeschlagen – das Blut stammte einzig aus seiner Nase – doch seine Papiere, sein Geld und andere Wertsachen waren sämtlich vorhanden. Er wusch sich und weckte seine Frau, die einen Schreck bekam, als sie ihn sah. Sie gingen zur Ambulanz ins nahe gelegene Lutheran Memorial Hospital. Der Dienst habende Arzt versorgte ihn. Er schien ungewöhnlich interessiert zu erfahren, ob Velez eine Nasenoperation gehabt habe. Er versicherte dem Arzt, dass er nicht operiert worden war. Auch für das verletzte Auge konnte der Arzt keine Außeneinwirkung wie etwa einen Faustschlag feststellen.

Danach gab es weitere Vorfälle, doch erst 1993 las Velez *Missing Time* von Budd Hopkins. Er nahm mit Hopkins Kontakt auf, der ihn im Laufe von zwei Jahren vier oder fünf Rückführungshypnosen unterzog, um herauszufinden was in jener Nacht im August 1979 geschehen war:

Ich war sechs Meter von meinem Haus weg, da kamen drei von diesen verdammten grauen Kerlen mit ihren großen schwarzen Augen. Hinter der Hecke vorm Haus kamen sie hervor, genau auf mich zu. Ich blieb stehen, mir war, als hätte irgendwas die Luft der Erde abgesaugt, ich musste nach Luft ringen. In meinem Kopf schwirrte die Frage herum: Was ist das? Was ist das? Sie sahen aus wie gehäutete Katzen. Ich versuchte zu begreifen, was ich da sehe. Ich kann mich nicht bewegen. Ich will wegrennen, doch ich kann nicht.

Dann die nächste Empfindung. Die Angst, die Panik verfliegt, und ich denke: Oh, ich kenne euch. Alles ist okay. Ich schaue nach rechts übers Nachbarhaus und sehe das UFO mit dem roten Licht oben, das sich dreht wie bei einem Eiswagen. Dann kommen zwei der kleinen Kerle auf mich zugeschwebt, nehmen mich rechts und links sanft beim Arm und drehn mich um. Ein Lichtstrahl trifft uns, wie ein Spotlight im Theater. Ich mach zwei Schritte vorwärts und – fliege. Wir schweben nach oben, das ist toll, macht Spaß, ich fühl mich wie Peter Pan.

Das Ding da oben hat keine Türen. Wir bewegen uns langsam, doch instinktiv nehme ich die Hände hoch, ich werde mit dem Kopf an das Ding stoßen, wir sind nur noch einen guten Meter weit weg. Ein schwarzer Strich erscheint, dann geht es auf. Vor mir ist ein schwarzes Quadrat, da schweben wir hinein. Ich kann nichts sehen da drin, aber man zieht mir die Sachen aus. Da ist ein rascher Wechsel – ich bin jetzt auf einem Tisch. Sechs oder acht von diesen verfluchten Kerlen sind im Raum. Der hinter mir legt mir die Hand auf die Stirn und redet mit mir wie ich mit den Kindern, wenn ich sie tröste: „Schon gut. Wir müssen das machen, aber du spürst nichts, wir werden dir nicht wehtun.“

Ein Wesen, größer als die anderen, das wie eine Gottesanbeterin aussah, kam jetzt mit einem dünnen „Stab“ auf ihn zu, den stieß es ihm in die Nase und durch den Knochen. Als ein anderes Wesen sein Auge untersuchte, gab es einen blendenden Blitz – es fühlte sich an, als ob ihm das Auge herausgerissen würde. In dem Moment

„... ergriff mich nackte Panik. Nachdem [Budd] mich beruhigt hatte, fragte er mich, was dann geschah, aber ich sprang gleich zum Ende der Entführung, wo mich ein paar von den kleinen grauen Mistkerlen wie ein Kind zu Bett bringen. Er versuchte immer wieder, mich zu der Sache mit dem Auge zurückzuführen ... aber es war, als würde ich eine kahle Wand anstarren ... was immer da los war, es muss entsetzlich gewesen sein, oder ich war bewusstlos ...

Erdlicht und Beobachter näher zusammenkommen, kann es sein, dass die Person das Bewusstsein verliert und später an einem teilweisen oder vollständigen Gedächtnisverlust leidet. Noch engerer Kontakt kann Verbrennungen, Haarausfall und Strahlungsübelkeit hervorrufen (Auswirkungen, die bei einigen Zeugen beobachtet wurden, die von Nahkontakten berichteten.) Im Extremfall kann es zum Tod durch Stromschlag kommen.

Die durch die elektromagnetischen Felder am stärksten in Mitleidenschaft gezogenen Hirnpartien sind die Schläfenlappen und die Amygdala, da sie besonders empfindlich auf Elektrizität reagieren. Die Amygdala und das Ammonshorn befinden sich unter der Rinde des Schläfenlappens. Die Amygdala wird mit Gefühlen assoziiert, während Änderungen in der Funktion des Ammonshorns die Erinnerung verändern und Wachträume hervorrufen können.

Dr. Michael Persinger 1987 bei einem Vortrag. Seiner Meinung nach beeinflussen natürliche Phänomene die elektrischen Aktivitäten des Gehirns empfänglicher Menschen, die daraufhin exotische Halluzinationen haben, darunter auch Entführungsfantasien.

Alle menschlichen Gehirne lassen sich nach der Empfindlichkeit der Schläfenlappen auf einer Skala einordnen. Menschen mit sehr sensitiven Schläfenlappen werden am ehesten zu mystischen oder außerweltlichen Erlebnissen aber auch zu epileptischen Anfällen neigen. Schläfenlappenepilepsie tritt auf, weil es zu winzigen, aber chronischen elektrischen Entladungen in der Cortex der Schläfenlappen kommt. Der betroffene Mensch berichtet von traumähnlichen Zuständen, er hört Stimmen, sieht Erscheinungen und es können Perioden „fehlender Zeit" auftreten.

Bei klinischen Experimenten wurden Amygdala und Ammonshorn von freiwilligen Versuchspersonen mit schwachen Strömen angeregt. Die Probanden berichteten von Erscheinungen, von Veränderungen in der Wahrnehmung von Zeit und Raum, sie hatten das Empfinden, aus ihrem Körper auszutreten, ein Gefühl von Unwirklichkeit oder *Déjà-vu*-Erlebnissen sowie Erinnerungslücken oder sie meinten, wichtige Botschaften zu hören.

Die unterschiedlichsten Einflüsse können solche biochemischen und elektrischen Störungen in diesen hochempfindlichen Bereichen des Hirngewebes auslösen: Krankheiten, bestimmte Verhaltensmuster, psycho-spirituelle Übungen, die Einnahme bestimmter Drogen oder auch externe, natürlich oder künstlich geschaffene elektromagnetische Felder. Ist es zu elektrischen Störungen der Hirnrinde im Bereich des Schläfenlappens gekommen, so werden diese Zellen empfänglich, und der betroffene Mensch entwickelt eine Art Veranlagung dazu, schon bei geringster Stimulation in andere Bewusstseinszustände einzutreten.

Die Macht des Satans aus der Sicht von Norman Harrison. Seinen eigenen Angaben zufolge hatte er diese und andere Visionen von der Zerstörung der Welt durch telepathische Kommunikation mit Aliens, die „durch exakte mathematische Berechnungen" ermittelt hatten, dass die menschliche Gesellschaft vor einem „katastrophalen Niedergang" stehe. Der Forscher Nigel Watson vermutet bei Harrison eine leichte Schizophrenie.

Seit Ende der Achtzigerjahre führte Persinger eine Reihe von Experimenten durch, um die Einflüsse von Magnetfeldern auf die Schläfenlappen zu untersuchen. Die Versuchsperson wird in einen schalldichten Raum gesetzt und bekommt einen Helm mit computerüberwachten Elektroden aufgesetzt, mit deren Hilfe magnetische „Wirbel" sehr zielgenau auf die Schläfenlappen gerichtet werden können. Manche Leute haben Visionen, sie sehen beispielsweise Gestalten ihres religiösen Glaubensgebäudes oder auch Geister und Dämonen. Die am wenigsten Beeindruckten haben noch immer das starke Gefühl, eine fremde „Gegenwart" sei um sie. „Nach mehreren Sitzungen", berichtete Persinger dem Journalisten Ian Cotton, „war es ein Leichtes, einen mystischen Zustand auszulösen".

◆

Ein Teilnehmer sagte, der schalldichte Raum müsse exorziert werden, denn der Teufel persönlich hause in ihm!

◆

Zu Beginn der Experimente teilte Persinger die Versuchspersonen in zwei Gruppen ein. Die einen bekamen den „magnetischen Helm" aufgesetzt, die anderen, die als Kontrollgruppe dienten, nicht. Den Teilnehmern beider Gruppen wurde gesagt, sie sollten sich vorstellen, sie kämen aus einem Wald und sähen ein Licht im Himmel. Dann wurde im Labor ein pulsierendes elektrisches Licht eingeschaltet, und die Probanden wurden gebeten, frei zu assoziieren. Diejenigen, deren Gehirne magnetisch stimuliert wurden, sprudelten über von Bildern aus dem Standardrepertoire der UFO-Entführungen. „Von grauhäutigen Aliens mit Schlitzmündern über blaue Lichtstrahlen bis zu den entsetzlichsten Berichten über medizinische Untersuchungen war alles vertreten", berichtet Ufologe und Journalist Dennis Stacy.

Doch was hat es nun mit der echten Sache auf sich? Gibt es Beweise, dass solche Hirnreaktionen auch bei einer UFO-Sichtung ausgelöst werden? Die gibt es tatsächlich. Während der Siebzigerjahre gab es im Yakima Indianerreservat im US-Bundesstaat Wyoming eine Welle von Lichterscheinungen. In Hochsitzen postierte Feuerwachen sahen leuchtende Lichtbälle. Sie waren groß. Nur „tischtennisballgroße Lichter" hüpften dagegen durch Toppenish Ridge und auf Satus Peak. Auch Säulen und flatternde Lichter wurden gesehen sowie weiße Lichter, die mit bunten, kleineren Lichtern verbunden schienen. Manche Lichter nahmen komplexe Formen an, andere hatten leuchtende Ausbuchtungen oder „Hörner".

Von Persinger und dem amerikanischen Geologen John Derr durchgeführte Analysen ergaben, dass es sich bei 78 Prozent der berichteten Erscheinungen um Lichter am Himmel handelte, die meist entlang der Bergketten der Reservation auftraten. Die Berge sind tektonischen Spannungen ausgesetzt. Bei Status Peak lag das Epizentrum des stärksten Erdbebens, das sich während der 13-jährigen Beobachtungszeit in der Gegend ereignete. In den sieben Monaten, die den stärksten Beben im Juni und Juli 1975 vorausgingen, wurden die Lichter häufig gesehen. Und 1972 und 1976, als besonders viele Sichtungen berichtet wurden, nahmen auch die seismischen Aktivitäten zu.

In Übereinstimmung mit Persingers Theorie wurde nicht nur von umheimlichen Lichtern berichtet, die Feuerwachen der Reservation hörten auch „Poltergeister" um ihre Wachtürme, „singende, fröhliche kleine Stimmchen", schreiende Frauen, jemanden, der „laut brüllte". Hinzu kamen Berichte von starken, ekelhaften Gerüchen (Halluzinationen der Riechzellen kommen ebenso häufig vor wie solche der Augen oder Ohren), und einer

Paul Devereux 1995 auf der Suche nach Erdlichtern in Nordaustralien. Die Expedition konnte eine Reihe anomaler Lichterscheinungen aufnehmen, die, wie in der Erdlichthypothese vorausgesagt, im Bereich geomagnetischer Aktivitäten auftraten.

der Wachtleute sah die flüchtige Erscheinung einer 2,10 m großen, wild aussehenden menschenähnlichen Gestalt.

Schließlich gab es einen interessanten Bericht von einer Gruppe von Leuten, die eines Nachts durchs Reservat gefahren und wohl mit einem Erdlicht zusammengetroffen waren. Der Motor ihres Wagens streikte, und in der Ferne sahen sie ein näher kommendes Licht. Keiner erinnerte sich, was dann geschah – als sie wieder zu sich kamen, hatten sie alle keine Erinnerung mehr daran. Lediglich einer aus der Gruppe erinnerte sich an das Gefühl, aus seinem Körper geschwebt zu sein und von oben beobachtet zu haben, wie die anderen stocksteif wie in Trance dastanden. Man kann sich leicht vorstellen, dass ein solcher Zeuge bei entsprechender Anfälligkeit unter den Händen gewisser UFO-Forscher in einer Hypnose eine ausgewachsene Entführungsgeschichte entwickelt hätte, einschließlich „ausgeschalteter" Kumpane, während die Aliens sich an mit ihm zu schaffen machten.

Tatsächlich scheint es möglich, wenigsten zwei berühmte Entführungserlebnisse als Begegnung mit einem Erdlicht zu interpretieren.

An Debbie Tomeys Bericht (siehe zweites Kapitel) ist bemerkenswert, dass sowohl das Raumschiff als auch die Aliens nur in der durch Hypnose erzeugten Bilderwelt erschienen. Falls Debbies

UNTER DER HAUT

Pat Parrinello

◆◆◆

Pat Parrinello vor der Weidefläche in Texas, über der er UFOs sah und filmte. Er behauptete nie, entführt worden zu sein, hatte jedoch viele entführungsähnliche Erlebnisse.

Heute arbeitet Pat Parrinello als Verwalter eines Apartmenthauses in einer Kleinstadt 80 km südlich von Houston in Texas. Aufgewachsen ist er auf einer Farm nahe Minden in Louisiana, wo er im Alter von sechs Jahren eines Nachts ein sehr merkwürdiges Erlebnis hatte. „Ich weiß nicht, war es ein Traum oder Wirklichkeit", sagt er, „aber es scheint Beweise zu geben, dass es kein Traum war. In der Nacht hatte ich dieses plötzliche Gefühl der totalen Lähmung und dann fing ich an, mich unwillkürlich zu bewegen. Ich stand aus dem Bett auf, ging zur Hintertür hinaus, stieg über den Stacheldrahtzaun auf das Feld, auf dem mein Daddy Süßkartoffeln anbaute. Ich gehe über das Feld und um mich rum bewegen sich all diese Lichter am Himmel. In dem Alter habe ich noch nicht an UFOs oder Fliegende Untertassen oder sowas gedacht, ich wusste ja kaum, was ein Flugzeug ist. Dann kam dieses runde Ding genau vor mir runter. Schien sowas wie 'ne metallische Sphäre zu sein, ungefähr so", er zeigt mit den Händen einen Durchmesser von etwa 60 cm an.

„Aus irgendeinem Grund hatte ich keine Angst. Dann fing das Ding an, sich zu drehen und ich bekam doch Angst. Irgendwie konnte ich mich aus dem Bann lösen, ich drehte mich um und rannte weg. Da war's mir, als ob das verfluchte Ding hinter mir explodiert und mich hier an der rechten Hand schnappt." An mehr kann er sich nicht erinnern, doch als er am Morgen aufwachte, „war mir hundeelend, ich blutete und erbrach mich."

„Danach war es, als wäre ich ein Alien. Wo immer ich hinkam, wollte niemand was mit mir zu tun haben. Und ich entwickelte unglaubliche Sensitivitäten." Dazu gehörte eine geradezu schmerzhafte Lichtempfindlichkeit und die Fähigkeit, hohe Töne zu hören, die Menschen normalerweise nicht wahrnehmen. „Ich glaube, ich hörte Frequenzen bis 25 khz. Alles, was mit Ultraschall arbeitet, Ampeln, Alarmanlagen, ließ mich die Wände hochgehen. Raschelndes Papier machte mich verrückt, ich konnte nicht mit einem Bleistift schreiben wegen des Geräuschs. Das hat sich natürlich auch auf meine schulischen Leistungen ausgewirkt. In der ersten Klasse war ich ein Ass, in der zweiten eine komplette Null. Als ich in die Marine eintreten wollte, zeigte es sich bei allen Tests, die man da machen muss."

Parrinello fragt sich, ob dieses Kindheitserlebnis auch mit seiner Gabe, Dinge vorauszusehen zu tun hat. Er stellte fest, dass er ein außergewöhnliches Talent entwickelte, vorauszuahnen, was Leute im nächsten Moment sagen würden, etwa Namen, die sie gleich erwähnen würden.

Mit 18 kaufte er sich ein Flugzeug – eine 1946 Erlon Ercoupe – und nahm Flugstunden. Eines Tages, als er über Funk den üblichen „Hangarschwatz" mit den anderen Piloten hielt, „da hatte ich diese Idee und ich sagte: ‚Wär das nicht komisch, Jungs, wenn einer ein Flugzeug entführen und hier beim Lake Jackson landen würde?' Alle lachten. Zwei Tage später fuhr ich in Brazoria am Flughafen vorbei, der nicht mehr existiert, und da seh ich eine 707 auf der Rollbahn stehen. Eine in Houston entführte Maschine. Der Pilot hatte den Typ überzeugen können, dass er keinen Sprit mehr hat und notlanden muss – genau hier in Brazoria."

Als Parrinello dann beim örtlichen Wasserwerk arbeitete, wurde er beauftragt, den Verlauf der Wasserleitungen eines alten Brunnens auf einem verlassenen Grundstück zu untersuchen. In der Nacht zuvor hatte er einen sehr lebendigen Traum. „Ich sah diese Klapperschlange auf mich zukommen ... ich hielt die Schlange in der Hand, und sie schaute mich an. Als ich am nächsten Tag die Leitungen untersuchte, sah ich genau hinter einem Stacheldrahtzaun einen Wasserhahn aufragen. Ich ging natürlich hin um zu sehen, in welche Richtung das Rohr läuft, und plötzlich fällt mir der Traum ein. Ich schau runter auf meine Füße, und da liegt diese große, fette Klapperschlange und schläft wie tot. Ich hab einen Satz von drei Metern gemacht!"

Ein andermal war er überzeugt, sein Wagen brenne. „Ich hatte meine Mutter zur Bushaltestelle gebracht und war auf dem Heimweg. Ich hatte dieses Gefühl, dass Feuer im Auto ist. Ich schaute mich um, tastete alles ab, schnüffelte. Ich spürte ganz genau, irgendwo ist Feuer. Fünf Minuten später schlugen Flammen aus dem Wagen, der vor mir fuhr."

1971, als er mit seinen Eltern in Punto Fijo in Venezuela Ferien machte, fuhr ihm jemand mit hoher Geschwindigkeit seitlich ins Auto. Röntgenaufnahmen zeigten, dass er sich den linken Ellenbogen gebrochen hatte, aber auch, dass in seiner rechten Hand ein kleines dreieckiges Objekt saß. Der Arzt sagte, es sei eine Zyste, nichts, weshalb man sich Gedanken machen müsste. 1984 kaufte sich Parrinello auf einem Flohmarkt einen Metalldetektor, der auf seine „Zyste" ansprach. Er fragte sich, ob es wohl mit der Explosion der Kugel zu tun haben könnte, die er als Kind erlebt hatte. „Aber wie hätte das da reinkommen sollen, ohne auch nur einen Kratzer zu hinterlassen?"

Der UFO-Forscher Derrel Sims überredete Mitte der Neunzigerjahre den Fußspezialisten Dr. Roger Leir, einer Reihe von Leuten, die er für UFO-Entführte hielt, mögliche Implantate zu entfernen. Leir, der Pat Parrinello am 19. August 1995 operierte, gab an, das Objekt – was auch immer es sein mochte – sei sowohl mit dem Nervengewebe als auch mit den Knochen der Hand verbunden gewesen.

Parrinello weiß nicht, wo sich das Objekt jetzt befindet. Sims behielt es eine Weile in der Sammlung seiner angeblichen Implantate und schickte es schließlich an das National Institute for Discovery Science (NIDS), eine Privatorganisation, die sich der Erforschung paranormaler Phänomene widmet. NIDS teilte Parrinello mit, das Objekt sei nicht aus Metall, ohne weitere Einzelheiten.

Parrinello hat selbst nie behauptet, ein Entführungsopfer zu sein und nennt sich selbst in puncto Entführungen einen „75-prozentigen Skeptiker". Gefragt, ob er meine, dass für sein Erlebnis, das er mit sechs Jahren hatte, eine Art Klartraum verantwortlich sei, antwortete er: „Das würde ich annehmen." Doch viele seiner Erlebnisse (darunter zwei verblüffende UFO-Begegnungen) und das anomale Objekt, das einst in seiner Hand steckte, geben ihm noch immer Rätsel auf.

Gehirnfunktionen durch Energiefelder beeinflusst wurden, die von dem Lichtball ausgingen, den sie und ihre Mutter gesehen hatten, dann wären solche Sinnestäuschungen sowie der teilweise Gedächtnisverlust eine typische Konsequenz. Dass irgendetwas dieser Art geschehen sein muss, wird durch eine Entdeckung gestützt, die der Erdlicht- und Bewusstseinsforscher Paul Devereux machte, der feststellte, dass durch das Grundstück der Tomeys in Copley Woods eine geologische Verwerfungslinie läuft.

◆

Die Wissenschaft weiß heute, dass die Erinnerung kein Fotoalbum ist, in dem Schnappschüsse aus der Vergangenheit gesammelt sind, die jederzeit abgerufen werden können

◆

Die hypnotische Rückführung befasste sich nur mit der Periode der Erinnerungslücke und den Momenten der Gedächtnisverwirrung. Die Umstände der Sitzung im Beisein eines sehr bekannten Forschers (Budd Hopkins) kann Debbies Erinnerungen an halluzinatorische Bilder sehr wohl dahingehend beinflusst haben, dass eine Entführungsgeschichte daraus wurde. In Gesprächen mit britischen und amerikanischen Entführungsopfern stellte Paul Devereux eine große Bereitschaft fest, auch andere Erklärungen für ihre Erlebnisse zu akzeptieren. Einer sagte: „Die UFO-Entführung war die einzige Erklärung, von der ich wusste."

Die Wissenschaft weiß heute, dass die Erinnerung kein Fotoalbum ist, in dem objektive Schnappschüsse aus der Vergangenheit gesammelt sind, die jederzeit abgerufen werden können. Vielmehr führen elektrische Impulse innerhalb der Hirnzellen zu einer Rekonstruktion von Gedächtnisinhalten. Während dem betroffenen Menschen diese Erinnerungen real und wahr erscheinen, müssen sie mit dem, was objektiv geschehen ist, in keiner Weise übereinstimmen. Im Fall der Debbie Tomey sehen wir eine Mischung aus traditionellen Wechselbalg-Geschichten und moderner UFO-Kunde, gewürzt mit Bildern, wie sie einem Menschen in einer mit moderner Technologie vollgestopften, typische Ängste und Entfremdungen auslösenden Welt geläufig sind. Den Kontext des extraterrestrischen Eingriffs hatte Hopkins selbst sehr nachhaltig geliefert, schließlich hatte Debbie ja sein Buch *Fehlende Zeit* vorher gründlich gelesen. In einer anderen Kultur wären in Debbies Erinnerungen möglicherweise Dämonen und Geister aufgetaucht.

Die Geschichte des Travis Walton (siehe zweites Kapitel) ist für die einen ein durchsichtiger Schwindel, für die anderen die echte Entführungsgeschichte schlechthin. Waltons Beschreibung der Begegnung mit dem UFO deckt sich mit der Erfahrung eines Elektroschocks, ausgelöst durch große Nähe zu leuchtendem Stoff. Das wiederum hätte einen kurzen geistigen Blackout bewirkt sowie Anfälle in der Rinde der Schläfenlappen von Walton, was Halluzinationen nach sich gezogen hätte, teilweise Amnesie, geistige Verwirrung und weitere Perioden von Bewusstseinsstörungen. Einer der Reporter hatte damals gemeint: „Er hat dort im Wald etwas gesehen, eine Art unheimliches Licht, das eine mächtige Halluzination auslöste. Es könnte jederzeit wieder geschehen."

Ist es denkbar, dass Travis Walton fünf Tage lang im Wald herumirrte, zwischen Halluzinationen und Bewusstlosigkeit wechselnd, ohne Hunger, Durst und Nachtkälte zu spüren? Nahrungsmangel wäre kein Problem gewesen, wohl aber Wassermangel und die nächtliche Kälte. Genügte der Tau der Gräser, hatte er einen Bach gefunden, eine schützende Höhle? Behält man gewisse instinktive Verhaltensweisen bei, während man sich traumatisiert im Zustand der Trance oder Halbtrance befindet? Die Antwort lautet: ja. Es ist bekannt, dass Men-

Am 14. November 1996 filmte Pat Parrinello dieses angebliche UFO, das auch von verschiedenen anderen Zeugen gesehen wurde.

schen im Trancezustand noch ziemlich lange Aufgaben erfüllen können - beispielsweise Auto fahren. Was mit Travis Walton geschah, bleibt offen.

Jerome Clark betont, dass Walton Wesen beschrieb, die in späteren Entführungsberichten die Vorherrschaft übernahmen. Das muss nicht heißen, dass Waltons Bericht einer physischen Objektivität entspricht oder dass fötusähnliche Extraterrestrische seit Mitte der Siebzigerjahre plötzlich ihre Schwäche für unseren Planeten entdeckt hätten. Das wiederkehrende Bild der Aliens mit den großen Köpfen und den gigantischen schwarzen Augen könnte durchaus ein Produkt tief verwurzelter kultureller und psychischer Faktoren sein.

Um zum Ausgangspunkt zurückzukommen: Es ist zumindest denkbar, dass die bewusste Erinnerung an ein rätselhaftes Licht, an fehlende Zeit, an Halluzinationen und irrationale Panik ausgelöst waren durch eine Begegnung mit einem Erdlicht.

Auch der britische Forscher Albert Budden untersuchte eine Reihe von Nahbegegnungen unter dem Aspekt einer möglichen Einwirkung von Elektromagnetismus. 1994 schrieb er:

Solche höchst fremdartigen Begegnungen ereignen sich an Orten mit starken elektromagnetischen Feldern ... Die Begegnungen können die Form lebhafter

> *halluzinatorischer Visionen annehmen, herbeigeführt durch die Auswirkungen, die elektrische Felder auf das Gehirn haben. Sie sind Symptome für das „elektrische Hypersensibilität und multiple Allergie" genannte Syndrom. Dieser Zustand wird ausgelöst, wenn man elektromagnetischen Feldern ausgesetzt ist, wie sie sich um Radio- und TV-Transmitterantennen bilden, um Radaranlagen, Radio-Taxi-Zentralen, Telekommunikationstürme, elektrische Untergrundstationen, Hochspannungsleitungen. Meine eigenen Forschungen haben gezeigt, dass Menschen, die diese höchst fremdartigen Begegnungen erleben, gewöhnlich vorher in ihrem Leben einmal einem größeren elektrischen Ereignis ausgesetzt waren, das zu einer nachfolgenden elektrischen Hypersensibilisierung führte. Ein solches Ereignis kann ein Blitzeinschlag in großer Nähe gewesen sein, ein Kugelblitz, ein geologisches Lichtphänomen [d.h. Erdlicht], oder ein schwerer Stromschlag.*

Budden glaubt, dass der typische Zeuge einer Nahbegegnung ein „vorbereitendes" Erlebnis hatte, das die Rinde der Schläfenlappen sensibilisierte, sodass ein geringer Reiz nötig ist, um einen veränderten Bewusstseinszustand herbeizuführen. (Es gibt Menschen, die eine natürliche Schläfenlappensensibilität haben.)

Einer der vielen Fälle, die Budden beschrieb, ist den britischen Ufologen als der „Quantock Horror" bekannt. Während der Zeuge Tony Burfield 1988 auf den Quantock Hügeln in Somerset im Südwesten Englands fotografierte, sah er ein Objekt über sich hinwegfliegen, das so groß war, dass es die Sonne verdeckte. Es war ein sehr komplexes Gebilde mit „Fledermausflügeln". Burfield machte mehrere Aufnahmen, eine zeigte angeblich ein Wesen, das am Rand einer der Tragflächen stand. (Budden sah auf den Fotografien nicht mehr als einen kleinen schwarzen Fleck, der ihm ein Drachenflieger zu sein schien.)

Burfield litt an einer Allergie, die verschiedene Aspekte seiner häuslichen Umgebung betraf. Nach der erwähnten Begegnung entwickelte er weitere Symptome. Er konnte keine feste Nahrung mehr zu sich nehmen, war elektrischen Geräten gegenüber hyperempfindlich und hatte konstant einen metallischen Geschmack im Mund. Er litt an Gedächtnisverlust und war derart lichtempfindlich, dass ihm sogar Autoscheinwerfer regelrechten Schmerz verursachten. Außerdem hatte er in seinem Haus flüchtige Halluzinationen von „kleinen Männern", die, wie er sagte, schmerzhafte Strahlen auf ihn abschossen.

Budden fand heraus, dass Burfield in der Nähe von Hochspannungsmasten lebte, und meinte deshalb, die halluzinatorischen Bilder seien eigentlich eine Äußerung seines Unterbewusstseins, das auf das elektromagnetische Feld seines Hauses reagiere. Der metallische Geschmack werde durch den Effekt ausgelöst, den das elektrische Feld auf die Quecksilberlegierung der Amalgamfüllungen der Zähne habe.

Es stellte sich heraus, dass die eigentliche UFO-Sichtung an einem Punkt stattgefunden hatte, der zwischen zwei Reihen von Hochspannungsmasten mit Starkstom führenden Kabeln lag, und dass Burfield vor Jahren einen Stromunfall erlitten hatte. Budden schloss, dass der Zeuge durch diesen Unfall sowie die anhaltend hohe Spannung in und um sein Haus gegenüber Elektrizität hochempfindlich war und an multiplen Allergien litt. Seine Erlebnisse waren Folgen seines Zustands.

Hochspannungsleitungen tragende Masten lösen nach Ansicht einiger Forscher Allergien gegenüber Elektromagnetismus aus, was wiederum zu Halluzinationen führen kann.

Zugegeben, einige von Buddens Interpretationen und seine Verallgemeinerungen werden von Kritikern infrage gestellt, dennoch ist der Kern seiner Theorie, dass nämlich elektromagnetische Umweltverschmutzung halluzinogene Effekte auslöst, ein schlagkräftiges Argument. Der im ersten Kapitel vorgestellte Fall von Kathy, deren Erlebnisse durch einen massiven Elektroschock beendet wurden, bestätigt, dass hinter manchen Entführungserlebnissen Elektromagnetismus zu stecken scheint. (Kathy hat einen verheerenden Einfluss auf elektronische Hardware. Freunde lassen sie nicht mal in die Nähe ihrer Computer kommen und bei ihren eigenen Computersystemen muss sie oft Bestandteile auswechseln lassen.)

Es überrascht nicht, dass in der radikal fremden Umgebung einer halluzinierten „anderen Welt" persönliche Probleme, zu denen auch allergische Reaktionen auf elektromagnetische Verschmutzung gehören, durch die erreichbarste außerweltliche Personifizierung dramatisiert werden, die unsere Kultur geschaffen hat: Den grauen Alien, der sich überall hineinschleicht, der durch Wände und

Fenster schwebt, in die Gehirne und Gedanken eindringt und uns unserer Zukunft beraubt, die in unseren Kindern repräsentiert ist.

Die zweite Möglichkeit für eine weltliche Erklärung der Entführungserlebnisse sind die intern erzeugten Visionen, die also nicht durch äußere Einflüsse wie Elektromagnetismus, Drogen oder zu Heilzwecken angewandte physische oder geistige Übungen herbeigeführt werden. Der übliche Begriff für diese Visionen lautet natürlich „Halluzination“. Das Wort selbst gehört zum Waffenarsenal der unbelehrbaren Skeptiker, und in diesem Kontext ist die Vermutung nicht fern, dass Menschen, die behaupten UFOs gesehen zu haben, gar von ihnen entführt worden zu sein, ein bisschen verrückt sind. Das ist ein höchst bedauerlicher Umstand, weil der klinische Gebrauch des Wortes „Halluzination“ nichts von diesen Vorstellungen an sich hat. Die wissenschaftliche Literatur über Halluzinationen ist voll von Beispielen von völlig gesunden Menschen, die einer momentanen hohen Anspannung ausgesetzt sind oder an einer organischen (biochemischen) Fehlfunktion leiden. Keinesfalls aber sind sie psychisch krank. Ich selbst bin davon überzeugt, dass die grosse Mehrheit der Menschen, die in dem guten Glauben leben, ein Entführungserlebnis gehabt zu haben, das nicht erst durch Suggestivfragen von Amateurhypnotiseuren ersponnen wurde, in keiner Weise geistig gestört sind. Wenn ich hier also von „Halluzination“ spreche, so verwende ich den Begriff in seinem neutralen, klinischen Sinne, und da bedeutet er nicht mehr als die Wahrnehmung eines externen Objektes, das tatsächlich nicht vorhanden ist. Der verwirrende Dreh- und Angelpunkt des halluzinatorischen Erlebnisses ist also der, dass es keine Halluzination wäre, würde das Gesehene nicht absolut real erscheinen. Eine nicht in einer Persönlichkeitsstörung wurzelnde Neigung zu Halluzinationen wird durch die üblichen psychologischen Tests nicht erkannt.

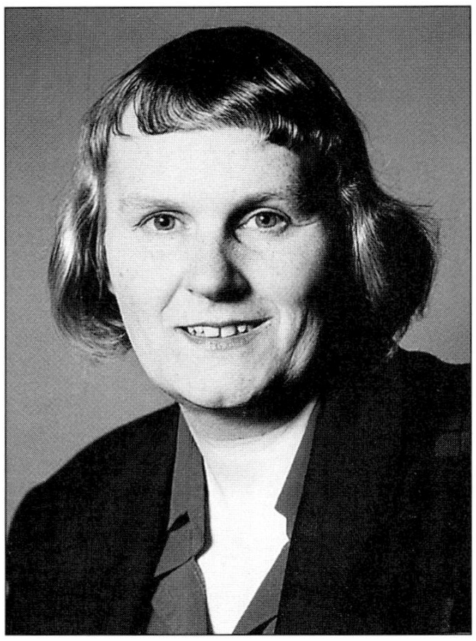

Die Ufologin Jenny Randles fand heraus, dass eine Verbindung zwischen Entführungen und veränderten Bewusstseinszuständen besteht.

◆

Eine nicht in einer Persönlichkeitsstörung wurzelnde Neigung zu Halluzinationen wird durch die üblichen psychologischen Tests nicht erkannt

◆

In ihrem 1995 veröffentlichten Buch *Star Children* berichtet die britische Ufologin Jenny Randles von Menschen – Entführungsopfer und Nicht-Entführte, sie selbst eingeschlossen –, die als Kinder mit Lichtbällen gespielt haben. Linda Cortile (siehe zweites Kapitel) sagte aus, sie habe eine nächtliche Begegnung mit einem Lichtball gehabt und sehe unerklärliche Dinge.

Professor Ronald K. Siegel führt in seinem Buch *Fire in the Brain* (1992) aus, dass beide Manifestationen – Lichtbälle und „Dinge“ am Rande des Blickfeldes zu sehen – Symptom einer geringfügigen oder beginnenden Erkrankung der Nerven sein können. Es kann sich aber auch um hypnagoge (Vor-Schlaf) oder hypnopompische (Nach-Schlaf)

Visionen handeln. Die einfachste Erklärung dafür lautet, dass die Gehirnfunktionen, die den Schlaf, die zugehörigen Muskelbewegungen und die Traumbilder kontrollieren, sich zu früh einklinken oder ihre Kontrolle noch ausüben, während die Wachfunktionen noch oder schon tätig sind.

Hypnagoge und hypnopompische Halluzinationen können auch bei Tätigkeiten auftreten, die geeignet sind, einen tranceähnlichen Zustand herbeizuführen, da sie bei wenig körperlicher Bewegung die Fixierung des Blicks verlangen, wie es beim Fernsehen der Fall ist oder bei nächtlichen Autofahrten, bei denen wenig mehr zu sehen ist als der Lichtkegel der eigenen Scheinwerfer. Die nächtliche Autofahrt ist bekanntlich die klassische Ausgangssituation eines Entführungserlebnisses.

Sehr viel beängstigender sind die Halluzinationen, die man als nächtliche Angsattacken bezeichnen könnte und zu denen auch Sinneseindrücke wie Gerüche, Geräusche und Berührung gehören. Wiederum befinden sich Körper und Gehirn in einander widersprechenden Zuständen, also im Schlaf- und Wachzustand. Ronald Siegel beschreibt ein eigenes, haarsträubendes Erlebnis. Von einem Gewicht, das ihm auf die Brust drückte, fühlte er sich bewegungslos im Bett festgehalten, während sich eine „muffige, staubig riechende Gestalt" seinem Bett näherte. Drohend hing sie über ihm, und flüsterte ihm aus einem „nach Tabak stinkenden Maul" Worte ins Ohr, die „wie rückwärts gesprochenes Englisch" klangen. Dann „schmiegte sich die Gestalt eng an meinen Rücken... die Luft war wie von sexuellem Rausch und Panik erfüllt." Siegel begann das Bewusstsein zu verlieren, dann schwieg die Stimme und er spürte, wie der „Eindringling" das Zimmer verließ.

Siegel schloss, dass er gleichzeitiges Opfer zweier mit dem Schlaf verbundener Phänomene geworden war: der Schlafparalyse und der hypnopompischen Halluzination. Er weist hier darauf hin, dass die wahrgenommene Form der Halluzination aufgebaut ist aus „Bildern, Gedanken, Fantasien, Erinnerungen und Träumen. Sie genügen als Bausteine für die Konstruktion der Wahrnehmung."

All diese „geistigen Schöpfungen" haben mindestens zwei Hauptkomponenten: Das soziale und kulturelle Material, das jedem Menschen in einer bestimmten Gesellschaft wenn nicht eigen so doch zumindest zugänglich ist, und das ureigene Material, das dem Individuum von persönlicher Bedeutung ist. Indem beide Komponenten vereinigt und bestimmte Aspekte betont werden, bildet sich ein grundlegendes Rahmenwerk, wie beispielsweise das typische Entführungsszenario, das sowohl individuellen Voreingenommenheiten als auch den allgemeinen Gegebenheiten der herrschenden Kultur entspricht.

◆

Hypnagoge und hypnopompische Halluzinationen können auch bei Tätigkeiten auftreten, die geeignet sind, einen tranceähnlichen Zustand herbeizuführen

◆

Bescheiden unterlässt Siegel den Versuch, sein eigenes Erlebnis zu interpretieren. Doch ist er ganz eindeutig nicht in die Falle getappt, darin die Eröffnung zu einer Entführung durch Aliens zu sehen. Bleibt also die Frage, warum glauben manche Menschen, die in diese zwielichtige Zone verschiedener Bewusstseinsebenen geraten, es mit Aliens zu tun gehabt zu haben, während andere das nicht glauben. Diese Frage wird umso verwirrender, wenn wir Fälle wie den des David Howard mit einbeziehen (siehe Seiten 126/127) dessen Erlebnisse nicht halluzinatorisch stimuliert waren.

Nun mit Kenntnissen über gewisse psychologische Phänomene ausgestattet, wollen wir einen Blick auf die Erlebnisse des New Yorkers John Velez

VIELLEICHT AUCH TRÄUMEN

David Howard

◆◆◆

Gegen Ende 1983 lag David Howard, ein 39-jähriger Manager einer Chemikalienfabrik in Devon in England, neben seiner Frau im Bett, als er in ein gleißendes, weißes Licht gehüllt wurde, so hell, „dass es durch mich hindurch ging". Er fühlte sich aufgenommen und weggetragen. Dann wurde er in Sitzhaltung gebracht und rückwärts durch die Schlafzimmerwand nach draußen befördert.

Allein schwebte er durch einen „quadratischen", hell erleuchteten Tunnel, der so verwinkelt war, dass er nicht weit voraussehen konnte. Als Nächstes lag er in einem „nebligen Raum" auf einem Tisch, zu jeder Bewegung unfähig, nackt bis auf ein Tuch, das ihn teilweise bedeckte. Nahe über seinem Gesicht sah er zwei große schwarze Flecken in einem bläulichen Hintergrund; dann erkannte er, dass die schwarzen Flecken die Augen einer Kreatur mit bläulicher Haut waren und er schrie voll Angst auf. Da hörte er in seinem Kopf eine sanfte Stimme: „Hab' keine Angst, wir werden dir nicht wehtun." Es klang „so beruhigend, dass ich mich einfach entspannen musste".

Während die Untersuchung weiterging, sah Howard seine Umgebung deutlicher und erkannte zwei Wesen von etwa 1,20 m Größe. Sie trugen eng anliegende blaue Anzüge mit spitzen Kragen und schwarzen Markierungen. Er bemerkte auch, dass sie keine Hinterteile wie Menschen hatten, „sondern einen einzelnen hervorstehenden Höcker über der Stelle, an der die Beine in den Torso übergehen". Ihre Augen hatte oben und unten Lider, die „sich in der Mitte trafen", wenn sie die Augen schlossen. Außerdem waren vier noch kleinere Wesen da, die nie sprachen, auch nicht untereinander. Howard fiel auf, dass sie an jeder Hand drei lange Finger und einen langen Daumen hatten. Ein siebtes, vollkommen unbekleidetes Wesen stand in der Nähe, es war sehr dünn und hatte bronzefarbene Haut. Später erfuhr er, dass diese Wesen sich unsichtbar machen konnten, sie dienten als Spione und Beobachter.

Während die Stimme in Howards Kopf ihm weiterhin beruhigend zusprach, legte man ihm Klammern um die Beine. Er konnte nicht sehen, was mit seinen Beinen geschah, aber es war schmerzhaft. Dann steckte man ihm seitlich Sonden in den Körper, drehte ihn um und machte etwas an seinem Hinterkopf. Er verlangte zu wissen, was mit ihm geschehe. Mit blecherner Stimme erklärte ihm das erste Wesen in schlecht ausgesprochenem, gebrochenem Englisch, man setze ihm einen „Sucher" auf einer einzigen Hirnzelle ein, „damit wir immer wissen, wo du bist".

„Ihr behandelt mich wie ein Tier", protestierte Howard.

„Du bist ein Tier", antwortete das Wesen, und Howard sah, dass die Lippenbewegungen mit den gesprochenen Worten nicht synchron waren.

David Howard begegnete diesem Wesen noch oft und 1996 wurden sie Freunde. Sein Name klang so ähnlich wie Zaorddiklayclicclick, woraus Howard den Kurznamen „Jordeye" machte, sein Kumpan hieß Gowrrodwen. Die Wesen leben auf dem Planeten Dut im Doppelsternsystem Seetar-Mytar. In ihren Augen und auf ihren Gesichtern zeigen sich nie Gefühlsregungen. Howard zufolge könne man ihre Gefühle eher spüren als sehen. Ihre Augen dienten zugleich als Ohren, wobei sie eine viel weitere Lautspanne

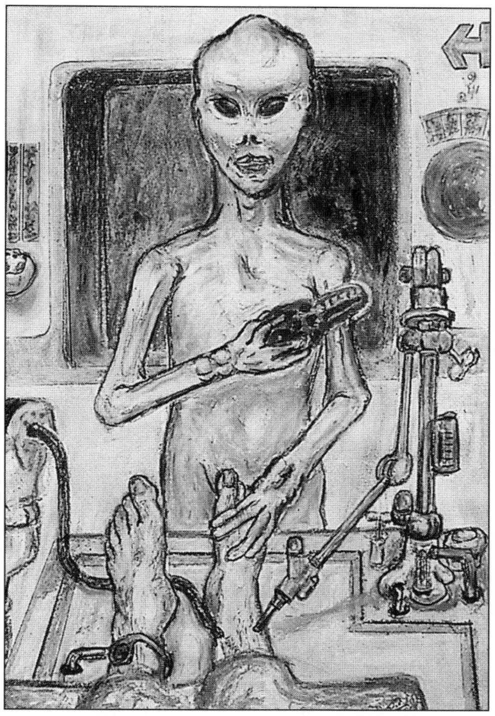

David Howards Zeichnung von „Jordeye", dem Alien, der ihn entführt hatte und mit dem ihn später eine enge Freundschaft verband.

erfassten als wir, und ihre ebenfalls vorhandenen Ohren dienten hauptsächlich dazu, das Gleichgewicht zu halten. Ihr extrem stechender Geruch – „Wie der Gestank aus einem Schlachthof gemischt mit dem Geruch von warmem Bier" – verriet Howard immer, wenn sie kamen.

Im Seetar-Mytar-System befinden sich mehrere von verschiedenen Rassen bewohnte Planeten. Bei späteren Begegnungen besuchte Howard den Heimatplaneten von Jordeye Dut. Bei diesen Gelegenheiten musste er einen dünnen, gummiartigen, blauen Anzug mit Kapuze und Gesichtsmaske („wie eine Gasmaske") tragen, deren Augenausschnitte dunkle Linsen hatten. Der Anzug saß „wie eine Haut", doch es war ihm nicht peinlich. Er vermutet (obwohl man es ihm nie ausdrücklich bestätigte), dass der Anzug ihm helfen sollte, mit der Atmosphäre von Dut zurechtzukommen. Auf Dut kam er immer nachts an, und meist goss es in Strömen. Ein Kuriosum, das Howard besonders auffiel, ist die Tatsache, dass es auf Dut keine Kinder gab.

Howard besuchte auch den Planeten Marjon, der fast nur aus Wüste besteht, die Bewohner leben entlang der Küsten der Ozeane, die rosarot sind. „Die Einwohner", sagt er, „stammen vom Planeten Dut. Es sind sehr sanfte Leute, dennoch muss die männliche Population eine Art Militärdienst ableisten, ja, sie müssen ihr Leben lassen, um den Frieden unter den anderen Völkern zu wahren."

Einige Zeit nachdem seine Begegnungen begonnen hatten, las Howard den Bericht über die Erlebnisse, die Antonio Villas Boas gehabt hatte (siehe erstes Kapitel) und bei der nächsten Zusammenkunft fragte er frech, warum ihm solche Freuden vorenthalten würden. „Weil du nicht Sex machen kannst", antwortete ihm Jordeye. Es stellte sich heraus, dass die Aliens diesen Eindruck gewonnen hatten, weil sie entdeckten, dass er sich Jahre zuvor einer Vasektomie unterzogen hatte. Nachdem Howard das Missverständnis geklärt hatte, wurde er in einen mit weichen Decken und Kissen ausgestatteten Raum gebracht. Dort erwarteten ihn zwei „sehr weibliche" Kreaturen mit „irgendwie katzenähnlichen Gesichtern", deren „sehr menschliche" Körper mit rötlich-gelbem, extrem kurzem Pelz bedeckt waren. „Was die mit mir gemacht haben, ist unglaublich", sagt er. Sie waren nicht nur bemerkenswert erfindungsreich, was die sexuellen Künste anlangt, sie hatten auch ein außergewöhnliches physisches Attribut: „Sie konnten ihre Vagina ausstülpen wie eine Röhre, die mich packte und da hineinzog."

David Howard leidet an Narkolepsie, einem anfallsartig auftretenden, zwanghaften Schlafbedürfnis, bei dem der Betroffene unmittelbar in die Traumphase des Schlafs gerät. Howards sämtliche Begegnungen mit Aliens hatte er im Schlaf. „Man könnte leicht meinen, diese Dinge geschahen außerhalb meines Kopfes", sagt er, „aber tatsächlich spielte sich alles nur in meinem Kopf ab."

werfen. Wie bei Debbie Tomey kamen bestimmte Details der Erlebnisse, die Velez 1979 hatte (siehe Seiten 112/113), erst unter Hypnose zum Vorschein. Er selbst steht den durch Hypnose wiedergewonnenen Informationen gleichgültig gegenüber und sagt, dass er „diesem fragwürdigen Kram nicht traut", dass er sie „schmoren lassen" will. „Meine Einstellung gegenüber meinen Erlebnissen ist einfach, dass ich Witze darüber mache. Ich kann das nicht für bare Münze nehmen. Ehe ich denen sowas abkaufe, müssen sie mir schon handfestere Beweise liefern." Jeder Forschungsansatz, der eine Erklärung bieten könnte, ist ihm willkommen.

Zugleich ist er der Überzeugung, dass die Entführungen physische Realität sind, nichts anderes könnte die unerklärlichen Ereignisse plausibel machen, die ihm und seiner Familie widerfahren sind, besonders das mysteriöse Nasenbluten und das blaue Auge von 1979.

An einem Samstagmorgen um das Jahr 1980, als Velez' Sohn Jamie vier oder fünf Jahre alt war, weckte ihn John für das Frühstück. „Daddy, was waren das heute Nacht für Lichter hier im Zimmer?", fragte der Junge als Erstes. „Die Sonne stand im Fenster und dann kam sie ins Haus." John versicherte ihm, es sei nur ein Traum gewesen, doch der Junge beharrte darauf, wach gewesen und erst eingeschlafen zu sein, nachdem das Licht ins Haus gekommen war.

Etwa zehn Jahre später entdeckte Jamie beim Aufwachen zu seinem Entsetzen zwei knapp 9 cm lange „chirurgische" Schnitte an beiden Knien, von denen er glaubhaft versicherte, sie am Abend noch nicht gehabt zu haben. Immer wieder auftretende Schmerzen in den Knien (der Arzt hatte Arthritis vermutet), an denen Jamie seit seiner Kindheit litt, hörten danach auf. Ein Zufall vielleicht, doch bis heute ist die Ursache der Schnitte ungeklärt.

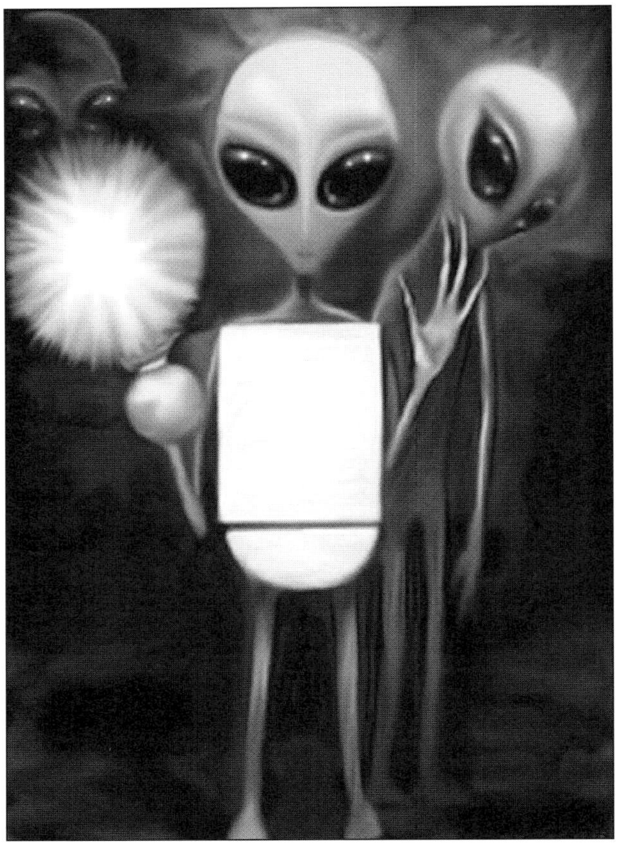

John Velez malte diesen Alien, der ihn – wie sich in der Hypnose herausstellte – im Sommer 1992 aus einem Motelzimmer in Pensacola, Florida, entführt und dabei in altmodischem, formellem Spanisch begrüßt hatte.

1992 wachte Johns Frau eines Morgens auf und hatte an einem ihrer Oberschenkel eine merkwürdige, rundum laufende Eindellung von der Breite eines Gürtels, als hätte sie stundenlang eine Aderpresse getragen. Innerhalb der Eindellung fand sich ein ovaler Abdruck wie von einem ins Fleisch gedrückten Löffel. Velez wusste genau, dass beides am Abend vorher nicht vorhanden gewesen war. Der Hausarzt bestätigte, in seinem Leben sowas noch nicht gesehen zu haben. Die einzige Erklärung, die dem Paar geboten wurde, stammte von Budd Hopkins, der John Fotos von ähnlichen Malen bei zwei anderen Frauen zeigte. Hopkins erläuterte dazu, die Frauen seien während der Entführung von Aliens gefesselt worden, weil sie sich gegen eine Untersuchung ihrer Genitalien gewehrt hätten.

Eine Reihe von Kindheitserinnerungen, die John berichtete, brachten mich auf die Idee, es könnten halluzinogene Prozesse hinter Johns Erlebnissen stehen. Nachts sah er Lichtbälle in sein Schlafzimmer schweben; später, noch bis ins Erwachsenenalter hinein, sah er Strahlen von einer hellen, außerhalb befindlichen Lichtquelle durch das Fenster einfallen, obwohl sein Schlafzimmerfenster auf einen schmalen Durchgang zwischen eng stehenden Häusern ging. Solche Lichterscheinungen sind klassische hypnagoge Halluzinationen.

Ein von John Velez im Sommer 1977 fotografiertes UFO, das von West nach Ost über den Himmel in Queens, New York, flog. Außer Nahbegegnungen hat Velez bei Himmelsbeobachtungen auch viele „Scheiben am Tageshimmel" gesehen.

Bei einer Gelegenheit sah Velez auch oder spürte zumindest, dass Wesen im Raum waren. Als er acht war, „wachte ich in der Nacht auf, weil ich von kleinen Leuten durch mein Zimmer getragen wurde … Der Schock war so groß, dass ich nicht zu atmen wagte, geschweige denn, mich zu bewegen. Ich spürte die kleinen Hände, die mich hochstemmten, wie die Kannibalen, die den Missionar zum Suppenkessel tragen. Ich hatte Panik, der schiere Horror überkam mich, sowas habe ich im Leben nie wieder erlebt. Und dann war plötzlich alles schwarz. Aber ich weiß, ich *weiß,* ich war wirklich wach."

◆

Hopkins erläuterte, die Frauen seien während der Entführung von Aliens gefesselt worden, weil sie sich gegen eine Untersuchung ihrer Genitalien gewehrt hätten

◆

Bei einer anderen Gelegenheit in seiner Kindheit kamen ein Mann und mehrere „Zwerge" durch die Wand in sein Zimmer, redeten, und verschwanden wieder durch die Wand. 1981, als Erwachsener, schoss er aus dem Schlaf kerzengerade hoch und sah das Zimmer voller Aliens. Einer kramte in der Kommode rum, die dem Bett gegenüber steht, drei starrten seiner Frau intensiv ins Gesicht. Drei weitere trugen John aus der Wohnung nach draußen. Als er zu schreien und zu beißen anfing, berührte ihn einer mit einem Stab und wieder war alles um ihn schwarz.

Hierbei könnte es sich um Fälle von „falschem Erwachen" handeln, der innerhalb eines Traums entstehende, absolut echt wirkende Eindruck, man wäre aufgewacht. Wahrscheinlicher aber ist, dass es sich auch hier um hypnagoge Halluzinationen handelte: Velez war wach, doch drängte sich Traummaterial in den Wachzustand. Es kann nicht oft genug betont werden, dass ja gerade die täuschend echt scheinende Realität das Kennzeichen einer Halluzination ist. Obwohl Velez fest überzeugt war Reales gesehen zu haben, war er bei keinem objektiven Ereignis dabei.

Freilich erklärt das nicht das Nasenbluten und das blaue Auge, die auf die UFO-Sichtung von 1979 folgten. Doch psychologische Prozesse können für einen anderen, wenig bekannten Aspekt einiger Entführungen, die Budd Hopkins untersuchte, als Erklärung dienen. Mehr als 30 der Probanden, die Hopkins untersuchte, darunter auch John, haben aufgezeichnet, was sie als die Schrift der Aliens gesehen haben. Nach Aussage derer, die die Schriftbeispiele sahen, handelt es sich um identische Zeichen und Zeichenkombinationen, die als „Wörter" angesehen werden. Hopkins hält seine Beispiele unter Verschluss, denn er möchte zukünftige Entführungsopfer nicht noch mehr mit Vorinformationen infizieren, als es durch die Massenmedien ohnehin schon geschieht. Doch John Velez zeigte er seine Aufzeichnungen, und als der sah wie genau sie mit seinen übereinstimmten, brach er in Tränen aus, denn die Realität seiner Erlebnisse schien sich erneut zu bestätigen.

Auch ich sah einige dieser Schriftbeispiele, die sehr schlicht erscheinen und aus Linien, Bogen und Punkten bestehen. Ich vermute, sie entstehen aus entoptischen Bildern, jenen geometrischen Formen, die in veränderten Bewusstseinszuständen (zu denen die hypnotische Trance gehört) vor den Augen jedes Menschen auftauchen. Genauso, wie sich Halluzinationen aus schlichtem geistigem Material bilden, könnten entoptische Muster die Bausteine für das darstellen, was in der Hypnose als „Schriftzeichen" rekonstruiert wird, sobald der Stimulus für die Idee Schrift gegeben ist.

Aus welcher Quelle auch immer die Erlebnisse von John Velez entspringen mögen, für viele ist die Gleichförmigkeit der Berichte der unterschiedlichsten Entführungsopfer ein deutlicher

Dieses aus verschiedenfarbigen Hölzern zusammengesetzte abstrakte Bild eines Alien ist ein Werk von John Velez. Viele der befragten Entführungsopfer hatten beträchtliche künstlerische Talente.

Hinweis darauf, dass es sich um objektiv echte Erlebnisse handelt. Doch die Inhalte der erstaunlichen Tagträume, die David Howard hat, entziehen diesem Argument den Boden.

David Howard erlebte zwei große Perioden der Narkolepsie (plötzliches Bedürfnis zu schlafen) in seinem Leben, die eine begann, als er auf die Zwanzig zuging und endete, als er Mitte Zwanzig war, die zweite begann Ende 1982, als er 38 Jahre alt war. Vor Beginn der zweiten Periode hatte er im Februar 1982 zusammen mit einem Arbeitskollegen in der Nähe von Plymouth in Großbritannien ein gigantisches UFO gesehen. Außer dem Üblichen, was man so reden hört, und den Filmen *Unheimliche Begegnung der dritten Art* und *Star Wars,* die er 1977 gesehen hatte, wusste er nichts von UFOs und Entführungen. Howards narkoleptische Träume sind ausgesprochen lebendig und er erinnert sich an seine narkoleptischen Träume wie an normale Tagesereignisse.

Howard besitzt nicht die Fähigkeit der Klarträumer, die ihre Träume bewusst beeinflussen und deren Verlauf dirigieren können, doch er ist in seinen Träumen bereits durch die Nachbarschaft gereist und befand sich in einer im Traum erlebten Außerkörpererfahrung auch schon im Weltraum. Er litt auch an hypnopompischen Visionen: „Wenn ich plötzlich aufwachte, geisterten Figuren aus meinen Träumen in meinem Schlafzimmer herum und setzten fort, was sie in meinen Träumen getan hatten. Es war sehr verwirrend…“

Die Kontrolle, die er über seine vollkommen realistische Traumwelt hatte, endete 1983, als er, kaum dass er in einen narkoleptischen Traum gefallen war, eine klassische Entführung im Schlaf erlebte, bei der ihm die Beine abgeklemmt wurden. Als er aufwachte, waren sie voller blauer Flecke. In einem Dutzend Jahren nicht endender narkoleptischer Träume hat er seine Entführer, ihr Sternensystem und ihren Planeten genau kennengelernt. Trotz der gastlichen Beziehung wurde er oft „entführt“ und untersucht. Neben dem konstanten Kontakt zu einem Alien namens Jordeye pflegte er Freundschaft mit einem Wesen namens Karactcaq, einem Krieger des Planeten Marjon. Im Laufe von 18 Monaten, die David in seiner Begleitung verbrachte, wurde er Zeuge von militärischen Übungen, Rettungsaktionen und Schlachten einschließlich des Kampfes, in dem Karactcaq fiel.

Neben dem konstanten Kontakt zu einem Alien namens Jordeye pflegte er Freundschaft mit einem Wesen namens Karactcaq, einem Krieger vom Planeten Marjon

In seinen Träumen jener Zeit ging David auf der Erde zu Bett und wachte unmittelbar danach auf dem Planeten Marjon auf. Dort ging er dann einem normalen Tageslauf nach, bis er dort zu Bett ging und auf der Erde aufwachte. Seine Träume waren so realistisch, dass er bald nicht mehr wusste, in welcher „Welt“ er wirklich lebte. Lediglich seine Familie konnte bezeugen, dass er rund um die Uhr auf Erden weilte.

Träume und Visionen können Wunscherfüllungen sein; sie können auch als unbewusste Mittel des Geistes gesehen werden, unsere existenziellen Probleme zu sichten (und zu lösen). Dass David Howard im Traum Erlebnisse hatte, die identisch sind mit denen, die die Entführten hatten, während sie – mehr oder weniger – wach waren, ist ein unzweideutiges Zeichen dafür, dass alle ehrlich berichteten Entführungen eine psychologische Grundlage haben.

Warum aber sind so viele Details der Erlebnisse identisch? Wie konnte John Velez bereits 1956 als Kind kleine Graue sehen, als diese selbst den Ufologen kaum bekannt waren?

Fünftes Kapitel

HINTER DEN SPIEGELN

Die Wurzeln eines modernen Mythos

◆◆◆

Gegenüberliegende Seite: Das Gemälde von Clarke Hathaway zeigt die Mantis-Frau, die ihn im Oktober 1994 entführte. Ihrem Erscheinen ging eine UFO-Landung voran, dann schwebten Lichter wie Wattekugeln in der Luft.

Der bekannte Anthropologe Joseph Campbell sagte einmal: „Die jüngste Inkarnation von Ödipus und die Protagonisten der Fortsetzung der Romanze zwischen der Schönen und dem Biest stehen heute Nachmittag an der Fifth Avenue Ecke 42ste Straße und warten darauf, dass die Ampel umschaltet."

Campbell wollte zwei Dinge ausdrücken: Erstens, dass alte Mythen fortbestehen, sie kleiden sich nur in ein modernes Gewand, und zweitens, dass Mythen weder alt noch modern sind, sondern zeitlos. Für uns, die wir mit den Problemen des Menschseins zurande kommen müssen, sind sie lebensnotwendig, denn sie setzen das menschliche Dilemma sowie unser kollektives Wissen in erzählerische oder dramatische Form um. Da wir augenblicklich in einem betont post-religiösen, rationalen, technologisch-wissenschaftlichen Zeitalter leben, neigen wir dazu, diese Erkenntnis zu verdrängen. Wir schauen nicht nur *zurück* auf die vor-wissenschaftliche Zeit, wir schauen auch auf sie *herab,* und so missverstehen wir den Wert der Mythen. Vor allen Dingen aber sind wir nicht in der Lage, unsere eigenen Mythen als das zu erkennen, was sie sind. Um unsere modernen Mythen zu erkennen, müssen wir genau hinsehen, wir müssen damit rechnen, ihnen an höchst unvorhergesehener Stelle zu begegnen, beispielsweise an einer Straßenkreuzung in Manhattan.

UFO-Sichtungen, vor allem aber Entführungen durch Aliens, können als moderner Mythos ausgelegt werden, als unfertiger Mythos freilich. Daraus ergeben sich zwei Dinge.

1.: Der Aufbau des Mythos diktiert die Natur des Entführungserlebnisses. Das allein schon erklärt die vielen Ähnlichkeiten in den Entführungsberichten. Es erklärt auch die Art und Weise, wie die Entführungsforscher Ordnung in das Durcheinander bringen, denn sie veröffentlichen ja saubere Chroniken dessen, was sich auf chaotisches Roh-

BEUTE DER MANTIS

CLARKE HATHAWAY

◆◆◆

Der entführte Künstler Clarke Hathaway

Im August 1990 verbrachte Clarke Hathaway zusammen mit ein paar Freunden ein Wochenende in einer abgelegenen Hütte nahe Pulga in Kalifornien. Um Mitternacht des ersten Abends verließ Clarke die Hütte, um sich in seinem Campingbus schlafen zu legen. Er duselte bald ein, doch „durch ein sehr lautes, hochtönendes Dröhnen, das schnell abflaute, wachte ich auf. Auf einen Ellenbogen gestützt schaute ich zum Fenster raus und sah Richtung Osten ein sehr helles blauweißes Licht, nicht größer als eine Münze, die man auf Armeslänge von sich weghält."

Ziemlich entsetzt bemerkte er, dass das Licht näher kam und dabei größer wurde. Er fragte sich: „Was macht denn ein Hubschrauber hier?" und lauschte vergeblich auf das Geräusch der Rotoren. Das Licht schien anzuhalten, veränderte sich zu einem rundlichen Oval und wuchs rasch.

„‚Oh nein!' dachte ich, „‚es landet auf der Lichtung.' Noch immer hörte ich keine Rotoren. Ich muss die Augen geschlossen haben, das ist alles, an was ich mich bewusst erinnere."

In der Hypnose erinnerte er sich:

Im nächsten Moment waren meine inneren Augenlider wie erleuchtet, und ich kämpfte, um die Augen zu öffnen. Das Innere des Campingwagens war heller als Tageslicht. Direkt vor meinem Gesicht schwebten fluoreszierende Wattebällchen aus Neonfarben, rot, grün, gelb und blau, die an- und ausgingen. Hinter ihnen stand draußen auf der Wiese ein Lichtbogen, in den ich nicht direkt hineinschauen konnte, und der sich nach links hin auflöste. In diesem nebligen Licht begannen sich drei schattenhafte Gestalten zu materialisieren. Eine war mindestens einen Kopf größer als die anderen. Sie löste sich von den anderen und kam, zu meinem Entsetzen, rasch auf mich zu.

Sie hatte einen großen, oben runden, nach unten sehr spitz zulaufenden Kopf, der in einen spindeldürren Hals und schmale, abfallende Schultern überging. Sich scheinbar nicht bewegende, sehr lange, dünne Arme saßen schief an den Schultern. Die Unterarme sahen wie sich ausbeulende Schoten aus. Plötzlich erschien das Gesicht des Wesens am Fenster, zur Seite gedreht, schaute es zu mir hinauf. Ich sah, wie es das Fensterbrett an der Tür umfasste, drei zartlila Finger, der mittlere länger als die anderen, bogen sich um das Sims. Mir war, als verströme das Wesen einen vorsichtigen, schelmischen Humor.

Abrupt drehte sich das Wesen nach links, zog sich hoch und kam in einer fließenden Bewegung herein. Es war durch das Glas, das Bett und die Metallwand des Wagens hindurchgeglitten, als wäre alles Wasser. Sanft, aber fest packte es mich bei den Unterarmen. Riesige, glänzende schwarze Augen, die ein Drittel des Gesichtes einnahmen, starrten mich an. Verzweifelt versuchte ich mich dem Wesen zu entwinden, war aber völlig bewegungsunfähig. Ich bekam Panik, ich spürte, das Ding wollte mich, so wie es hereingekommen war, mit sich hinausnehmen, denn es bewegte sich rückwärts und zog mich mit... Als ich wieder aufschaute, sah ich, dass wir in das nebelige Licht eintauchten, und die beiden anderen Gestalten wurden deutlicher.

Ich schloss meine Augen vor dem viel zu hellen Licht. Als ich sie wieder aufmachte, waren wir in einem Korridor, der nach links bog. Indem es mich am linken Oberarm packte, führte mich das Wesen ein kurzes Stück den Gang entlang zu einem offenen Eingang zur Rechten. Innerhalb des Raums wurde ich zu einem Tisch gedrängt, der etwa hüfthoch war...

Mit einer raschen Drehung packte mich die Gottesanbeterin - denn so kam mir das Wesen vor - von hinten an den Oberarmen und hob mich ohne alle Anstrengung auf den Tisch. Ich hatte erwartet, er würde kalt und hart sein, doch die Oberfläche gab nach und schmiegte sich den Konturen meines Körpers an. Eine beruhigende Wärme umgab mich, alle Anspannung floss aus meinem Körper und langsam verließ mich mein Bewusstsein.

Als er spürte, dass noch andere Wesen im Raum waren, kam Clarke schlagartig wieder zu Bewusstsein. Dann wurde er wieder ohnmächtig. Clarke hatte den Eindruck, wieder allein mit der Mantis zu sein, von der er meinte, sie sei weiblich. Die Gottesanbeterin führte ihn in einen anderen, größeren Raum.

Das Gesicht einer offenbar menschlichen Frau, die nackt auf einem niedrigen Podest an der Wand mir genau gegenüber stand, zog meine ganze Aufmerksamkeit auf sich. Starr, die Fersen zusammen, die Arme locker an den Seiten baumelnd, stierte sie stur geradeaus. Ihre Augen schienen nichts zu sehen. Sie bewegte sich nicht, sie blinzelte nicht.
Sie hatte hellbraunes, gewelltes Haar mit einem leichten Rotton, das ihr üppig ums Gesicht und bis auf die Schultern fiel. Ich hatte das Gefühl, ich kenne diese Frau und merkte dann entsetzt, dass ich ihr Gesicht nicht sehen konnte. Es war wie verwischt, nur die Augen waren klar. Meine Konzentration wurde von einem Bild in meinem Geist unterbrochen; ich schien sie bis zur Erregung zu streicheln.
„Nein!" dachte ich. „Aber du musst", vermittelte mir die Mantis. „Nein", dachte ich wieder. „Warum muss ich?" Der nächste Eindruck verblüffte mich total. „Du hast dich verpflichtet", lautete er. Und ich dachte: „Ich weiß nichts von einer Verpflichtung."

Daraufhin brachte die Gottesanbeterin Clark in den ersten Raum zurück und ließ ihn allein. Als er sich der Türöffnung näherte, spürte er, dass er nicht hindurchtreten konnte. Dann kam die Mantis mit der Frau zurück. „‚Du musst!' vermittelte sich mir der Befehl. ‚Nein ... Ich tu das nicht', dachte ich. Die Frau kam auf mich zu, und ich fühlte wieder den Tisch unter meinem Rücken. ‚Warum nicht?' ging es von der Mantis aus, ‚du hast dich verpflichtet.'"

Die Mantis schoss vor und packte Clarkes rechten Oberarm, während die Frau ihm sanft die Fingerspitzen auf die Brust legte. Ihr Mund war ein einziges breites Lächeln. Clarke wollte sich ihr entwinden, konnte sich aber nicht rühren. „Mit ihren Fingern fuhr sie mir über die Haut, über den Bauch ..."

An diesem Punkt der Hypnosesitzung erwachte Clarke spontan. Aus medizinischen Gründen erforschte er sein Erlebnis unter Hypnose nicht weiter.

material gründet. Der Fall Myrna Hansen (siehe erstes Kapitel) ist für jeden, der die Mitschrift der Hypnosesitzungen mit der späteren Geschichte vergleicht, geradezu ein Paradebeispiel für diesen Umformungsprozess.

◆
Anomale Erlebnisse können uns zwingen, „mit dem Schatten zu ringen – den dunklen Korridoren, durch die wir an den Grenzen der Seele hindurch müssen"
◆

Ganz ähnlich geht Budd Hopkins im Fall der Debbie Tomey vor (siehe zweites Kapitel), die im Mittelpunkt seines Buches *The Intruders* steht, indem er – vielleicht im Interesse einer klareren, zusammenhängenderen Geschichte, mit der sich besser argumentieren lässt –, wichtige Details übergeht, etwa, dass Debbie eine Tendenz zu Halluzinationen hat und dass sich Poltergeistattacken wie ein roter Faden durch die Familiengeschichte ziehen. Aber so entstehen Mythen: Die Teile, die nicht ins Gefüge passen, werden einfach ignoriert. Es ist unwahrscheinlich, dass die Erlebnisse des Clarke Hathaway (siehe Seiten 134/135) je im Hopkinskanon Aufnahme finden werden.

2.: Wenn Mythen zeitlose, ewige Reflexionen der menschlichen Zwangslage sind, so müssten sich aus alten Zeiten und bei Völkern, die noch heute im vorindustriellen Zeitalter leben, Mythen und Legenden finden lassen, die den UFO-Alien-Entführungen moderner Zeiten entsprechen. Freilich dürfen wir nicht erwarten, dass in solchen Geschichten die Hochtechnologie eine Rolle spielt, denn Mythen kleiden sich in die Gewänder ihrer Zeit.

Aber schauen wir uns beispielsweise den altgriechischen Mythos des Ödipus an, der, zu Fuß reisend, an einer Wegkreuzung einen ihm unbekannten Mann erschlägt, der sein Vater ist. In einer modernen Version könnte er Eddie Puss heißen, einen Lincoln fahren und seinen ihm unbekannten Vater in einem Wutanfall auf der Straße erschießen. Es wäre noch immer derselbe Mythos, der denselben Kerninhalt ausdrückt. An der Stelle, an der wir in modernen Entführungsmythen medizinische Untersuchungen finden, dürfen wir in alten Mythen rätselhafte Befragungen oder vielleicht Folterszenen erwarten. Wir dürfen auch damit rechnen, auf ein lüsternes Interesse an sexuellen Dingen zu stoßen.

Andererseits dürfen wir keine zu große Übereinstimmung zwischen dem Alten und dem Neuen erwarten, und wir sollten uns auch hüten, die Dinge zu einfach und zu direkt zu erklären. In seinem Buch *Frontiers of the Soul* (1992) weist Michael Grosso daraufhin, welche symbolische Bedeutung visionäre Wesen und Begebenheiten haben können:

> *Ein schwarzer Hund mit roten Augen oder ein geflügelter, kopfloser Mann, die uns auf einer einsamen Straße angreifen, sind beängstigend. Dennoch sind solche Visionen lediglich vorgespielte Gesten, die auf die viel größeren Schrecken der wahrhaftigen Existenz hinweisen: Todesschwadrone, Serienmörder, organisierte Armeen und ihre Tötungstechnologie. Genauso ist die Vision der Heiligen Jungfrau eine schöne Vorstellung, doch ihre tiefere Bedeutung ist das Potenzial göttlichen Mitleidens, das in uns steckt. Der Engel, der uns rettet, ist der Engel in uns selbst, das Potenzial in uns, über das Mögliche hinauszuwachsen, unsere lebensnotwendige Wahl für einander Engel zu sein …*
> *Begegnungen mit Aliens rufen Bilder von höheren Welten, höheren Intelligenzen hervor. Das Bild einer größeren Intelligenz, die*

Das Gemälde von Dominique Ingre zeigt Ödipus bei der Lösung des Rätsels der Sphinx. Der Ödipusmythos behandelt universale Themen, von der Eltern-Kind-Beziehung bis zur Unentrinnbarkeit des Schicksals. Auch Entführungen durch Aliens – ob physisch real oder nicht – sind Ereignisse mythischen Charakters, die viele tief im Menschen wurzelnde Probleme berühren.

bereit ist, uns bei der Bewältigung des Alltäglichen zu helfen, mag der Stimulus sein, den wir brauchen, um Dinge zu wagen, die uns sonst einschüchtern würden. In den homerischen Epen erfüllen die Götter diese Aufgabe …

◆
Die griechischen Mythen sind voll von merkwürdigen, außerweltlichen Himmelswesen – den Göttern –, die zu den armen Sterblichen niedersteigen, sie verführen oder vergewaltigen
◆

Die in Grossos Beispielen versteckte Warnung lautet, wir sollten nicht nach allzu engen, schablonenhaften Erklärungen für mythische Figuren und Szenen suchen. Mythen sind meist vieldeutig, sie lassen mehr als eine Interpretation zu, manchmal sogar widersprüchliche. Im Ödipusmythos beispielsweise wird das Kind Ödipus von den Eltern ausgesetzt, weil denen prophezeit wurde, der Sohn werde als Erwachsener seinen Vater, den König von Theben, töten und seine Mutter heiraten. Von einem Hirten gerettet, wächst der Sohn heran und tötet seinen Vater, den er nicht kennt, bei einem lächerlichen Streit. Dann löst er das Rätsel der die Stadt Theben bedrohenden Sphinx und erhält zum Dank Iokaste, die verwitwete Königin von Theben, zur Frau. Als Ödipus die Wahrheit entdeckt, blendet er sich.

Sigmund Freud glaubte, dieses Drama reflektiere den unbewussten Wunsch des Knaben, den Vater aus dem Weg zu räumen und sich bei der Mutter an dessen Stelle zu setzen. An dieser Interpretation mag was dran sein, doch ist es nicht die einzige Aussage der Geschichte, denn sie handelt auch von der Unmöglichkeit, einem vorbestimmten Schicksal zu entkommen, respektive von den schrecklichen Konsequenzen, die es hat, wenn man es dennoch versucht. Und mit diesen beiden Auslegungen ist der Mythos noch längst nicht erschöpft.

Wir dürfen erwarten, dass der UFO-Entführungsmythos, sofern es sich um einen Mythos handelt, ebenso spezifisch und zugleich allgemein, also mehrdeutig und sogar widersprüchlich in seiner Bedeutung ist. Dr. Grosso deutete bereits an, dass eine Begegnung mit dem Fremden ein positiver Reiz zur Anfeuerung unserer Kräfte sein kann, aber auch eine Reflexion über die dunkle, zerstörerische Seite in uns selbst, über die wir offen nicht nachzudenken wagen.

Dieser scheinbare Widerspruch lässt sich auflösen: Indem wir die verborgene „dunkle" Seite akzeptieren, können wir Kräfte freisetzen, die uns helfen, ihren schlechten Einfluss zu überwinden.

Auf die Entführungen übertragen heißt das, wenn wir diese als mythische Erlebnisse begreifen, so hilft uns das, aus dem Morast der unendlichen Ufologendebatte herauszukommen. Ob es sich um ein physisch reales Erlebnis handelt oder nicht, in jedem Fall lehren uns Entführungserlebnisse eine Menge Wahrheiten über uns selbst, denn sie „sprechen von unserem Zustand".

Schauen wir zunächst, welche Bilder und Charaktere antike Mythen und Legenden enthalten, die auch im modernen Entführungsszenario immer wieder auftauchen.

Die griechischen Mythen sind voll von merkwürdigen, außerweltlichen Himmelswesen – den Göttern –, die zu den armen Sterblichen niedersteigen, sie verführen oder vergewaltigen und so Zwitterwesen erschaffen. Zeus war geradezu ein Gewohnheitstäter, und er setzte auch die Deckerinnerung ein, um seine schlüpfrigen Heldentaten zu vertuschen. Leda erschien er als Schwan, und das Kind der Vereinigung ist Helena, über die der Trojanische Krieg entbrannte. Als goldener Regen zeugte Zeus mit Danae den Halbgott Perseus, der die schreckliche Medusa enthauptete und dann

Der sterblichen Leda erschien Gott Zeus in Gestalt eines Schwans und zeugte mit ihr Helena. Entführungsberichte enthalten dasselbe Motiv der Vergewaltigung durch die Aliens.

mit ihrem abgeschlagenen Kopf Phineus und seinen Anhang versteinerte. Noch ältere Geschichten von Himmelswesen, die mit Menschen Kinder zeugten, finden sich in mehr als 5000 Jahre alten sumerischen Keilschrifttexten, denen sicherlich weit ältere mündliche Überlieferungen vorausgingen. Es gibt gute Gründe zu vermuten, dass die sumerischen Themen in die altgriechische Kultur übernommen wurden.

In seinem Buch *Alien Identities* (1993) lenkt Dr. Richard L. Thompson die Aufmerksamkeit auf Parallelen zwischen UFO-Entführungsgeschichten und den Interaktionen zwischen Menschen und Göttern in der in Sanskrit verfassten nordindischen Veda. Im *Mahabharata* genannten Epos wird König Duryodhana, der sich durch Verhungern selbst töten möchte, von Krtya, einer „wundersamen Frau mit gähnendem Mund“ in die Unterwelt geleitet (in der Hindumythologie im Himmel gelegen, aber nur durch die Erde erreichbar). Tatsächlich ist Krtya ein dämonisches Wesen, das den König zu den Danavas bringt, „von

VON KLEINEN LEUTEN ENTFÜHRT

ANNE JEFFERIES
und
DIE LADY VON BALMACHIE

◆ ◆ ◆

Eine zeitgenössische Illustration zeigt Anne Jefferies umgeben von Kobolden, die sie, ihrem Bericht zufolge, 1645 ins Feenland entführt hatten. Ihre Geschichte ist modernen Entführungsberichten frappierend ähnlich.

Mitten im englischen Bürgerkrieg, 1645, wurde der Teenager Anne Jefferies von ihrem Heim in St. Teath in Cornwall entführt – nicht von Aliens sondern von Kobolden. Zeitgenössische Dokumente, darunter ein Bericht des Bischofs von Gloucester, den dieser nach den Angaben des Sohnes der Familie Pitt verfasste, bei denen Anne als Dienstmädchen arbeitete, bestätigen ihre Geschichte. Diese und die viel ältere schottische Legende der Lady von Balmachie zeigen unverkennbare Parallelen zu den heutigen Entführungsberichten.

Obgleich Analphabetin war Anne ein gescheites, neugieriges und einfallsreiches Mädchen. Eines Tages saß sie strickend in der Laube vor dem Gartentor, als sie einen Anfall bekam. Danach war sie noch eine Zeit lang krank, doch als sie sich erholt hatte, behauptete sie, keinen Anfall gehabt zu haben, sondern von Kobolden entführt worden zu sein.

Zuerst habe sie ein Rascheln in den Blättern nahe der Laube gehört. Da sie dachte, ihr Liebster wolle sie necken, reagierte sie nicht. Die Zweige raschelten wieder, und Anne hörte ein unterdrücktes Lachen. Verwirrt rief sie aus: „Du kannst warten, bis Blüten aus dem Gartentor schlagen, ehe ich zu dir komme!" Darauf hörte sie ein Klingeln und ein melodisches Lachen, das sie erschreckte, denn es war nicht die Stimme ihres Liebsten. Aber sie blieb, wo sie war. Dann hörte sie, wie das Gartentor auf und wieder zu ging und sogleich erschienen sechs kleine Männer vor ihr. Sie trugen grüne Kleider, der Anführer hatte eine rote Feder an seiner Mütze.

Anne liebte Geschichten von Feen und Kobolden und hatte sich oft gewünscht, die „Piskies", wie man sie hier in Cornwall nannte, einmal zu sehen. Der Anführer sprach „lieblich" zu ihr, und sie reichte ihm die Hand. Er sprang auf ihre Handfläche und sie hob ihn in ihren Schoß. Da kletterte er zu ihrem Busen hoch und bedeckte ihren Hals mit Küssen. Der Volkskundlerin Katherine Briggs zufolge berichtete Anne minuziös über die Zärtlichkeiten, die der Kobold ihr zukommen ließ, während sie „saß wie in Ekstase, bis er die anderen fünf zu sich hinaufrief, die an ihren Röcken hochkletterten und ihr Kinn, ihre Wangen und Lippen mit Küssen bedeckten". Dann legte ihr einer die Hand vor die Augen.

Sie spürte einen „scharfen Stich" und vor ihren Augen wurde alles schwarz. Sodann wurde sie in die Luft gehoben und fortgetragen, „sie wusste nicht wohin". Als sie wieder auf festem Boden abgesetzt wurde, schaute sie sich um und fand sich „in einem großartigen Feenland". Am erstaunlichsten aber, die Kobolde waren nun groß wie Menschen. Alle sechs Entführer machten ihr den Hof, vor allem aber der Anführer. Es gelang ihnen, sich von der Gruppe zu entfernen und, so scheint es, tatsächlich zum Liebesakt zu kommen, als die fünf anderen, denen eine wütende Menge folgte, sie aufstöberten. Annes Liebhaber „zog seinen Degen, um sie zu beschützen, doch er wurde verwundet und fiel zu ihren Füßen nieder". Der Kobold, der sie ursprünglich geblendet hatte, legte ihr wieder die Hand über die Augen und „mit einem großen Summen wurde sie in die Luft gewirbelt". Als sie aufwachte, „lag sie auf dem Boden der Laube, von ängstlichen Freunden umgeben".

Obwohl Anne Jefferies nie ins Feenland zurückkehrte, versorgten die Piskies sie offenbar doch mit Lebensmitteln, denn sie aß nicht mehr am Tisch der Pitts. Sie entwickelte Heilkräfte und konnte prophezeien. 1646 steckte ein puritanischer Richter sie ins Gefängnis, weil sie vorausgesagt hatte, der König werde im Bürgerkrieg den Sieg davontragen. Auch im Gefängnis sah niemand sie je essen. Nach Kriegsende wurde sie freigelassen und heiratete einen Tagelöhner.

Um 1690 schickte Moses Pitt einen Freund zu Anne, der sie für seinen Bericht an den Bischof von Gloucester befragen sollte. Wie viele moderne Entführte verweigerte sie ihre Mitarbeit. Gefragt warum, soll sie geantwortet haben: „Wenn ich Euch darüber berichte, so werdet Ihr Bücher und Balladen daraus machen", sie wolle aber nicht, dass ihr Name durch die Verbreitung solcher Schriften ins Gerede komme, „und böte man mir 500 Pfund dafür". Angst, verlacht oder wieder ins Gefängnis gesteckt zu werden, zog sie das Stillschweigen vor.

Katherine Briggs schreibt in ihrem Kommentar: „Keine 50 Jahre nach der Uraufführung von *Ein Mittsommernachtstraum* begegnet uns ein analphabetisches Landmädchen, das sich ein höfisches Feenland ersinnt, in dem sich amouröse Abenteuer abspielen wie bei Shakespeare, Drayton und Herrick. Es ist klar, dass sich die Dichter aus den ländlichen Volkslegenden bedienten."

In seinem Buch *Folklore and Legends, Scotland* (1889) berichtet der Volkskundler W. W. Gibbings die Geschichte der Lady von Balmachie. Während ihr Ehemann nach Dundee ritt, war sie krank geworden. Als er in der Abenddämmerung zurückkam, begegnete ihm ein Trupp von Kobolden, die eine Bahre trugen, auf der ein Mensch lag. Der Gutsherr zog sein Schwert und verlangte im Namen Gottes die Herausgabe des Gefangenen, woraufhin die Kobolde verschwanden. Auf der Bahre entdeckte er seine Frau, die ihr Nachtgewand trug. Schnell brachte er sie nach Hause und kümmerte sich um sie. Als er später in seine eigene Kammer kam, lag eine Fee in seinem Bett, die genau aussah wie seine Frau. Unter der Vorspiegelung, es ihr angenehmer machen zu wollen, ließ der Gutsherr ein großes Feuer im Kamin schüren und warf die Feenfrau in die lodernden Flammen. „Aus dem", schreibt Gibbling, „fuhr sie wie eine Rakete durch die Zimmerdecke zum Dach hinaus, ein großes Loch in den Ziegeln hinterlassend."

Während das saubere Ende einer gewissen Komik nicht entbehrt, ist der wirklich interessante Aspekt dieser alten Volkslegende die Beschreibung der Entführung, die einem Muster folgt, das modernen Ohren sehr vertraut klingt:

> *... kurz nach Sonnenuntergang verließ die Amme sie, um ihr einen süßen Brei zu bereiten, als ein Schwarm Kobolde durchs Fenster hereinflog, summend wie Bienen aus dem Stock. Sie erfüllten die Kammer, und nachdem sie sie vom Bett gehoben hatten, trugen sie sie durchs Fenster. Danach erinnerte sie sich an nichts mehr, bis sie ihren Gatten über sich gebeugt sah ...*

den Göttern besiegte, gruselige Bewohner der Unterwelt", die dem König erklären, er solle sich nicht umbringen, denn das würde ihre Pläne durchkreuzen. Seine Geburt und sein Leben auf Erden sei Teil ihrer kosmischen Strategie, ihren „Eingriffen" verdanke er seine Unüberwindlichkeit im Kampf. In der kommenden Schlacht würden sie seine Feinde durch „Gehirnkontrolle" vernichten. Krtya bringt den König daraufhin zurück, und der König ist überzeugt, die ganze Episode nur geträumt zu haben. Thompson listet Parallelen zu UFO-Entführungsberichten auf:

1. *Ein fremdes Wesen bringt Duryodhana körperlich an einen anderen Ort, wo er mit weiteren fremden Wesen zusammentrifft.*
2. *Die fremden Wesen haben menschliche Gestalt, und sehen doch „gruselig" aus.*
3. *Diese Wesen hatten von Anfang an Einfluss auf Duryodhanas Leben.*
4. *Sie haben seinen Körper gestaltet, so dass er quasi unverwundbar war. Sie verfügten also über eine Möglichkeit zur Genmanipulation oder Ähnliches.*
5. *Die Fremdlinge planen, die menschlichen Feinde des Königs durch Hirnkontrolle zu beeinflussen.*
6. *Nach der Unterredung wird Duryodhana genau zur Stelle der „Gefangennahme" zurückgebracht, seine „Entführerin" verschwindet.*
7. *Nach dem Erlebnis schien ihm alles nur ein Traum gewesen zu sein.*

Es handelt sich nicht um das komplette Entführungsszenario (es fehlt beispielsweise die Untersuchung) doch eine Ähnlichkeit mit den Berichten vieler Entführungsopfer lässt sich nicht leugnen.

Einer der beachtenswerten Aspekte der im *Mahabharata* beschriebenen Götter sind ihre Luftfahrzeuge, die *vimanas,* die in mancherlei Hinsicht den Beschreibungen von UFOs ähneln. Sie sind beispielsweise zur interdimensionalen Reise fähig, überwinden die Schwerkraft, erscheinen innen oft viel größer als ihre äußere Hülle vermuten lässt und sie können jede beliebige Form annehmen.

Begegnungen mit außerweltlichen Wesen, besonders mit Göttern, beginnen häufig mit einem außergewöhnlichen Lichtphänomen. Beispiele finden sich im Alten und Neuen Testament: Moses sieht den brennenden Dornbusch, ehe Gott zu ihm spricht; Hesekiel sah ein erstaunliches atmosphärisches Schauspiel, das er für eine Vision von Gott hielt; die Hirten in Betlehem sahen „den Glanz des Herrn" der den Engel umstrahlte; Saulus sah auf dem Weg nach Damaskus „ein Licht vom Himmel" ehe er die Stimme des Herrn hörte (ein Erleb-

Ein Engel verkündet den Hirten die Geburt Christi. Visionäre Erlebnisse - wie Entführungen - beginnen typischerweise mit merkwürdigen Lichterscheinungen. Jede Kultur legt solche Ereignisse auf ihre Art aus.

nis, das auch Joseph Smith, der Begründer der Kirche der Mormonen berichtete). In all diesen Fällen wurden den erstaunten, verängstigten Menschen göttliche (außerweltliche) Botschaften von kosmischer Bedeutung übermittelt.

Im westlichen Volksgut gab es auch weniger wohlwollende Wesen deren Aktivitäten denen gewisser Aliens ähneln. Kobolde und Feen sind üblicherweise kleiner als Menschen, in alten Liedern und Geschichten, werden sie oft als „grau" beschrieben, sie können fliegen, sie leben in der Unterwelt, die durch runde oder untertassenförmige Hügel in der Erde zu erreichen ist, sie stehlen Menschenkinder (manchmal tauschen sie sie gegen einen Wechselbalg) und sie entführen wohlgestalte, schöne Erwachsene.

Wie man es von den grauen Aliens gelegentlich behauptet, so sollen auch die Kobolde eine vom Aussterben bedrohte Rasse sein, die die Menschen zur Arterhaltung braucht. In den Worten von Dr. Briggs: „Das vielleicht wichtigste Motiv der Kobolde, Menschen zu entführen, war die Aufstockung ihres Bestandes durch frisches Blut."

Ist man erst mal in die Fänge der Kobolde geraten, ist es extrem schwer, ihnen zu entfliehen. Die besten Fluchtpunkte sind Übergangsbereiche, wie Furten, Brücken, Kreuzwege, und die schlimmsten und besten Zeiten sind die Tagundnachtgleiche, Halloween (der Abend vor Allerheiligen), der erste Mai, der Neujahrstag. An solchen Tagen ist die Gefahr, entführt zu werden besonders hoch, doch auch die Chance, den Kobolden der Unterwelt zu entkommen. Aliens haben die Angewohnheit, Menschen von den Übergangsbereichen der Moderne zu entführen – von Landstraßen, die einen Ort mit dem anderen verbinden (also im „Nirgendwo"), von Großparkplätzen außerhalb der Stadt, und ihre Lieblingszeit ist jener

Kobolde stehlen menschliche Säuglinge – eine Illustration aus einem Buch von 1880. Das Thema taucht in einigen Berichten entführter Frauen auf, die behaupten, von Aliens als Leihmütter missbraucht worden zu sein.

Schwebezustand zwischen Wachsein und Schlaf. Auch die Kobolde haben eine Vorliebe für mentale „Zonen des Zwielichts", etwa die Augenblicke vor einem epileptischen Anfall oder auch spirituelle Lücken, wie etwa die Zeit zwischen der Geburt und der religiösen Reinigung der Wöchnerin durch die Aussegnung.

Der Anthropologe Steve Mizrach weist im Zusammenhang mit den Entführungen auf eine andere – diesmal menschliche – Randgruppe hin, der man ebenfalls die Fähigkeit zuschrieb, sowohl fliegen als auch von einer Welt in die andere übertreten zu können: die Hexen. Viele der Frauen, die im 14. bis 17. Jahrhundert, der Hochblüte des europäischen Hexenwahns, angeklagt wurden, waren Hebammen. Abgesehen davon, dass sie

◆
Der Beweis für den Beischlaf mit dem Teufel war das so genannte Hexenmal, das sich gewöhnlich zwischen Anus und Vulva fand
◆

einen Beruf ausübten, der von Geburt und (in jenen Tagen) vom Tod nicht zu trennen war, nahmen sie gewiss auch Abtreibungen vor. In ihren Händen waren gleichsam zwei Welten miteinander verflochten. Wurden sie als Hexen angeklagt, warf man ihnen genau das in verklausulierter Form vor, indem man sie beschuldigte, durch die Luft zu fliegen und mit Satan, anderen Dämonen und den Incubi Unzucht zu treiben. Es war keineswegs selten, dass die Kinder dieser Frauen – angeblich ja Produkte dieser abscheulichen Vereinigungen – auf die Scheiterhaufen geworfen wurden, auf denen die Mütter brannten.

Hexen in Tiergestalt nähern sich Satan in sexuell eindeutiger Weise. Wie heutige Entführungsberichte waren auch die Geständnisse der Hexen so gleichartig, dass eines das andere zu bestätigen schien.

Der Beweis für den Beischlaf mit dem Teufel war das so genannte Hexenmal, das sich gewöhnlich zwischen Anus und Vulva der Frauen fand (aber jedes andere Muttermal genügte den Anklägern). Das Mal wurde gefunden, indem man die angeklagte Frau nackt auszog und in Gegenwart vieler Zeugen untersuchte, während die Inquisitoren sie mit sinnlosen Fragen bombardierten. Auf der Folter verbrannte man ihnen die Brüste mit glühenden Zangen oder führte glühende Eisen in ihre Körperöffnungen ein, um die gewünschten Geständnisse zu erpressen." Pontolillo führt aus, dass der Hexenwahn und die heutigen Entführungsgeschichten Ausdruck eines tief verwurzelten Hasses auf die Frauen ist, der aus irrationalen Ängsten erwächst:

> *Der antike misogyne Blick, der Frauen als hypersexuelle Wesen mit starker Tendenz zur allgemeinen Verderbtheit sah, war in der Kirche jener Zeit hoch wirksam und führte zu einer einseitigen Auslegung der Unzucht mit Dämonen. Succubi stellten unschuldigen Männern nach, während sich Incubi den unersättlichen fleischlichen Hunger williger Frauen zu Nutze machten. Das Weib also war bei jedem Fall von Beischlaf mit Dämonen der schuldige Teil, sei es als Verführerin oder als Verführbare. Dieser Gedanke fand seinen Niederschlag in den mittelalterlichen Darstellungen, die Frauen und ihre gefürchteten Genitalien als das Böse schlechthin zeigen. Es war üblich, den Teufel als eine gruselig muskulöse Frau darzustellen, der Flammen aus „seiner" Vagina schlagen oder die die gefürchtete gezahnte Vagina hat, womit sie die Männer verschlingt.*

Der moderne UFO-Mythos hat die „medizinische" und moralische Inquisition der Hexenjäger auf die Aliens umgemünzt, die nun die Rolle der besessenen Folterknechte übernehmen. Damit ist die im Hintergrund stehende Idee wieder auf das Jenseits verlagert.

Schon unzählige Male wurde auf die Parallele zwischen dem Entführungsszenario und dem Erleben des Schamanen in Trance hingewiesen, wie es sich darstellte, ehe die Vorstellung eines „Zuchtprogramms" zur Erschaffung einer Hybridrasse ausgeformt war. Der französische Philosoph Bertrand Méheust gehörte zu den ersten, der diese Parallelen aufzeigte. Er zitiert Märchen aus Afrika, der Neuen Welt, Australien und Sibirien, die alle die grundsätzlich selbe Geschichte erzählen: Eine Person, die sich gewöhnlich allein an einem abgelegenen, gefährlichen Ort befindet, wird von Monstern, Göttern oder Dämonen an einen „jenseitigen" Ort entführt, oft eine unterirdische Höhle. Dort wird der Entführte gefoltert, gar in Stücke gerissen, Organe werden ihm entnommen und durch andere ersetzt, Substanzen (manchmal Kristalle) werden ihm in den Kopf oder den Arm eingepflanzt. Es wird ihm Geheimwissen vermittelt, und bei seiner Rückkehr erinnert er sich nicht oder kaum an die Ereignisse. Méheust kommentiert:

Der tibetische Schamane Nyima Dhondup 1989: Die Geistreisen der Schamanen und das Standardszenario der Entführungen sind sich erstaunlich ähnlich.

Dort wird der Entführte gefoltert, gar in Stücke gerissen, Organe werden ihm entnommen und durch andere ersetzt

Doch sind die meisten der Motive in ihrer Bedeutung verändert, sie haben eine neue Bedeutung bekommen. Der Lichtball, der manchmal dem Auserwählten erscheint, ist zum strahlenden Raumschiff geworden. Die Amnesie wird einer absichtlichen Handlung der Entführer zugeschrieben, die alle Spuren ihres mysteriösen Eingreifens verwischen wollen. Die implantierten Kristalle [die traditionell Heilkräfte verliehen oder unverwundbar gegenüber bösen Geistern machten] sind heute elektronische Geräte, mit denen der Geist durchleuchtet wird. Die rituelle Chirurgie wird zur modernen Untersuchung, die Initiationshöhle zum Labor oder Operationssaal. Die Folterqualen, die traditionell die Verwandlung des Probanden einleiteten, werden jetzt von sadistischen, übermenschlichen Versuchsleitern zugefügt. Stigmata oder andere körperliche Male werden als Folgen von Operationen oder Verstrahlung interpretiert. Die Himmelsreise des Schamanen wird zur Exkursion an Bord eines Raumschiffs.

Es gibt noch weitere Übereinstimmungen. Bei Entführungen durch Kobolde sowie der Schamanenreise gibt es ein Phänomen, das Dr. Jacques Vallée „relativierte Zeit" nennt: Im Jenseits zugebrachte Minuten oder Stunden sind in irdischem Maßstab Tage oder gar Jahre. Das entspricht der „fehlenden Zeit" der Entführungsgeschichten. Eine ähnliche Umkehr sehen wir bei den Ammen, die früher entführt wurden, um die Feenkinder zu nähren, oder bei den Menschenkindern, die gestohlen und oft durch einen Wechselbalg ersetzt wurden. Bei den heutigen Begegnungen mit Aliens stoßen wir auf erzwungene Leihmütterschaft. Die unterirdischen Höhlen der Kobolde und Götter sind heute labyrinthische „unteridische Alienbasen", wie sie beispielsweise Myrna Hansen beschrieb. In der UFO-Mythologie sind die ehemals unterirdischen Verstecke auf andere Planeten verlagert oder auf halb-magische, halb außerweltliche „andere Welten" auf Erden. In den USA befinden sie sich angeblich in Indianerreservaten und in Großbritannien in militärischen Sperrgebieten. Das Motiv der „Zwielichtzone", also unbestimmte Standorte und Zeiten sowie außergewöhnliche soziale, psychische oder spirituelle Zustände, durchzieht die gesamte Ufologie.

Diese öffentlich gewordene, mythologisierte Version der geheimen Geistreise des Schamanen ist eine technologische Variante dessen, was Méheust die „Unvergänglichkeit gewisser Elemente in der Universalsprache der Vorstellungskraft" nennt, und er vermutet, dass die Requisiten heute eher technischer als religiöser Natur sind, weil wir „die erste Zivilisation darstellen, die ein gesellschaftliches Leben ohne Bezug zum Heiligen aufbaut." Oder, wie es ein Entführter mir gegenüber formulierte: „Die Wissenschaft hat die Religion zerstört und nichts an ihre Stelle gesetzt."

Der Entführte Chris McLachlan weist auf ein weiteres Motiv hin: den Heroenmythos.

> *... die Reise in die Unterwelt eine Metapher ist für das Selbst, das sich nach innen wendet und dort seine eigenen, beängstigenden Abgründe entdeckt. Die Reise des Heroen ist eine Pilgerfahrt, um Selbstbeherrschung und spirituelle Ganzheit zu erlangen... Es gehört zur heroischen Suche, den Tod des Selbst zu riskieren, um ein tieferes, reicheres Verständnis dieses Selbst zu erlangen. Man muss unterwegs die Herrschaft über die inneren Dämonen gewinnen... Herakles musste den Höllenhund Kerberos aus dem Hades heraufholen, d.h. er musste seinem eigenen ungezähmten Selbst gegenübertreten, es besiegen und in sein Bewusstsein integrieren ... Wenn man sich die Mühe macht, all die Geschichten zu lesen, sieht man, wie die Bilder sich wiederholen. Mich überrascht es überhaupt nicht, dass die Erlebnisse [der Entführten] in Bilder von Folterung durch dämonische Wesen und Todesdrohungen gekleidet sind.*

Die Grundstruktur des Heldenmythos besteht aus einer Reise ins Jenseits, dem virtuellen Tod und der metaphorischen Wiedergeburt (geistige Erneuerung). In der christlichen Religion und in gewissen Ufologenkreisen wird dieser antike Mythos als ein wortwörtliches Faktum hingestellt. In beiden Fällen wird vom Gläubigen erwartet, die Geschichte als buchstäblich wahr anzunehmen oder seine Seele zu verlieren.

Nun lenke die Aufmerksamkeit auf einen Aspekt, der in der antiken, traditionellen Form des Mythos und im Entführungsszenario eine wichtige

Rolle spielt: die Beschäftigung mit Geburt, Wiedergeburt und Fortpflanzung. Sie taucht im *Mahabharata* auf, in den griechischen Mythen, in den Feen- und Hexenlegenden, in der schamanistischen Tradition, und die lautesten unter den UFO-Forschern erklärten sie nachgerade zum Mittelpunkt der Entführungsszenarien.

Der zentrale Grundsatz der Entführungsforscher (wenn auch nicht immer der Entführten selbst) ist der feste Glaube, dass es sich bei den Entführungen um reale, wahre Begebenheiten handelt, eben weil die Berichte der Zeugen so übereinstimmend sind.

Tatsächlich hat es ziemlich lange gedauert, bis sich dieses einheitliche Bild dessen, was bei einer Entführung geschieht, herausgebildet hat. Schablone ist und bleibt der Bericht von Betty und Barney Hill von 1961 (siehe erstes Kapitel). Dabei übersehen die Ufologen großzügig, dass alle Aspekte der heutigen Grauen in der Aussage der Hills nicht vorkommen – ihre Haarlosigkeit, ihre ganz und gar schwarzen Augen, ihre wortkarge Distanziertheit, ihre Nacktheit und vor allem ihr infames „Zuchtprogramm". Es hat 20 Jahre gedauert und bedurfte mehrerer Bücher, bis der ursprünglich einmalige Bericht von Betty Andreasson Luca (siehe erstes Kapitel) zur anerkannten Version von Entführungen durch Aliens passte, wie sie Budd Hopkins, David Jacobs und John Mack verbreiten. Details der Begegnungen, die Mrs. Luca erlebte, stimmten erst dann mit denen überein, die die Forscher anderweitig gefunden hatten, nachdem man ihr den rechten Weg gezeigt hatte.

„Jemand kam und rief, aber es war niemand zu Hause" von Clarke Hathaway. Ein Ufo kommt zur Siedlung Anasazi in Mesa verde, Colorado, zurück. Die Außerirdischen finden nur noch Ruinen vor.

◆

Der zentrale Grundsatz der Entführungsforscher (wenn auch nicht immer der Entführten selbst) ist der Glaube, dass es sich bei den Entführungen um wahre Begebenheiten handelt

◆

Auch andere Entführte, die in diesem Buch zu Wort kamen, lieferten, wie wir sahen, stark abweichende Berichte. Thomas „Ed" Bullard stellte fest, dass von den 270 Fällen, die er in seiner Studie von 1987 untersuchte, 104 (das sind 38 Prozent, also fast 4 von 10) nicht der „korrekten" Abfolge der Ereignisse entsprachen. Dennoch nannte er die Gleichartigkeit der Berichte – nachdem offensichtliche „Enten" aussortiert waren – als Grund, warum er sie als reale Erlebnisse einstufte. Es entspricht wissenschaftlicher Übereinkunft, die Ergebnisse eines Experiments dann für ungültig zu erklären, wenn auch nur einer von 20 Tests von der Norm abweicht!

Selten, wenn überhaupt, zitieren die Entführungsgläubigen die Arbeit von Dr. Edith Fiore, deren Versuchspersonen einzigartige Details der „medizinischen" Phase der Begegnungen beisteuerten (siehe ihr Buch *Encounters* von 1989). Eine entführte Frau wurde auf die Seite gelegt, dann führte man ihr für eine rektale Untersuchung eine Sonde ein, doch eine genitale Untersuchung fand nicht statt. Eine andere wurde nur oberflächlich von Maschinen untersucht. Zwei Schwestern behaupteten, durch Vaginalspülungen und ein „tief von Hand appliziertes Gel" von chronischen Pilzinfektionen geheilt worden zu sein - eine Vorgehensweise die aller medizinischen Praxis entgegensteht. Tatsächlich zeigen die Beschreibungen der gynäkologischen Techniken eine große Variationsbreite, auch was die Einsetzung und Entfernung von Föten und/oder Eizellen betrifft.

Peinliche Unterschiede und Widersprüche bei „geringfügigen" Details außer Acht zu lassen (obwohl gerade die Beständigkeit dieser Details ein wichtiger Indikator für die Wirklichkeit des Erlebten wäre) sowie ganze Forschungsprojekte zu ignorieren, ist charakteristisch für das Vorgehen der Entführungsforscher. Die Wiedergeburten, doppelten Identitäten, psychischen Talente und apokalyptischen Ängste, von denen John Macks Probanden berichteten, werden von den etablierten Entführungsforschern ebenso übersehen wie Dr. Fiores nicht ins Konzept passende Ergebnisse. Daraus erwächst der Verdacht, dass die anerkannte Version des Phänomens eher ein künstliches Konstrukt aus den vorgefassten Ansichten gewisser Forscher ist, die ihren Einfluss auf die Probanden und die Öffentlichkeit geltend machen können, als das Produkt unvoreingenommener Folgerungen, die aus der Fülle des vorhandenen Materials gezogen wurden.

◆

Peinliche Unterschiede und Widersprüche bei „geringfügigen" Details außer Acht zu lassen ... ist charakteristisch für das Vorgehen der Entführungsforscher

◆

Dennoch scheinen viele Entführte, das spezialisierte Publikum der UFO-Enthusiasten und (zumindest in den USA) ein großer Teil der Öffentlichkeit die Hopkins-Jacobs-Version des Entführungsszenarios mit ihren grotesken Grauen, dem Zuchtprogramm und den damit verknüpften Ängsten voll und ganz zu akzeptieren.

C. G. Jungs Konzept vom „kollektiven Unbewussten", das von Archetypen und Symbolen ausgeht, die angeborenes Erbe sein sollen, wird von den Psychologen unter den Ufologen gern als Warenlager zitiert, aus dem eine Entführungsgeschichte sich frei bedienen kann. Die Idee ist attraktiv, doch mangelte es Jung an den Mitteln, die physische (und damit vererbbare) Basis des kollektiven Unbewussten nachzuweisen; so blieb die Idee ein bloßes Konzept. Die Überzeugung des Neurologen Michael Persinger, dass hinter den Entführungserlebnissen natürliche oder künstlich herbeigeführte Fehlfunktionen in den Schläfenlappen des Gehirns stecken, verleihen Jungs Abstraktionen in den Augen derer, die es so sehen wollen, einen gewissen wissenschaftlichen Glanz. Persinger erkannte, dass bestimmte Regionen des Gehirns dafür verantwortlich sind, dass wir uns bestimmter Teile und Funktionen des Körpers bewusst sind. Werden diese gleichzeitig mit den Schläfenlappen stimuliert, so sind bestimmte Kombinationen physischer Empfindungen und grundlegender geistiger Bilder unausweichlich. Die jeweiligen Details dieses Erlebens werden vom Individuum je nach seiner Herkunft, seinem Wissen und den Umständen eingefügt, sodass sich eine schamanistische Geistreise, ein Besuch im Feenland, eine visionäre Erscheinung der Mutter Gottes oder eine Entführung durch Aliens daraus ergeben kann.

Andere gehen soweit zu behaupten, das Gehirn bringe bei Verabreichung des richtigen Reizes automatisch ganz spezifische Bilder hervor. Terence McKenna, ein Fachmann auf dem Gebiet der Halluzinogene, beschrieb die Effekte der Einnahme von DMT (Dimethyltryptamin), einer vom Körper

Zeichnung von Carlos Alberto Diaz aus Bahia Blanca, Argentinien, der im Januar 1975 entführt wurde. Obgleich als Schwindel eingestuft, stimmte seine Geschichte doch mit Erlebnissen in einem veränderten Bewustseinszustand überein.

natürlich produzierten Substanz, die direkt auf das Sprachzentrum des Gehirns wirkt und – genauso wie Adrenalin – bei entsprechendem Reiz in großer Menge „ausgeschüttet" wird. McKennan zufolge führt das zum Dialog „mit irgendwem oder -was" an einem „irgendwie isolierten Ort", der aber völlig real scheint, wenn auch höchst fremdartig. Man „trifft Gestalten", die McKennan als „sich selbst verändernde Maschinenwesen" beschreibt, als „dynamisch verrenkte, im Raum befindliche Bewegungseinheiten", „Tryptamin-Knirpse" und „naturidentische Kobolde". „Diese Wesen", fährt er fort, „sind wie Spiegelungen von vorher verborgen gewesenen, und plötzlich autonom gewordenen Teilen der eigenen Psyche."

Noch kennen wir die Auslöser und Organisatoren nicht. Aber anders als die anekdotischen Beweise, auf die sich Ufologen stützen, haben Persinger, McKennan und andere wissenschaftliche Hypothesen aufgestellt, die im Versuch entweder bestätigt oder als falsch bewiesen werden können.

Selbst wenn nur Teile eines Entführungserlebnisses in der physischen Zusammensetzung eines Menschen potenziell vorhanden sind, so kann man doch die kulturelle Dimension nicht ignorieren, die ins Spiel kommt, wenn der Bericht von der Begegnung mit den Aliens in geordnete Form gebracht oder vielmehr dramatisiert wird, denn in jedem von uns steckt ein Stückeschreiber, der zumindest als Autor unserer Träume zum Vorschein kommt. Menschen lieben es nun mal, eine gute Geschichte zu erzählen oder ihr zu lauschen.

◆

Die Schriften der Skeptiker sind voll von Hinweisen auf Comics, Bücher, Filme und TV-Serien, die Szenen und Details eindeutig fiktionaler Entführungen enthalten

◆

Die Schriften der Skeptiker sind voll von Hinweisen auf Comics, Bücher, Filme und TV-Serien, die Szenen und Details eindeutig erfundener Entführungen enthalten, die den „echten" Phänomenen vorausgingen. Meist lautet das Argument dann, der und die Entführte haben die Details ihres Erlebnisse diesen Quellen entnommen, und wenn es die Entführten selbst nicht direkt und bewusst taten, so wurden sie von einem Forscher, der dieses Material kennt, durch – vielleicht unbewusste – Suggestivfragen dazu verleitet. Ich denke, eine klare Verbindung von Ursache und Wirkung muss nicht bewiesen werden, weil die Erfindung einer Entführungsgeschichte ohnehin auf einer ganz anderen Ebene stattfindet.

In seiner Studie von 1987 schloss Thomas „Ed" Bullard, dass die Gleichartigkeit der Ereignisse sowie ihre ähnliche Abfolge ein Hinweis darauf sei, dass es sich um reale Begegbenheiten handele. In einem 1990 in *Magonia* veröffentlichten Artikel

INDIZIEN ALS BEWEISE

SUE MCLAREN

◆◆◆

Die Kanadierin Sue McLaren, die im Oktober 1994 ein riesiges dunkles UFO sah, das die Sterne verdunkelte. Danach träumte sie von grauen Aliens und erinnerte sich an Merkwürdigkeiten in ihrem Leben, darunter eine kurze, mysteriöse Schwangerschaft, was sie vermuten lässt, auch sie sei entführt worden.

An einem Freitag im Oktober 1994 verließ die Postangestellte Sue McLaren gegen 22 Uhr 10 das Haus ihrer Tochter Candy in Toronto, Kanada, um mit dem Bus nach Hause zu fahren. Als sie an der Haltestelle wartete, hatte sie eine merkwürdige Vorahnung „als wäre jemand da, den ich nicht sehen kann". Zugleich hörte es sich an, als fege Herbstlaub über den Boden, doch waren keine Blätter da. Dann hörte sie „sowas wie einen Helikopter, mehr ein Brausen". Als sie aufschaute, sah sie eine riesige, dunkle, unbestimmte Form, die die Sterne verdeckte. Das UFO hatte keine Lichter und bewegte sich sehr langsam. Sie schaute sich nach anderen Zeugen um, „aber keine Seele war unterwegs, kein Tier, kein Auto, nichts".

Plötzlich tauchte ein Hund auf, ein großer rötlicher Hund, der eine Art „Wuff!" von sich gab. Er kam so nah, dass Sue rückwärts auswich, bis sie mit dem Rücken am Haltestellenpfosten stand. So blieb sie, immer ängstlicher werdend, 15 Minuten stehen, bis der Bus kam. Komischerweise waren während der langen Zeit auf der sonst verkehrsreichen Straße weder Menschen noch Fahrzeuge vorbeigekommen, die sie hätte um Hilfe bitten können.

Nach knapp fünf Minuten Fahrt sah Mrs. McLaren, die vorn neben der Fahrerin saß, sehr tief am Himmel einen besonders hellen „Stern", der plötzlich über den Himmel schoss. Als sie fast zu Hause war, erschien im Westen ein weiterer leuchtender „Stern". Er flog über den Bus, kam aber auf der anderen Seite nicht wieder zum Vorschein. „Ich bin sicher, die Fahrerin sah es auch, denn sie drehte sich zu mir um und schaute mich an, sagte aber nichts."

Zu Hause ging Sue sofort zu Bett, ließ aber die Lichter brennen. Sie erinnert sich, „von drei Grauen, der Mittlere größer als die anderen" geträumt zu haben. „Ich habe keine Ahnung, was sie mir mitteilen wollten. Wenige Tage später fuhr ich aus dem Schlaf hoch, weil mich etwas wie ein kalter Finger am Rücken berührt hatte."

Nach diesen merkwürdigen Ereignissen beschaffte sich Sue McLaren Bücher über UFOs und Entführungen. Nachdem ihr einige komische Begebenheiten in ihrem Leben wieder eingefallen waren und sie bei hellem Tageslicht nochmals ein UFO gesehen hatte, fragte sie sich, ob auch sie zu den Entführten gehöre.

Als Kind – sie hatte eine glückliche Kindheit gehabt – wachte sie oft morgens auf und stellte fest, dass ihr Nachthemd irgendwo in einer Ecke des Schlafzimmers lag, ohne dass sie eine Ahnung hatte, wie es dahingeraten war. 1974, sie war ein Twen, glaubt sie, eine kurze, mysteriöse Schwangerschaft gehabt zu haben. Normalerweise pünktlich wie eine Uhr, hatte ihre Regel zweimal ausgesetzt und ein Urintest hatte eine Schwangerschaft bestätigt, ein zweiter Test war negativ „und einen Tag später hatte ich den Beweis, dass ich nicht schwanger war".

Seit August 1995 ist sie besessen vom Sänger einer Rockband. Einige der Songs der Band handeln von Entführungen. Obwohl der Sänger sich öffentlich nicht zu ungewöhnlichen Erlebnissen bekennt, glaubt Sue, dass er die Pläne der Aliens, bei denen es um Ökologie und Umwelt geht, unterstützt.

Im April 1996 verbrachte sie mit ihrer Tochter Caroline ein paar Ferientage in einem Hotel in Los Angeles. Eines Abends ging sie um 22 Uhr 30 zu Bett, konnte aber nicht einschlafen: „Ich erinnere mich, ich war in einer Art Halbschlaf... Dann hatte ich eine Art Botschaft im Kopf: ‚Sie werden bald hier sein.' Das geschah zweimal. Als Nächstes sah ich ein Bild meiner Hand und einen Grauen, der sie fast berührte. Sein Arm war bleistiftdünn, seine Finger waren lang, doch an den Spitzen gerundet. Mein erster Gedanke war, dass ich ihn gern umarmt hätte, und dann spürte ich, dass all die Liebe und Zuneigung auch mir von ihm entgegengebracht wurde. Er hatte die sanftesten, wärmsten Augen. Sehr schwarz und sehr, sehr groß – ich werde diese Augen nie vergessen."

◆

„Ich erinnere mich, ich war in einer Art Halbschlaf... Dann hatte ich sowas wie eine Botschaft im Kopf: ‚Sie werden bald hier sein' "

◆

Als sie zuletzt auf die Uhr schaute, war es Mitternacht. Da sie noch immer nicht schlafen konnte, stand sie „nach fünf Minuten" auf, um sich einen Drink aus der Minibar zu holen und entdeckte dabei, dass es 3 Uhr 43 war. „Ich weiß, dass ich nicht geschlafen habe", sagt sie und betrachtet das Erlebnis als eine Episode von fehlender Zeit.

Danach bat sie die Aliens vor dem Einschlafen einmal um ein Zeichen ihrer Gegenwart – einen kleinen Schnitt. Sie träumte, mit „guten Bekannten" in einem Raumschiff zu sein und am Morgen hatte sie außen am Daumen einen frischen Schnitt, doch sie fragt sich: „Könnte ich mir den nicht selbst beigebracht haben?". Dann bat sie darum, das Raumschiff der Aliens sehen zu dürfen, woraufhin sie träumte, an Bord eine Führung zu erleben. Der Traum endete „als meine Tochter Candy auf mich zukam und sagte: ‚Mom, eil dich, wir sind schon alle zum Aufbruch bereit.' Ich fragte sie, wo Jenny, meine jüngste Tochter, sei, und Cathy antwortete: ‚Sie wartet in der Blase'. Der Traum schien die ganze Nacht gedauert zu haben."

Um 22 Uhr 40 am 11. April 1996 war Sue zu Fuß auf dem Nachhauseweg, nachdem sie eine der Töchter zu deren Freund begleitet hatte, als sie 200 m vor sich 150 m hoch in der Luft über dem Dach einer Schule ein Paar helle blau-weiße Lichter erblickte, die langsam Richtung Südwesten schwebten. Sie fand das merkwürdig, hielt sie aber für die Landungslichter eines Flugzeugs. Als sie ein paar Minuten später in ihre Straße einbog, sah sie über ihre Schulter hinweg, dass die Lichter sich senkten und über die Dächer auf sie zukamen. Kein Gebilde war sichtbar, nur die Lichter. Es war ihr nicht geheuer, aber sie ging weiter. Als die Straße eine Biegung machte, schaute sie zurück und sah, dass auch das UFO die Richtung änderte und ihr weiterhin folgte, die Lichter blieben aber horizontal und genauso flach wie vorher. Das Ding war vollkommen lautlos. Jetzt rannte Sue nach Hause. Nach etwa einer Minute ging sie in den Hintergarten, um zu sehen, ob das Ding weg war. Die Lichter, die noch genauso aussahen wie zur Zeit, als das UFO auf sie zuflog – entschwebten jetzt Richtung Westen.

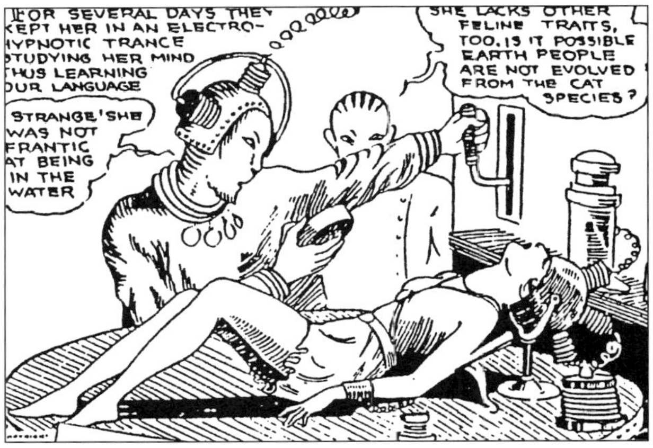

Ein Buck Rogers Cartoon von 1930 stimmt mit dem typischen Ablauf einer Entführung genauer überein, als die Berichte von angeblich echten Entführten. Der fiktionale Cartoon enthüllt die instinktive dramatische Natur der Entführung.

(„Entirely Unpredisposed") verweist Martin Kottmeyer auf einen Buck Rogers Comic aus dem Jahre 1930, der, wie er nicht ohne stille Freude bemerkt, mehr der von Bullard gefundenen acht Phasen umfasst (Gefangennahme, Untersuchung usw. siehe Seite 7 ff.) – und zwar in der „richtigen" Reihenfolge (!) –, als die meisten der von Bullard in seiner eigenen Studie angeführten „echten" Entführungsfälle. Kottmeyer bemerkt dazu: „Man muss einräumen, dass ein längst vergessener Comicstrip kein relevanter Einflussgeber auf heutige Entführungsgeschichten sein kann." Doch seien, so argumentiert er weiter, der erfundene und die „echten" Berichte so ähnlich, weil beide „einem intuitiven, aus dem Unterbewusstsein stammenden Ordnungsprinzip des Dramas folgen …

Eine Umbenennung von Bullards Elementen macht die Logik deutlicher:
1. Einführung des Charakters
2. Gefahr und Konflikt
3. Erklärung und Verständnis
4. Bereitwilligkeit und Versuch zu beeindrucken
5. Erregung
6. Höhepunkt
7. Schluss
8. Fortsetzung
Die Untersuchung, genauso wie die Gefahr, bringen die Geschichte in Schwung. Kämen

sie an späterer Stelle, würden sie die Spannung und den glücklichen Ausgang ruinieren. Selbst in abweichenden Fällen erfolgt die Untersuchung nie gegen Ende. Vernünftig wäre es, die Erklärung käme vor der Untersuchung. Der Entführte hätte Vertrauen, alles ginge leichter. Dramaturgisch jedoch ist eine solche Reihenfolge dumm,

denn sie zerstört die Intensität der Gefahr und die Freude über das gute Ende.
Wenn der Terror kein Gesicht hat, werden Urängste geweckt. Es wäre auch schlecht, ablenkende Reize nach Aussendung seiner Signale - der Botschaft und Information in der Besprechung, des Rundgangs und der Theophanie - zu platzieren.
Die extraterrestrische Reise als eine Form der Erregung kann dagegen irgendwo zwischen Gefangennahme und Höhepunkt erscheinen.

Die von allen führenden Entführungsverteidigern erhobene Behauptung, Sciencefiction spiele beim Zustandekommen der Berichte keine Rolle, erweist sich also auf ganz fundamentaler Ebene als unrichtig. Zufällig entdeckte ich, dass sie auch auf einer oberflächlicheren Ebene der Wahrheit entbehrt. Im April 1997 sah ich in einem Buchladen in New Hampshire ein Exemplar von Frank Herberts *The Heaven Makers,* das 1968 herausgekommen war, als der Fall von Betty und Barney Hill der einzige allgemein bekannte Entführungsbericht war. In Herberts Roman wird eine Menschenfrau von zwergenhaften, großköpfigen und großäugigen, unsterblichen Aliens entführt, die entdeckt haben, dass sie sich mit Menschen kreuzen können. Einige dieser Hybriden leben auf Erden, wo sie als normale Menschen „durchgehen". Die Aliens, deren Mutterschiff am Meeresgrund verborgen ankert, können sich unsichtbar machen und die Gehirne aller Menschen - außer denen von ein paar „immunen" - kontrollieren. Von Anbeginn an haben sie die Geschichte der Menschheit manipuliert und sie ihren Mit-Aliens als Dauerfernsehserie ins Weltall projiziert. Gegen Ende des Buches gibt es eindeutige Hinweise, dass ein paar Menschen sich mit denjenigen Aliens verbündet haben, die den Vorzug der Sterblichkeit schätzen lernten.

Um Martin Kottmeyers scharfsinnige Beobachtung noch einen Schritt weiter zu treiben, möchte ich behaupten, dass Herberts Roman eins zeigt: Eine mit ein paar Grundinformationen ausgestattete, von einem Instinkt für gute Erzählkunst geleitete menschliche Fantasie kann jederzeit solche Geschichten erfinden. Wie mit den Geschichten umgegangen wird, ist von Epoche zu Epoche verschieden. Wenn das allgemeine Empfinden von Ausweglosigkeit weit verbreitet ist, so werden sich die Berichte in Struktur und Details immer wieder ähneln. Carlo Gozzi, ein Dramatiker des 18. Jahrhunderts, stellte fest, dass es in der gesamten Weltliteratur nur etwa 36 verschiedene dramatische Situationen gibt - der Literaturwissenschaftler spricht von Plot -, die lediglich immer neu gestaltet und ausgeschmückt werden. Die im Mittelpunkt stehende Metapher ist immer zugleich Ausdruck individueller und allgemeingültiger Umstände. Das Entführungsszenario kann so tief in die Psyche reichen, dass manche Menschen sich persönlich damit identifizieren möchten (siehe Seiten 150/151), obwohl sie sich damit dem Risiko der Lächerlichkeit aussetzen.

Bis zu einem gewissen Grade erklärt das, warum Entführungsgeschichten - seien es bewusste oder unter Hypnose wieder belebte Erinnerungen, seien es Entführungen durch Aliens, Kobolde, Dämonen oder schamanische Reisen - sich über die Jahrhunderte hin so ähnlich sind und immer wieder dieselben dramatischen Grundzutaten enthalten.

Dennoch können mit der dramatischen Vorstellungskraft und ihren Beschränkungen allein nicht alle überraschenden Details bezüglich der Aliens und der Entführungen hinreichend erklärt werden.

Wissenschaftler, Sciencefictionautoren und Ufologen nehmen alle ganz selbstverständlich an, dass eine extraterrestrische Rasse, die über die Technologie und Durchhaltekraft verfügt, von irgendwo aus dem All zur Erde zu kommen, „sehr viel weiter entwickelt" ist, als wir selbst. Fast ebenso selbstverständlich ist die Vermutung, dass diese Besucher mit mehr als Lichtgeschwindigkeit zu reisen verstehen. Mit anderen Worten, sie sind klug genug, die Naturgesetze, wie wir sie verstehen, zu überlisten. Und das heißt, sie können Wunder vollbringen. Sie verfügen über eine magische Technologie. Sowohl in der Sciencefiction als auch in den

Entführungsberichten haben die Aliens aus den Tiefen des Alls enorm gewölbte Schädelkapseln als Zeichen ihrer weit überlegenen Intelligenz.

Das Bild vermittelt auf einen Schlag zwei Dinge: Die Aliens sehen alles, zugleich sind sie selbst undurchschaubar, unergründlich, denn sie zeigen keine Emotionen und verraten nicht was sie denken. Diese Qualitäten stehen in Beziehung zu ihrer mirakulösen Technik und Wissenschaft, es sind die Attribute der Götter. Dass in einer modernen, von Hightech geprägten Welt eine neue Gottheit mit technologischen Insignien ausstattet wird, sollte niemanden verwundern. Man könnte eine Doktorarbeit schreiben über die Parallelen zwischen den Begegnungen mit Aliens und deren Verhalten und der emotionalen und intellektuellen Welt der christlich-religiösen Tradition. Überragend und überlegen wie die Aliens ist der Gott der jüdisch-christlichen Tradition, dennoch liebend und wohlwollend, während die Aliens eher feindlich gesonnen scheinen.

Außerirdisches Wesen aus dem Film This Island Earth *aus dem Jahr 1954. Lange bevor Entführungen berichtet wurden, sieht man hier bereits die typische Kopfform.*

◆

Dass in einer modernen, von Hightech geprägten Welt eine neue Gottheit mit technologischen Insignien ausstattet wird, sollte niemanden verwundern

◆

Diese Zweideutigkeit spiegelt sich in der unpersönlichen – geradezu tödlichen – grauen Haut. Die Grauen sind weniger weder schwarz noch weiß, als vielmehr *sowohl* weiß *als auch* schwarz. Ihre verwaschene Identität ist nur von einem Grenzzustand des Seins aus zugänglich, der häufig nur von Menschen erreicht wird, die in gewissem Sinne Außenseiter sind, die in keine Schublade passen. Viele, die sich in einer derart undefinierten Lage befinden, ziehen erheblichen Nutzen aus diesem Zustand, gibt er doch mindestens ein Gefühl von Freiheit und Selbstbestimmung. Andererseits birgt das in einer hoch politisierten, statusorientierten, konformistischen Gesellschaft auch große Nachteile. Das Gefühl der völligen Machtlosigkeit steht im Mittelpunkt des Entführungsgeschehens ebenso, wie es das definierende Charakteristikum eines Albtraums ist. Martin Kottmeyer verweist auf eine Entdeckung des Psychologen Ernest Hartmann, dass nämlich Menschen, die besonders stark zu Albträumen neigen, „Abgrenzungsdefizite" haben – sie sind weniger als der so genannte normale Mensch geneigt, rigide Trennlinien zu ziehen zwischen (beispielsweise) Fantasie und Wirklichkeit, Schlafen und Wachen, Gefühl und Verstand, Selbst und Nichtselbst, männlich und weiblich. Hartmann fand heraus, dass Menschen mit schwach ausgebildeten

Grenzen zu emotionaler Verletzlichkeit neigen, was sie mehr auf der Hut sein lässt, manchmal bis zur leichten Paranoia, und sie tendieren zur Tagträumerei. Auch andere sehen sie als „anders“:

> *Sie sind ungewöhnlich empfindlich gegenüber Licht, Geräuschen und Empfindungen. Sie haben fließende sexuelle Identitäten. Unter den Menschen, die chronisch an Albträumen leiden, sind Bisexuelle überrepräsentiert, selten dagegen findet man unter ihnen männliche Männer und weibliche Frauen ... Sie folgen den Regeln nicht ... Die Tendenz dieser Menschen, nach künstlerischem Selbstausdruck ist erstaunlich groß ... Manche entwickeln ihre äußerst einfühlsamen Fähigkeiten und werden Therapeuten, die Beamten- oder Angestelltenlaufbahn wird selten angestrebt ... Abgrenzungsdefizite tragen auch zu fließenden Erinnerungen und fließendem Zeitgefühl bei.*

Anhand der psychologischen Profile bekannter Entführungsopfer stellt Kottmeyer die These auf, es handele sich bei ihnen um Menschen mit Abgrenzungsdefiziten. Ganz sicherlich sind sie „anders“, und sich dessen bewusst. Dass viele von ihnen künstlerische Talente besitzen, wurde schon oft hervorgehoben, besonders von Jenny Randles. Kottmeyer weist daraufhin, dass Standardtests zur Festellung mentaler Dysfunktionen keine Hinweise auf Abgrenzungsdefizite geben und dass sie auch nicht „anomal“ seien. Wenn Mythen und Albträume dramatisierte Projektionen unserer tiefsten, innersten Belangen darstellen, so müssten wir erwarten, dass auch die Grauen Abgrenzungsdefizite aufweisen, und das tun sie in der Tat. Die Verwischung von Trennlinien ist in konkreten Fähigkeiten symbolisch repräsentiert: Sie können Zeit, Raum und Erinnerung manipulieren, massive Grenzen wie Wände und Mauern ignorieren, sich unsichtbar machen, ihre Gestalt verändern, Gedanken lesen usw.

Das größte Abgrenzungsdefizit der Grauen besteht vielleicht in ihrer Unfähigkeit zwischen Missbrauch und Respekt, Grausamkeit und Rücksichtnahme zu unterscheiden. Graue sind zu allem fähig, sei es gut oder böse. So können wir unsererseits alles in sie hineinprojizieren. Auf individueller Ebene kann die Bedeutung einer Entführung zwischen göttlicher Offenbarung (Betty Andreasson) und einem Abstieg in die Hölle (Myrna Hansen) schwanken. Sie kann das Gefühl einer Persönlichkeitserweiterung vermitteln („Kathy“) oder Ausdruck gesellschaftlicher Probleme einer gemischtrassigen Ehe (Betty und Barney Hill) sein. Die existenzielle und emotionale Natur eines Entführungserlebnisses ist so breit gefächert, wie sie immer war, obwohl die derzeit einflussreichsten Forscher und ihre Anhänger positive Aspekte des Erlebens nicht zugeben wollen.

Die dominierende, „ufologisch korrekte“ Version des Entführungsmythos existiert ebenfalls in einem weiteren gesellschaftlichen Kontext als ihre Verfechter gern zugeben möchten. Sie kam in den frühen Achtzigerjahren auf, zur selben Zeit, als die Welt von AIDS erfuhr. Von seinem Arbeitstitel her hätte man Budd Hopkins' erstes Buch für einen Forschungsbericht über diese neue Krankheit halten können, es hieß nämlich ursprünglich: *An Invisible Epidemic* (Eine unsichtbare Epidemie). Der andere große ufologische Mythos der Neunzigerjahren der Roswell-Zwischenfall, der sich bereits 1947 ereignet hatte, garnierte seinen Auftritt ebenfalls mit allen typischen Utensilien:

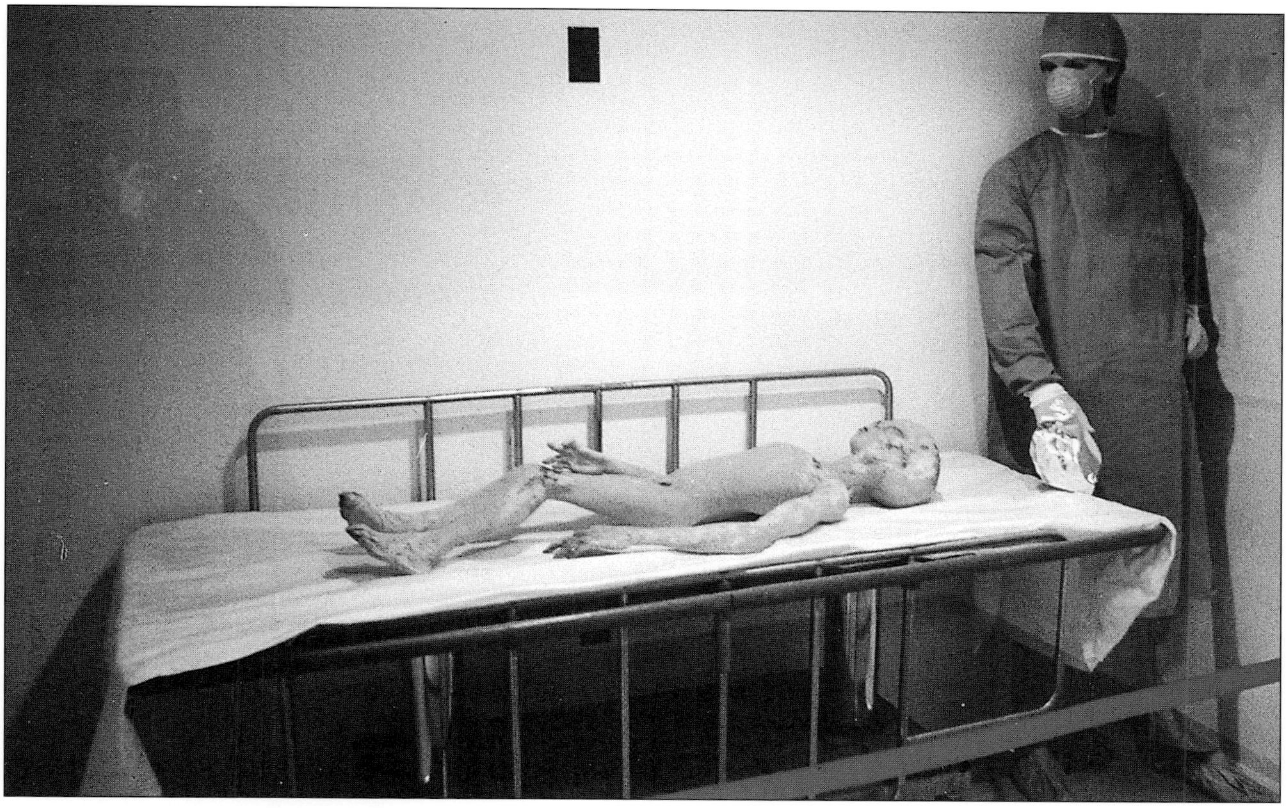

Modell eines toten Alien. Es soll aus einem UFO geborgen worden sein, das angeblich 1947 in der Nähe von Roswell, New Mexico, abgestürzt war.

strengste Geheimhaltung, Verschwörung und Vertuschung (ein Konzept, das Hopkins voll und ganz unterstützt). Der bedrohlichen Nachricht aus der Welt der Medizin und der Behauptung, die Menschheit stehe schon lange unter extraterrestrischer Beobachtung, wohnten dieselben unterschwelligen Botschaften inne: Nichts war, wie es schien; die Zukunft ist trübe und unsicher wie nie zuvor.

Besonders für die Nachkriegsgeneration enthielt die Entdeckung von AIDS eine deutliche Botschaft bezüglich sexueller Gewohnheiten. Die freie Liebe kostete ihren Preis. Die vorherrschende politische Zeitströmung tendierte in den USA und Europa zu einer radikalen Neubestätigung der individuellen gegenüber der gemeinschaftlichen Verantwortung. Besonders deutlich wurde dies in der Verdammung des „moralischen Verfalls", der AIDS hervorgebracht hatte. Die Verwerfung des „Sozialismus" selbst in seiner mildesten Ausprägung, war das Recht der christlichen Fundamentalisten. In den USA erhob diese selbst ernannte „moralische Mehrheit" vor allem das Thema Abtreibung zu einem Politikum ersten Ranges, denn eine Abtreibung war der andere Preis, den viele bereits für ihre sexuelle Freiheit hatten zahlen müssen. Seit 1972 ist in den USA, seit 1967 bereits in Großbritannien die Fristenlösung legal.

Das Entführungserlebnis sei, so die Hypothese Dennis Stacys, eine psychologische Möglichkeit, die Schuld einer Abtreibung zu sühnen. Er führt das aus, indem er darlegt, dass das, was er das „revidierte Entführungsszenario" nennt – jene Version, die Budd Hopkins und David Jacobs verkünden –, sich in zwei entscheidenden Punkten von dem unterscheidet, was „Ed“ Bullard als „Standardszenario“ beschrieben hatte. In Bullards Szenario kamen weder Bastardkinder vor, noch wurde von abhanden gekommenen Föten berichtet. Außerdem, so Stacy weiter, würde sich inzwischen die Zahl der behaupteten Entführungen mit dem gesunden Menschenverstand längst nicht mehr vereinbaren lassen. Wenn, wie einige Forscher behaupten, etwa 3,7 Millionen Amerikaner bereits mehrmals in ihrem Leben entführt worden seien, dann müsste der Nachthimmel gespickt sein mit UFOs. „Die Zahlen allein sind schwindelerregend“, schrieb Stacy, „Fliegende Untertassen müssten, gestapelt wie riesige Haufen Pfannkuchen, in UFO-Flughäfen in Warteposition sein, um dort von einem globalen Flugkontrollzentrum die Erlaubnis zum Einschweben zur Entführung zu erwarten.“ Deshalb müsse man nach einer irdischen Erklärung für die explosionsartige Zunahmen von Entführungsberichten seit Ende der Achtzigerjahre suchen, in denen von Kindern zwischen Erdlingen und Aliens und verschwundenen Föten die Rede ist.

◆

Wenn, wie einige Forscher behaupten, etwa 3,7 Millionen Amerikaner bereits mehrmals in ihrem Leben entführt worden sind, dann müsste der Nachthimmel gespickt sein mit UFOs

◆

Stacy führt aus, dass es in den USA seit 1972 etwa 30 Millionen Abtreibungen gab. Umfragen zeigen, dass Amerikaner zum Thema Abtreibung widersprüchlicher Ansicht sind. Während 73 Prozent der Amerikaner das Recht auf Abtreibung befürworten, sehen 77 Prozent den Eingriff als eine Form von Mord an. Diese Zahlen können nur bedeuten, dass die meisten Befragten in der Lage sind, beide Ansichten zugleich zu vertreten. Das wäre ganz eindeutig fruchtbarer Boden für einen massiven inneren Konflikt, für Schuld und Scham.

Demonstration von Abtreibungsgegnern in Washington im Januar 1977. Entführungsberichte können Dramatisierungen der Spannungen und Widersprüche sein, die in Individuen und in der Gesellschaft dieses brisanten Themas wegen herrschen.

Stacy weist auf die vielen fötusähnlichen körperlichen Merkmale der Grauen hin und meint, dass mächtige Emotionen am Werk sind, die sie zu „Racheengeln“ werden lassen:

> *Das Bastardbaby … ist nicht weniger (und nicht mehr) als der lebendig gewordene abgetriebene Fötus. Der „fehlende“ Fötus ist also nicht mehr tot, sondern lebt in einem*

„Himmel“ (Weltall) - vielleicht an Bord eines „Mutterschiffs“ - von dem er körperlich nie mehr zurückkehren kann. Die einzige Möglichkeit, ihn zu besuchen, besteht für die Entführten darin, wieder entführt zu werden ... Allegorisch repräsentieren die Grauen die Seelen aller dahingegangenen - abgetriebenen - Föten. Die Tatsache, dass jetzt die Grauen für das „Fehlen“ des Fötus verantwortlich sind - im wahren wie im übertragenen Sinne -, enthebt die Abtreiberin der ursprünglichen Sünde, d.h. es reduziert jegliche mit der Abtreibung per se verbundene Schuld ... Das Entführungserlebnis dient also einem fundamentalen Zweck, nämlich der Minderung des psychologischen Drucks, der durch die Schuldgefühle ausgelöst wird.

Im neuen Entführungsszenario wird das Opfer des Abbruchs zum Täter, der den Schuldigen bestraft. Nachdem so Gerechtigkeit geschehen und die Schuld abgetragen ist, ist das Individuum wieder frei, ungehindert zu wachsen. Das erklärt, was die Vertreter des neuen Szenarios so gern übersehen - das Gefühl der Wiedergeburt, der „psychologischen Wiedererweckung“, von dem viele Entführte berichten. Zu den Anzeichen hierfür gehört eine „gewachsene Lebensfreude, größere Selbstakzeptanz, ein tieferes Verständnis für andere, ein erweiterter spiritueller Horizont, eine gesteigerte Besorgnis, das gesellschaftliche/planetarische Umfeld betreffend“. Stacys Hypothese ist auch mit dem schamanischen Prozess der spirituellen Wiedergeburt keineswegs unvereinbar, sie ist im Gegenteil eine Bestätigung des Prozesses, der nun in einem angemessen zeitgenössischen Kleid daherkommt.

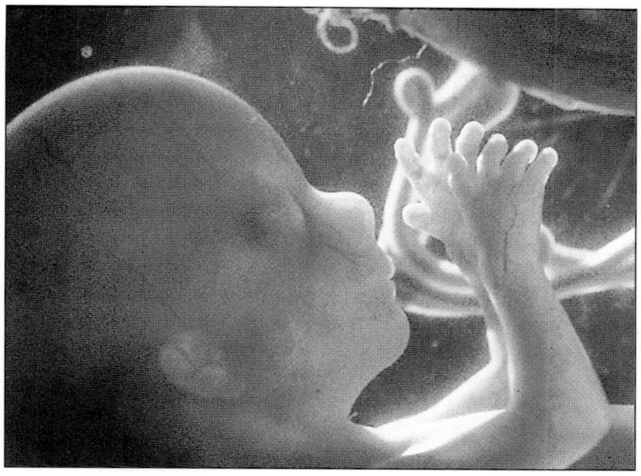

Die Ähnlichkeit zwischen dem typischen Grauen und einem menschlichen Fötus ist unübersehbar. Sollte es nur ein Zufall sein, dass Entführungsberichte immer wieder um die Themen Fortpflanzung, Geburt und Sorge um die Zukunft der Menschheit kreisen?

Ich wies zu Anfang des Kapitels darauf hin, dass Mythen viele Bedeutungen haben. Das Entführungsszenario genügt diesem Kriterium, kann es doch in einer gottlosen, von Ängsten geprägten Zeit als religiöse Fabel interpretiert werden, als Heroenmythos, als schamanistisches Ritual oder als Reinigung von einer bestimmten Schuld. Jedes dieser allgemeinen Psychodramen kann aufgegriffen und den jeweiligen individuellen Erfordernissen angepasst werden. Man könnte so weit gehen zu sagen, die schiere Tatsache, dass etwas derart Absurdes wie die Entführungsberichte für buchstäbliche Wahrheit gehalten werden kann, ist ein untrügliches Zeichen ihrer mythischen Kraft. Selbst wenn sich nur einer von den Tausenden heute bekannten Entführungsberichten als nachweislich und überprüfbar wahr erwiese, so bliebe doch, unabhängig von allen Fakten, der mythische Aspekt der Entführungen als emotional und psychologisch fruchtbar erhalten.

Nachwort

BEDEUTUNGEN & REALITÄTEN

Auslegungen des Entführungsphänomens

◆◆◆

Gegenüberliegende Seite: Hiroshima nach dem Abwurf der Atombombe im August 1945. Prophetische Visionen von entsetzlichen Zerstörungen herrschen heute in vielen Entführungsberichten vor.

Ein Bericht über eine Entführung durch Aliens kann viele Bedeutungen haben. Die auf diesem Gebiet führenden Forscher behaupten, die schreckliche Wahrheit sei nur zu offensichtlich: Die Aliens seien unter uns, um irgendetwas Unbegreifliches mit den uns gestohlenen Genen anzustellen. Demgegenüber erklärt der französische Philosoph Eric Dardel in seinem Aufsatz „The Mythic" (1954), dass jede Zeit ihre eigene Wahrheit habe, und die „Wahrheit" des Augenblicks sei oft nur ein Mythos, ohne dass man es wisse … „täglich gestalten wir Mythen, ohne es zu wissen", Mythen seien Ergänzungen der Vernunft. Sie lägen jenseits des logischen Horizonts. Mithilfe des mythischen Bildes verlagere der Mensch die Gefühle, die er im Zusammentreffen mit der Welt entwickle, nach außen.

Eine Demonstration des Ku-Klux-Klan in Houston, Texas, 1985. Es ist denkbar, dass Entführungen die Konflikte und Sorgen um die Zukunft der Gesellschaft spiegeln.

Das Entführungsszenario ist eine Herausforderung, sowohl für die Wissenschaft als auch für die zur langweiligen Gewohnheit gewordene Sicht der Welt. Genauso wie die Behauptung, das Oberhaupt des griechischen Götterhimmels habe sich in einen Schwan verwandelt und in dieser Gestalt eine Menschenfrau geschwängert. Das Entführungsphänomen ist zwar komplexer, aber keineswegs glaubwürdiger, trotzdem sind viele Menschen

◆

Die Angst, kolonisiert zu werden, gehört zu den menschlichen Urängsten, sie ist keiner bestimmten Rasse, Klasse oder Nation vorbehalten

◆

überzeugte Gläubige. Die eigentliche Frage muss also lauten, warum gibt es Menschen, die so etwas glauben wollen? Welche menschlichen Belange spiegelt das Phänomen – was bedeutet es?

Da gibt es ein paar überraschende Antworten. Annalee Newitz, die Mitherausgeberin des Internet-Journals *Bad Subjects,* die „Aliens" repräsentierten die in uns allen schlummernden imperialistischen Tendenzen:

Man könnte sagen, die Entführungsgeschichte ist zu allegorisch, um wahr zu sein. Es ist, als würden Weiße Fantasien entwickeln, in denen sie sich selbst als Opfer jener unkontrollierbaren Ungerechtigkeiten sehen, die sie einst den Nichtweißen in den Jahrhunderten des westlichen Imperialismus selbst angetan haben... Doch Forscher wie Jacobs und Budd Hopkins weisen daraufhin, dass Menschen aller Rassen und aller Gesellschaftsschichten „entführt" werden. In den berühmten Fall Betty und Barney Hill war ein gemischtrassiges Ehepaar verwickelt... Wenn die Entführungen bloße Fantasie sind, dann müsste das bedeuten, dass die Angst, kolonisiert zu werden, zu den menschlichen Urängsten gehört.

Der Anthropologe Steve Mizrach gibt einem ähnlichen Gedanken Ausdruck:

Die USA sieht sich augenblicklich der Tatsache gegenüber, dass ihre weiße Mehrheit im Schwinden ist, was all die Debatten um „Mulikulti" auslöst. Täglich warnen in den Talkshows irgendwelche Leute vor den Gefahren des „Rassenverrats" durch diejenigen, die sich „vermischen"... Budd Hopkins erzählt uns, dass Frauen – in der Mehrheit sind es weiße Mittelstandsfrauen – von Aliens entführt werden, deren Ziel es sei, „Hybridwesen" zu züchten.

Mizrach unterstellt nicht, die Forscher seien Rassisten, er macht lediglich deutlich, dass sie einer unbewusst wahrgenommenen Bedrohung ihrer kulturellen Identität Ausdruck verleihen. Weshalb er darauf verweist, dass schwarze Nationalisten das Entführungsphänomen ganz genauso in ihren Dienst stellen, indem sie ihm ein Völkermordsszenario unterschieben. Was Mizrach „Rassenangst" nennt, kann höchst widerliche Formen annehmen, doch bei ihm steht der Begriff für eine Angst, die die sichere Zukunft einer Kultur und einer Lebensform bedroht sieht. In jeder Rasse gibt es sehr nachdenkliche Menschen, die ihre Vorbehalte gegenüber kulturellen Vermischungen haben, ohne deshalb Rassisten zu sein. Das heißt, sie begrüßen, dass und wie Kontakte mit anderen Kulturen ihre eigene Kultur bereichern, und doch achten sie darauf, dass sie dadurch nicht unterminiert wird. Und so führt Mizrach aus, dass die Entführungen mit mehr als nur interrassischen Spannungen zu tun haben. Im fünften Kapitel machte ich deutlich, dass die Fixierung des Phänomens auf Fortpflanzung, Geburt und Tod ein Zeichen für tief verwurzelte Zukunftsängste ist, seien es nun Ängste um die Zukunft der Menschheit oder die des Individuums.

Vielleicht hängt das Phänomen im wahrsten Sinne des Wortes mit der Beziehung der Menschheit zum Weltall zusammen. Die Logik ist anthro-

Zwei Zeichnungen von Sue McLaren - vor ihrer Begegnung mit Aliens (links) und nach dem Zusammentreffen (rechts). Die Verbesserung ihrer Fähigkeiten schreibt sie dem Treffen zu.

pozentrisch (der Mensch steht im Mittelpunkt), doch sie drückt eine gewichtige gefühlsmäßige Wahrheit aus: Die Völker der Erde begegnen sich selbst mit großer Fremdenfeindlichkeit. Wenn wir - behaftet mit all unseren Mängeln - zu den Sternen aufbrechen können, dann gibt es da draußen vielleicht welche, die das auch können. Und angenommen, die da draußen sind genau solche Barbaren wie wir - oder gar schlimmer? *Was für Monster mögen wir da treffen?*

Ich wiederhole: Die Logik ist anthropozentrisch. Was uns am meisten Angst macht, ist der erschreckende Teil in uns selbst. So anders sie auch sein mag, auch Stacys „Abtreibungshypothese" stellt die Entführungen letztlich als eine Meditation über die düstere Zukunft dar, die sich darin ausdrückt, dass uns das menschliche Potenzial heimsucht, das wir absichtlich vernichtet haben. Wie auch immer wir den Mythos lesen, er sagt uns immer dasselbe: Die Aliens sind *wir.*

Peter Rogerson und Paul Devereux, Skeptiker unter den Ufologen, halten die „Fremdlinge aus dem All" für Selbst-Projektionen. Von uns selbst und unseren Mitmenschen entfremdet, stehen wir unter der geistlosen, unpersönlichen, konformistischen und unkontrollierbaren Diktatur einer

Gesellschaft, die wir selbst geschaffen haben und am Leben erhalten – oder schlimmer noch, Wesen, die uns unbekannt, aber ungemütlich ähnlich sind, haben sie geschaffen. In seiner ständigen Kolumne in *Magonia* schrieb Rogerson:

> *Die „Grauen" sind Personifikationen der sprichwörtlichen „grauen Mäuse", der unscheinbaren, farblosen, engstirnigen Bürokraten, ein Abbild des kosmischen „Ich tu nur meine Pflicht"-Beamten. Ich möchte noch weiter gehen und sagen, hier findet eine Gleichsetzung statt zwischen den unpersönlichen Kräften der Massengesellschaft und den unpersönlichen Kräften der ungezähmten Natur.*

◆ **Das 20. Jahrhundert sah bereits unvorstellbare Gräuel und Zerstörungen und weder Religion noch Humanismus haben die Menschheit vor ihrem unbegreiflichen Selbst schützen können** ◆

Ganz ähnlich Paul Devereux in einem unveröffentlichten Konferenzbeitrag: „Ich vermute, der Extraterrestrische ist das Abbild unserer eigenen Entfremdung von uns selbst und von der Natur." Beide Autoren beschreiben also eine Unzufriedenheit, eine Unruhe, die leicht zu einer gewalttätigen Geltendmachung eines religiösen Impulses führen kann, der in unserer Zeit ungestillt bleibt. Das 20. Jahrhundert sah bereits unvorstellbare Gräuel und Zerstörungen, und weder Religion noch Humanismus haben die Menschheit vor ihrem unbegreiflichen Selbst schützen können. Und so macht sich das frustrierte Sehnen nach dem Transzendenten die technologischen außerweltlichen Elemente der zeitgenössischen Kultur zu eigen und vermischt sie mit Motiven aus der traditionellen westlichen Religion, um so das menschliche Dilemma zu erklären.

Was diesen Aspekt des Phänomens angeht, so ist unter denen, die die Entführungsberichte für bare Münze nehmen, John Mack der Ehrlichste – allerdings nicht als Analytiker. Er hegt eine wohlbekannte, ganz persönliche Sorge um die Umwelt und die Nuklearwaffen, Sorgen, die – durch einen mysteriösen Zufall? – auch die Aliens seiner Patienten plagen. Insofern sind Macks Patienten ein historisches Bindeglied zu den vielgeschmähten „Kontaktpersonen" der Fünfzigerjahre, die ja auch ihren Ängsten vor einer Nuklearkatastrophe Ausdruck gaben:

> *Ist es möglich, dass Anstrengungen unternommen werden, den Planeten unter eine Art Konkursverwaltung zu stellen? Das würde … der Zerstörung des Lebens Einhalt gebieten und die Evolution des Bewusstseins ermöglichen, oder was immer es ist, was die anima mundi auf Lager hat … Ich behaupte lediglich: Könnten wir uns erlauben, die Möglichkeit einer höheren Intelligenz in unserem Universum wieder einzuführen und das numinöse Mysterium der Schöpfung zu erleben, so wäre dieses Szenario mit den Fakten des Entführungsphänomens vereinbar.*

Macks „Fakten" sind nicht von der Art, wie sie die Wissenschaft akzeptiert, die er so angestrengt zurückweist.

Es gibt noch eine weitere Parallele zwischen religiösen Glaubensvorstellungen und dem Entführungsphänomen: die menschliche Machtlosigkeit. So, wie wir im Grunde machtlos sind gegenüber der Zukunft, können wir auch die Kaprizen unserer Götter und der Aliens nicht beherrschen. Beide erscheinen allmächtig. John

George Adamskis Behauptung, er habe engelhafte Wesen von der Venus getroffen, Romane, und „echte" Entführungen mögen sich unterscheiden, befassen sich aber alle mit grundlegenden Fragen über das Leben auf Erden.

Mack sieht die Aliens als Initiatoren einer Weiterentwicklung des menschlichen Bewusstseins, das in der Lage sein wird, objektive und subjektive Wahrnehmungen zu vereinen. Gleichzeitig sind die Ängste, die Tränen und der blanke Terror, die er bei seinen Probanden beobachtet, wenn sie sich in der Hypnose an ihre Erlebnisse erinnern, sein Hauptgrund für die Annahme, dass die Entführungen real stattgefunden haben.

Das Entführungsphänomen wimmelt von solchen Widersprüchlichkeiten. So sind nicht wenige Kritiker konsterniert darüber, mit welcher Selbstverständlichkeit ein Budd Hopkins betont, er sei fest vom Wohlwollen der Aliens überzeugt, obgleich er sie als Wesen beschreibt, die ausgesprochen monströse Dinge vollführen.

Wie Annalee Newitz scheinen auch mir vollständige Entführungsgeschichten zu allegorisch, um wahr zu sein. In seinem 1977 erschienenen Aufsatz „Facts, Frauds and Fairytales" vertritt John Rimmer, der Herausgeber von *Magonia,* die Ansicht, dass es in der Ufologie keine grundsätzlichen Unterschiede gibt zwischen eingestandener Fiktion (also Sciencefiction und Fantasy), Schwindel, unerklärbaren Darstellungen und ehrlichen Berichten, die aber später natürlich erklärt werden können. Rimmer sieht sie alle als von einem „künstlerischen" Impuls entfacht, dem Temperament und der Natur ihrer Zeit unterworfen. Er vergleicht J. R. R. Tolkien, den Schöpfer *des Herrn der Ringe* mit George Adamski, dem Schöpfer der Bewegung der Kontaktpersonen, die mit den Brüdern im All kommunizierten.

> *Hier ein Schriftsteller von beachtlichem Talent [Tolkien], der in einer Reihe spannender, höchst lesbarer Werke eine weite, mythische Welt geschaffen hat. Aber ist seine Leistung so anders - von der Art der Ausarbeitung abgesehen -, als die eines Adamski, der demselben schöpferischen Drang folgend eine potenziell ebenso große Vision hervorbrachte, nur eben leider als eine Serie verpfuschter, unglaubwürdiger Fälschungen?... Und spielt es eine Rolle, ob dieser universal empfundene Archetyp in einem großen, imaginativen Werk der*

Javier Perez de Cuellar, aufgenommen 1991 als er UN-Generalsekretär war, soll 1989 in New York von Aliens entführt worden sein. Er bestreitet jegliches Wissen von einem solchen Vorfall.

Literatur seinen Ausdruck findet, als Botschaft von einem realen Mann aus dem All, oder als lukrativer Schwindel in einem Fließbandprodukt der Verlagsindustrie?

Rimmer beantwortet seine Frage selbst: „Es ist gewiss dasselbe Erz, das hier abgebaut wird, und es kann ein Fabergé-Ei daraus werden oder eine alte Blechbüchse!" Von John Rimmers radikal umfassender Theorie ausgehend, möchte ich zwei Dinge festhalten:

Erstens sind Entführungsberichte, die unter Hypnose kreiert sind oder nachempfunden werden, nicht mehr oder weniger wahr als die Begebenheiten, die von anderen in vollem Wachbewusstsein erlebt wurden. Die Berichte stammen aus derselben Quelle in uns allen.

Zweitens möchte ich einräumen, dass eine höchst minimale Möglichkeit besteht, dass Extraterrestrische unter uns sind und ihre ziemlich merkwürdigen Versuche mit uns anstellen. Die Wissenschaft verwettet darauf jedoch nicht ihr Geld, und während die Wissenschaft zugegebenermaßen weder perfekt noch vollständig ist, ist sie doch noch immer das beste Werkzeug, das wir haben, um die materielle Welt zu erforschen und zu erklären - und bis jetzt hat das ja auch erstaunlich gut funktioniert. Ich könnte es auch anders ausdrücken: Selbst wenn sich die Entführungen wirklich so abspielen, wie sie berichtet werden, so sind die Beweise, die uns die Ufologen vorlegen, bestenfalls unwissenschaftlich, und schlimmstenfalls haarsträubender Humbug.

Zur Veranschaulichung wollen wir uns kurz „den UFO-Fall des Jahrhunderts" anschauen, die „Entführung" Linda Cortiles aus ihrem Apartement in Manhattan sowie die nachfolgende Entführung zweier Sicherheitskräfte samt UN-Generalsekretär Javier Perez de Cuellar. Budd Hopkins, der den Fall untersuchte und veröffentlichte, behauptet, es handele sich um einen einmaligen Fall, weil ihn mehrere, unabhängige Zeugen beobachteten.

Linda Cortile selbst erinnerte sich erst unter Hypnose an ihre „Entführung". Ihrem eigenen Bericht zufolge (veröffentlicht im *UFO Journal der MUFON),* sah sie bewusst lediglich ein merkwürdiges Wesen das „am Fuß meines Bettes stand und mich anstarrte". Schlafparalyse, eine vage hypnagogische Vision und sieben Monate Bekanntschaft mit den Geschichten anderer Entführter verschmolzen dann, als sie hypnotisiert wurde, zu einer Entführungsgeschichte.

Unglücklicherweise belaufen sich die „unabhängigen Zeugen" inzwischen auf eine einzige Person („Janet Kimball"), und die lehnt es ab, sich weiterhin befragen zu lassen, und die als „Marilyn Kilmer" bekannte Zeugin, die behauptete, bei einer anderen Gelegenheit mit Linda zusammen entführt worden zu sein, distanzierte sich inzwischen von dem Fall. Die Männer vom Sicherheitsdienst können nicht als „unabhängige" Zeugen gelten, denn sie gaben an, bei der besagten Gelegenheit zusammen mit Linda entführt worden zu sein. Perez de Cuellar hat öffentlich erklärt, mit der Angelegenheit nichts zu tun zu haben.

Gleichermaßen suspekt ist der lange Zeitraum zwischen der ansonsten völlig routinemäßigen Entführung Linda Cortiles und dem Auftauchen der beiden Zeugen, der „Sicherheitsmänner" Dan und Richard. Erst 15 Monate nach dem Geschehen meldeten sie sich bei Hopkins, und zwar mit einer Version der Geschichte, an die sich Linda nicht erinnern konnte – erst später, unter Hypnose bestätigte sie Hopkins die Version dieser Zeugen. Sollte ein Schwindel vorliegen, so muss er in diesen 15 Monaten ausgebrütet worden sein. Inwieweit Mrs. Cortile darin verwickelt ist, muss Vermutung bleiben. Mit ziemlicher Sicherheit kann man nur sagen, dass Dans und Richards Gründe, warum sie sich nicht gleich an Hopkins gewandt haben, fadenscheinig klingen. Angeblich fürchteten sie die Aufdeckung ihrer Identität, was Schwierigkeiten für die (ungenannte) Sicherheitsagentur bedeutet hätte, für die sie arbeiteten. Doch für jeden, der Zugang zu den Daten hat, ist es eine Sache von Augenblicken, herauszufinden, wer Perez de Cuellar am 30. November 1989 offiziell begleitet hat.

Trotzdem beharrt Hopkins auf seinem Standpunkt, die Geschichte sei wahr, und behauptet, dass, wenn es sich um einen Schwindel handelte, erstens weit mehr als 20 Leute darin verwickelt sein müssten, und zweitens Linda Cortile und ihre „Mitverschwörer" es nur um des Geldes willen getan haben könnten.

Nun ist Geld nicht der einzige Grund, einen Schwindel zu inszenieren. Die berühmten MJ-12-Papiere, angeblich Beweise für ein supergeheimes Projekt zum Umgang mit Unfallschrott abgestürzter UFOs, verbrauchten eine Unmenge ufologischer Energie, als sie 1987 veröffentlicht wurden, und noch immer sind sie umstritten, obwohl sie eindeutig als Fälschung entlarvt wurden, lediglich das Schuldeingeständnis fehlt. Hopkins kann die Analogie nicht erkennen. Als ich ihm von Kathy berichtete, die behauptete, ein Raumschiff der Aliens besucht zu haben, das in Sonnennähe stationiert ist (siehe erstes Kapitel), da rief er aus: „Das ist ja völlig absurd!" Kathys Behauptungen sind gewiss bemerkenswert, aber keineswegs unerhörter als die im Fall Cortile erhobenen.

Und sollte „der UFO-Fall des Jahrhunderts" ein abgekarteter Schwindel sein, so brauchen außer Mrs. Cortile nicht mehr als drei Außenstehende darin verwickelt zu sein – nämlich Dan, Richard und Janet Kimball. Mehr Leute brauchte es nicht, die Sache in Szene zu setzen. Alles weitere kann auf Zufälle, Leichtgläubigkeit, Rollenverhalten und den (unbewussten) Wunsch, einem berühmten Forscher zu Gefallen zu sein, zurückgeführt werden. Freundlicherweise hat Hopkins selbst die letzten Feinheiten zum mutmaßlichen Schwindel beigetragen, indem er alle Behauptungen der ominösen Zeugen Dan und Richard durch das fragliche Mittel der Hypnose „bestätigte".

Hopkins und andere Entführungsforscher sind von vielen dafür kritisiert worden, dass sie sich so ganz und gar auf die Hypnose stützen, besonders laut jedoch wird die Kritik, wenn er die Technik auch bei kleinen Kindern anwendet. Den Protokollen zufolge sind einige nicht älter als zweieinhalb Jahre! John Harney spricht für die gesamte Menschheit wenn er schreibt:

David Howard malte dieses riesige UFO, das er und ein Freund im Februar 1982 sahen, kurz bevor seine narkoleptischen Entführungsträume begannen. In vielen „echten" Entführungsberichten kommen heute keine UFO-Sichtungen mehr vor.

Es fällt mir schwer, solches Zeug zu lesen, ohne dass mir schlecht wird. Als ich ein kleines Kind war, litt ich an Albträumen, aber meine Eltern trösteten mich, indem sie mir versicherten, all die Monster seien nicht echt, sondern nur in meinen Träumen. Ich glaube, dass man mit den meisten Kindern so umgeht. Aber nun stelle man sich die Auswirkungen vor, die es haben muss, wenn man den Kindern erzählt, dass die Traumkreaturen nicht nur echt sind, man kann ihnen auch unmöglich entkommen. Ein solcher Ansatz scheint, gelinde gesagt, wenig therapeutisch, das ist die Vorgehensweise von Hopkins und Konsorten.

Die Geeignetsten, den Forschern diesen Punkt zu vermitteln, sind wohl die Entführten selbst. Alle Entführungsopfer, mit denen ich während der Vorbereitungen zu diesem Buch sprach, waren entsetzt davon, Kinder zu hypnotisieren.

Auch in anderer Hinsicht waren sie oft wenig beeindruckt vom Vorgehen der maßgeblichen Forscher. John Velez (siehe viertes Kapitel) warnt alle, die vermuten Entführungsopfer zu sein, eindringlich davor sich an Entführungsforscher zu wenden. Speziell für dieses Buch erklärt er warum:

Dass ein Mensch, der eine Entführung erlebt hat, kompetenten Fachleuten darüber berichten muss, ist eine offensichtliche Notwendigkeit. Doch jemand, der schon eine vorgefasste Meinung zur Sache hat, kann keine objektive Stellungnahme abgeben.

Die Art und die Genauigkeit der Erinnerung, eine penible Analyse der Stichhaltigkeit des in der Hypnose hochgeholten Materials, das muss der unmittelbare Mittelpunkt der Arbeit des psychologisch ausgebildeten Forschers sein. Die Betroffenen brauchen vernünftigen Rat und Unterstützung, egal, ob sie selbst an die Realität ihres Erlebens glauben oder nicht. Die Leute sind verwirrt, verunsichert, verschreckt, wenn sie gleich mit der Möglichkeit, entführt worden zu sein, konfrontiert werden.

Diejenigen Personen, die ich für dieses Buch interviewt habe, wussten, dass ich eine allgemeine und gelegentlich spezifische Beurteilung ihrer Entführungserlebnisse vornehmen wollte, aber auch eine Analyse dessen, was ich Entführungsindustrie zu nennen geneigt bin. Ich bin der

Meinung, die Interviewten haben ein Recht, diese Beurteilung zu kommentieren, weshalb ich ihnen die relevanten Teile des Buches zu lesen gab. Ihre Reaktionen darauf machen eines deutlich: Entführungsopfer lassen sich nicht in einen Topf werfen.

John Velez ist von den Entführungsforschern nicht beeindruckt, doch ist er auch kein Verteidiger der Skeptiker. Er schrieb mir:

Obwohl ich selbst von der physischen Realität meiner Entführungen überzeugt bin, gibt es eine Menge „psychologischer" Elemente, die unbedingt noch erforscht werden müssen. Da ich Betroffener bin, gilt mein stärkstes Interesse der zugrunde liegenden Wahrheit dieser außerordentlichen Erlebnisse (als was auch immer diese „Wahrheit" sich erweisen möge) und der Rekrutierung möglichst vieler Fachleute der wichtigsten Fachrichtungen.

Wenn ich mit meinen Berichten über Interventionen von Aliens an die Öffentlichkeit gehe, dann muss ich willens sein, meine Behauptungen zu untermauern. Als mich das TV-Wissenschaftsprogramm NOVA zur Teilnahme an ihrer Folge über „Entführungen" einlud, habe ich eingewilligt, verlangte aber immer wieder, dass sich die teilnehmenden „Entführten" folgenden Tests unterzogen:

1. Umfassende psychologische Untersuchung und Einschätzung durch einen Fachmann ihrer Wahl. (Ich hatte bereits die ganze Latte der Tests hinter mir und wusste, dass ich psychisch als absolut gesund einzustufen bin. Ich hielt es für fair, allen diese Möglichkeit zu bieten.)

2. Lügendetektortest. Ich weiß, ein solcher Test kann nicht anzeigen, ob die Entführung selbst real oder nur eine Einbildung war, aber er kann zeigen, ob ich absichtlich lüge und einen Schwindel in die Welt setze.

3. Ich lud NOVA ein, meine Familie zu interviewen und mein Haus jedem beliebigen Test zu unterziehen (etwa magnetische Anomalien, ungewöhnliche Strahlungen etc.)

4. Ich erklärte mich zu Röntgenaufnahmen und CAT-Scanning bereit, um zu sehen, ob ich irgendwelche „fremden Objekte" (Implantate) im Körper trage oder nicht.

Man sollte meinen, dass ernsthaft interessierte Leute, die sich mit diesem merkwürdigen Thema befassen, eine solche Gelegenheit beim Schopf packen. Nicht einer der Tests, die ich vorgeschlagen hatte, wurde durchgeführt. Stattdessen wurden wir vor laufender Kamera von „Experten" analysiert, die uns zuvor nie gesehen oder gesprochen hatten!

Es steht zu viel auf dem Spiel, als dass man unsere Behauptungen so leichtfertig abtun könnte…

Clarke Hathaway (siehe fünftes Kapitel) und seine Partnerin Julie Presson haben beide – und zwar gleichzeitig – am Fußende ihres Bettes bizarre Wesen auftauchen sehen; beide glauben an Wiedergeburt und die unmittelbar bevorstehende „Erdveränderung", die mit einem „Bewusstseinswandel der Menschheit" einhergeht. Clarke ist ein Kenner okkulter und philosophisch-"metaphysischer" Literatur. Seine Großeltern waren in den

Dreißigerjahren Mitglieder der von der Kontaktperson Guy Warren Ballard ins Leben gerufenen Gruppe I AM, die ihren Sitz auf Mount Shasta in Kalifornien hatte. Julie ist eindeutig die Skeptischere was Entführungen betrifft. Clarke schrieb:

◆

„Ich habe keine Geduld mit Leuten, die mir nicht glauben, oder mir meine eigenen Wahrheiten ausreden wollen"

◆

Ich glaube, was Ihren Kommentar zur Mythologie angeht, sind Sie auf dem richtigen Weg, möchte aber behaupten, dass das, was für den einen Realität ausmacht, für den anderen nicht zu gelten braucht. Was mich anbelangt, bin ich sehr geneigt, eine astrale Erklärung für die meisten, wenn nicht alle meine Erlebnisse anzunehmen. Schlichter ausgedrückt: Ich glaube nicht, dass diese Wesen in einem körperlichen, dreidimensionalen Sinne real sind. Aus meinem entschieden metaphysischen Blickwinkel betrachtet, muss diesen Erlebnissen etwas gemein sein, das mit dem Gruppenbewusstsein in Einvernehmen steht, sonst wären sie nicht so weit verbreitet und nicht so ähnlich. Das soll nicht bedeuten, dass es sich bei den Vorfällen um physische Ereignisse handelt. Die paranormalen Aspekte dieser Visitationen weisen eindeutig darauf hin, dass sie auf einer anderen Ebene stattfinden.

Viele UFO-Sichtungen der letzten Jahre können auf die gleiche Weise beschrieben werden. D.h, nicht alle anwesenden Zeugen sehen dasselbe oder überhaupt etwas! Es scheint wohl so zu sein, dass etwas wahrhaftig Stichhaltiges geschieht, aber eben auf einer anderen Ebene der Wahrnehmung.

Kathy (siehe erstes Kapitel) sagte zu mir:

Ich stimme mit Ihrem Skeptizismus überein. Abgesehen von meinen Erfahrungen kann ich nur hoffen, dass es eines Tages eine akzeptable Erklärung für die UFOs und die Anwesenheit der Aliens gibt. Ich kann Ihnen versichern, die Menschheit wird sich in der Zukunft spalten. Auf der einen Seite wird es die geben, die die Zukunft nicht akzeptieren und sich nicht für sie ändern wollen. Auf der anderen Seite sind die großen Entdecker des Weltalls. Ich persönlich habe mein Bestes getan, die Zukunft zu sehen, Teil der Zukunft zu sein und dafür zu sorgen, dass ich in dieser Art Zukunft nicht allein bin …

Ich habe keine Geduld mit Leuten, die mir nicht glauben oder mir meine eigenen Wahrheiten ausreden wollen. Ich habe nie den Hang verspürt, irgendwas von dem Faktenwissen, das ich während meiner Erfahrungen gelernt habe, zu bestätigen oder zu widerlegen.

Sue McLaren (siehe fünftes Kapitel) war die überzeugteste all meiner Interviewpartner. Sie sagte:

Ich weiß ganz genau, was ich gespürt und was ich gesehen habe. Und bis jemand mit einer logischen Erklärung für all das kommt, werde ich weiterhin davon überzeugt sein, dass es Entführungen gibt. Sie haben deutlich gemacht, dass Sie nicht an Entführungen glauben, und aus vielen Büchern zitiert, um Ihren Standpunkt zu beweisen. Doch ich finde, man kann die

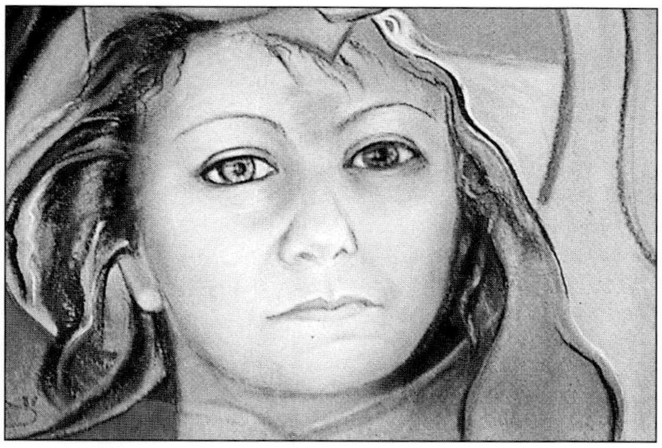

Porträt der Hypnotherapeutin Julie Presson, Partnerin des Entführungsopfers Clarke Hathaway.

wachsende Zahl von Vorfällen und die Zahl der Leute, die sich jetzt vorwagen und bezeugen, dass ihnen etwas Seltsames widerfahren ist, oder dass sie entführt worden sind, nicht einfach ignorieren.

Wir können uns doch nicht alle irren oder an Halluzinationen und Traumstörungen leiden. Bis heute hat mir niemand eindeutig widerlegen können, dass das, was ich erlebte habe, keine Entführung war. So lange ich keine handfesten Beweise dafür habe, dass es Aliens nicht gibt, werde ich weiterhin an ihre Existenz glauben.

Meine eigene Position könnte ich so zusammenfassen: Die Behauptungen der Entführungsforscher lassen mich völlig kalt, und der Schaden, den sie in der Gefühlswelt ihrer Klientel anrichten schockiert mich, denn ich kann nicht leugnen, dass ein Entführungserlebnis ein tief erschütterndes Ereignis sein muss.

Während eine Intervention von Extraterrestrischen nicht absolut ausgeschlossen ist, sprechen Beweise und Vernunft in überwiegendem Maß dagegen. Dennoch gibt es bisher keine befriedigende, umfassende psychologische Hypothese, die allen Aspekten des Entführungserlebnisses gerecht wird. Könnte es deshalb nicht möglich sein, dass wir es mit einer Vielzahl von mentalen und physikalischen Phänomenen zu tun haben, die auf gemeinsamem Boden wachsen und dort Früchte tragen, und nicht mit einer einzigen Pflanze, die in unzähligen Variationen auftritt?

Vielleicht ist es weniger verwirrend, das Entführungserlebnis als wortwörtliches Konstrukt zu akzeptieren, als auch nur die Möglichkeit des eigenen geistigen Zerfalls in Erwägung zu ziehen? Die Menschen reagieren so, weil die Polarisierung zwischen „Gläubigen" und „Skeptikern" einen Mittelweg ausgelassen hat – es mangelt ihnen an unstrittigen Beobachtungen und Darstellungen, die beweisen, dass sich im Bewusstsein völlig normaler, geistig gesunder Menschen höchst merkwürdige Dinge abspielen können. Zu behaupten, das Entführungserlebnis sei ein „psychologisches" Phänomen, heißt ganz entschieden nicht, die Vernunft der Betroffenen in Zweifel zu ziehen. Wir sollten ihnen vielmehr dankbar sein für die mythischen Einsichten, die sie uns liefern.

In vielerlei Hinsicht ist unser gegenwärtiges Verständnis des Entführungsphänomens einem Orchester vergleichbar, das sich vor dem Konzert schon viel zu lange einspielt, weil sich der Dirigent unentschuldbar lange verspätet hat, und der Erste Geiger auch noch nicht da ist. Blech und Perkussionsinsrumente spielen immer wieder dieselben paar Takte, die Holzbläser geraten in die falsche Tonart, die Celli versuchen ein paar schwierige Phrasen, die in der Synfonie gar nicht vorkommen. Das Publikum wird unruhig. Gleich wird es zwischen den Kritikern, die für ihre Plätze nicht mal bezahlt haben, zum Handgemenge kommen …

Verwendete und weiterführende Literatur

Verwendete Literatur

Adamski, George & Leslie, Desmond. *Flying Saucers Have Landed.* Werner Laurie 1953

Adamski, George. *Inside the Flying Saucers.* Abelard Schuman 1955

Appelle, Stuart. 'The Abduction Experience: A critical evaluation of theory and evidence', *Journal of UFO Studies New Series #6* (1996)

Baker, Robert. *Hidden Memories.* Prometheus 1992

Baker, Robert. 'Alien Dreamtime', *The Anomalist #2* (1995)

Blackmore, Susan. 'Alien Analysis', *UFO Magazine* (UK) May–June 1996

Blackmore, Susan. 'Abduction by Aliens or Sleep Paralysis?' (unpublished MS 1997)

Bloecher, T., Clamar, A., & Hopkins, B. *Final Report on the Psychological Testing of UFO Abductees.* Fund for UFO Research 1985

Bowen, Charles (ed.) *The Humanoids.* Spearman 1969

Bowen, Charles (ed.) *Encounter Cases from Flying Saucer Review.* Signet 1977

Boylan, Richard. *Close Extraterrestrial Encounters.* Wild Flower 1994

Brenneis, C. Brooks. 'Belief and Suggestion in the Recovery of Memories of Childhood Sexual Abuse', *Journal of the American Psychoanalytic Assoc.* Vol 42, #2 (1994)

Briggs, Katherine. *A Dictionary of Fairies.* Allen Lane 1976

Brookesmith, Peter. *UFO: The Complete Sightings Catalogue.* Barnes & Noble (USA), Blandford (UK) 1995

Brookesmith, Peter. *UFO: The Government Files.* Barnes & Noble (USA), Blandford (UK) 1996

Brunvand, Jan Harold. *Readings in American Folklore.* W.W. Norton 1979

Bryan, C.D.B. *Close Encounters of the Fourth Kind.* Wiedenfeld & Nicolson 1995

Budden, Albert. *Allergies and Aliens.* Discovery Times Press 1994

Budden, Albert. *UFOs: Psychic Close Encounters.* Blandford 1995

Bullard, T.E. *UFO Abductions: The measure of a mystery* (2 vols). Fund for UFO Research 1987

Bullard, T.E. *The Sympathetic Ear.* Fund for UFO Research 1995

Burridge, Kenelm. *New Heaven, New Earth.* Blackwell 1971

Clark, Jerome. *UFOs in the 1980s.* Apogee 1990

Clark, Jerome. *The Emergence of a Phenomenon.* Omnigraphics 1992

Clark, Jerome. *High Strangeness.* Omnigraphics 1996

Clark, Jerome & Coleman, Loren. *The Unidentified.* Warner 1975

Collins, Andrew. 'The Aveley Abduction – A New Look', *The Supernaturalist #1* (1981)

Conroy, Ed. *Report on Communion.* William & Morrow 1989

Dardel, Eric. 'The Mythic', *Diogenes #7* (1954)

Davis, Mike. 'Cosmic Dancers on History's Stage', *The Anomalist #5* (1997)

Paul Devereux. 'Beyond Ufology: Meeting with the alien', *New Ufologist #1*

Devereux, Paul & Brookesmith, Peter. *UFOs and Ufology.* Blandford (UK) 1997, Facts on File (USA) 1998

Douglas, Mary. *Purity and Danger.* Routledge & Kegan Paul 1966

Druffel, Ann & Rogo, D. Scott. *The Tujunga Canyon Contacts.* Prentice-Hall 1980

Evans, Hilary. *Visions · Apparitions · Alien Visitors.* Aquarian 1984

Evans, Hilary. *Gods · Spirits · Cosmic Guardians.* Aquarian 1987

Evans, Hilary & Spencer, John. *UFOs 1947–1987.* Fortean Tomes 1987

Evans, Hilary & Stacy, Dennis. *UFO 1947–1997.* John Brown 1997

Evans-Wentz, W.Y. *The Fairy Faith in Celtic Countries.* (1911) Citadel 1994

Fiore, Edith. *Encounters.* Doubleday 1989

Fowler, Raymond. *The Andreasson Affair.* Prentice-Hall 1979

Fowler, Raymond. *The Andreasson Affair – Phase Two.* Prentice-Hall 1982

Fowler, Raymond. *The Watchers.* Bantam 1990

Freud, Sigmund. 'Screen Memories', *Works*, Standard Edition, Vol 3. Hogarth Press 1953

Freud, Sigmund. *The Interpretation of Dreams* (1900). Allen & Unwin 1954

Fuller, John G. *The Interrupted Journey.* Putnam 1966

Gillmor, Daniel S. (ed.) *Scientific Study of Unidentified Flying Objects.* Bantam 1969

Goodbeer, Richard. *The Devil's Dominion: Magic and Religion in early New England.* Cambridge University Press 1992

Gotlib, David. Review of J. Mack, *Abduction* in *Bulletin of Anomalous Experience. Vol 5 #3* (1994)

Grosso, Michael. *Frontiers of the Soul.* Quest Books 1992

Harney, John. 'He Can Remember It For You Wholesale', *Magonia #59* (1997)

Hendry, Allan. *The UFO Handbook.* Sphere 1980

Herbert, Frank. *The Heaven Makers.* Avon 1968

Hill, Betty. *A common sense approach to UFOs.* Betty Hill 1995

Hopkins, Budd. *Missing Time.* Ballantine 1981

Hopkins, Budd. *Intruders.* Ballantine 1987

Hopkins, Budd. *Witnessed.* Pocket Books 1997

Hopkins, B., Jacobs, D., & Westrum, R. *Unusual Personal Experiences.* Bigelow 1992

Hough, Peter & Randles, Jenny. *Looking for the Aliens.* Blandford 1991

Howe, Linda Moulton. *An Alien Harvest.* LHM Productions 1989

Jacobs, David. Interview in *UFO* Magazine (UK), Nov/Dec 1995

Jacobs, David. *Secret Life.* Simon & Schuster 1992 (UK edition: *Alien Encounters.* Virgin 1994)

Jordan, Debbie [Debbie Tomey] & Mitchell, Kathy. *Abducted.* Dell 1995

Jung, Carl G. *Flying Saucers: A modern myth of things seen in the sky.* (1959) Ark 1987

King, Jeffrey. 'A Tin Ear: A critique of Bullard's Sympathetic

Ear' (unpublished draft 1997).
Kirk, G.S. *Myth*. Cambridge University Press 1971
Klass, Philip J. *UFO Abductions: A dangerous game*. Prometheus 1988
Kottmeyer, Martin. 'The Boundary Deficit Hypothesis', *Magonia #32* (1989)
Kottmeyer, Martin. 'Entirely Unpredisposed', *Magonia #35* (1990)
Kottmeyer, Martin. 'The Eyes That Spoke', *REALL News* Vol 2 #7 (1994)
Kottmeyer, Martin. 'Why Are the Grays Gray?' *MUFON UFO Journal #319* (1994)
Kottmeyer, Martin. 'The Curse of the Space Mummies', *Promises & Disappointments* #2 (1994)
La Planche, J. & Pontalis, J.B *The Language of Psychoanalysis*. Hutchinson 1985
Lawson, Alvin H. 'What Can We Learn From The Hypnosis of Imaginary Abductees?', 1977 MUFON Symposium Proceedings, MUFON *1977*
Lewis, James R. (ed.), *The Gods Have Landed*. State University of New York 1995
Loftus, Elizabeth & Ketcham, Katherine. *The Myth of Repressed Memory.* St Martin's Press 1994
Lorenzen, Coral & Jim. *Flying Saucer Occupants* Signet 1967
Lorenzen, Coral & Jim. *Encounters with UFO Occupants*. Berkley Medallion 1976
Lorenzen, Coral & Jim. *Abducted!* Berkley Medallion 1977
Mack, John E. Foreword to Jacobs, D. *op cit.*
Mack, John E. *Abduction: Human encounters with aliens.* Revised edition: Ballantine 1995
May, Rollo. *The Cry for Myth.* W.W. Norton 1991
McLachlan, Chris. 'Symbolic and Mythical Components of the Abduction Experience', *Bulletin of Anomalous Experience. Vol 5 #3* (1994)
Méheust, Bertrand. *Science-fiction et soucoupes volantes: une réalité mythico-physique*. Mercure de France 1978
Méheust, Bertrand. *Soucoupes volantes et folklore.* Mercure de France 1985
Mizrach, Steve. 'UFO Abductions and Race Fear', *Bulletin of Anomalous Experience. Vol 5 #3* (1994)
Newitz, Annalee. 'Alien Abductions and the End of White People', *Bad Subjects #5* (1993). *Bad Subjects* is available on the Internet at: http://english www.hss.cmu.edu/BS/issues.html
Norman, Eric. *Gods, Demons & UFOs*. Lancer 1970
Ofshe, Richard & Watters, Ethan. *Making Monsters: False memories, psychotherapy & sexual hysteria.* Scribner's 1994
Pendergrast, Mark. *Victims of Memory.* Upper Access 1995
Polti, Georges. *The Thirty-Six Dramatic Situations*. The Writer, Boston (n.d.)
Pontolillo, James. 'Demons, Doctors and Aliens', *International Fortean Organization Occasional Paper #2* (1993)
Pritchard, A. et al (eds). *Alien Discussions: Proceedings of the Abductions Study Conference at MIT.* North Cambridge Press 1994
Randles, Jenny. *Aliens: The Real Story*. Robert Hale 1993
Randles, Jenny. *Star Children*. Robert Hale 1994
Rimmer, John. 'Facts, Fraud, and Fairytales', *MUFOB New Series #9* (1977)
Rimmer, John. *The Evidence for Alien Abductions*. Aquarian 1984
Rojcewicz, Peter. 'Fairies, UFOs, and Problems of Knowedge', *Bulletin of Anomalous Experience. Vol 3 #1* (1992)
Rogerson, Peter. 'Northern Echoes', *Magonia #35* (1990)
Rose, Steven. *The Making of Memory*. Bantam 1992
Royal, Lyssa & Priest, Keith. *Visitors from Within*. Royal Priest Research Press 1992
Sandow, Greg. 'The Abduction Conundrum' (unpublished MS, 1996)
Sandow, Greg. 'The Linda Case' (Parts 1 & 2), *International UFO Reporter* (Spring & Summer 1997)
Sebeok, Thomas A. (ed.) *Myth: A Symposium*. Indiana University Press 1970
Sheaffer, Robert. *The UFO Verdict*. Prometheus 1980
Schnabel, Jim. *Dark White*. Hamish Hamilton 1994
Siegel, Ronald K. *Fire In The Brain*. Dutton 1992
Spencer, John. *Perspectives*. Macdonald 1989
Stacy, Dennis. 'Abductions and Abortions', *Bulletin of Anomalous Experience. Vol 3 #5* (1992)
Stacy, Dennis. 'Alien Abortions, Avenging Angels', *Magonia #44* (1992)
Stillings, Dennis. *Cyberbiological Studies of the Imaginal Component in the UFO Contact Experience.* (Archaeus Vol 5) Archaeus Project 1989
Story, Ronald (ed) *The UFO Encyclopedia*. New English Library 1980
Strieber, Whitley. *Communion*. Avon 1987
Strieber, Whitley. *Transformation*. Beach Tree 1988
Strieber, Whitley. *The Secret School*. Harper Collins 1997
Thompson, Keith. *Angels & Aliens: UFOs and the mythic imagination.* Addison Wesley 1991
Thompson, Richard L. *Alien Identities.* Govardhan Hill 1993
Vallée, Jacques. *Passport To Magonia.* Henry Regnery 1969
Vallée, Jacques. *Confrontations.* Random House 1990
Walton, Travis. *Fire In The Sky*. Marlowe 1996
Watson, Nigel. *Portraits of Alien Encounters.* Valis 1990
Whitmore, John. 'Religious Dimensions of the UFO Abduction Experience', in James R. Lewis *op cit.*
Wright, Lawrence. *Remembering Satan: Recovered memory and the shattering of a family*. Knopf 1994

Weiterführende Literatur

Barbour, Ian G. *Myths, Models and Paradigms: a comparative study in science and religion.* Harper & Row 1976
Blackmore, Susan. 'Alien Abduction: The inside story', *New Scientist* (19 Nov 1994)
Campbell, Joseph. *Creative Mythology*. Viking 1968
Cassirer, Manfred. *Dimensions of Enchantment.* Breese 1992
Clarke, David & Roberts, Andy. *Phantoms of the Sky*. Robert Hale 1990
Festinger, L., Riecken, H.W., & Schachter, S. *When Prophecy Fails*. Harper & Row 1956
Hufford, David. *The Terror That Comes in the Night.* University of Pennsylvania 1982
Pervin, Lawrence A. (ed) *Psychological Inquiry Vol 7 #2* (entire issue devoted to articles interpreting the abduction phenomenon, with wide variety of opinion)
Ring, Kenneth. *The Omega Project*. Morrow 1992
Showalter, Elaine. *Hystories: Hysterical epidemics and modern culture.* Columbia University Press 1997
Spencer, John. *Gifts of the Gods?* Virgin 1994

Register

Abgrenzungsdefizite 156
Abtreibung 157, 158
Abtreibungshypothese 163
Adamski, George 10, 165
Akins, Woody 74
Aleixo, Hulvio Brant 19
Amnesie 145
Andreassson, Betty 28, 30, 147
Arnold, Kenneth 10
Autobahnhypnose 90
Avis, Elaine 25
Avis, John 24, 25

Balmachie, Lady von 140
Berserker 39
Besprechung 8
Bethurum, Truman 8
Bowen, Charles 43
Buck Rogers Comic 152
Budden, Albert 121, 122, 123
Bullard, Dr. Thomas 7, 55, 149
Burfield, Tony 122

Clark, Jerome 46, 47, 121
Clone 39
Cortile, Linda 68, 69, 70, 71, 80, 100, 124, 166, 167
Cuellar, Perez de 69, 71, 166
Cyborgs 3

Dan 69, 167
da Silva, José Antonio 19, 30
Davis, Kathy 56
Deckerinnerung 57, 64, 83-85
Dennis, Christy 75-78
Devereux, Paul 117
Diaz, Carlos Alberto 149

Ein moderner Mythos 107
Elektroschock 120, 123
Entführungsszenario 142, 147, 154, 159, 161
Erdlicht 110, 111, 114, 117
Erwachen, falsches 129
Extraterrestrische Hypothese 103, 107
Extraterrestrische Reise 8

Falsches Erwachen 129
Feen 143
Feuerwesen 39
Fliegende Untertasse 36
Fontes, Olavo T. 23
Freud, Sigmund 83, 84, 138
Fuller, John 13

Ganaway, George 85
Gefangennahme 7
Gotlib, Dr. David 81
Gotteserscheinung 8
Graue 27, 28, 39, 59, 95, 155, 156

Halluzinationen 123-125
Hansen, Myrna 32
Harder, Dr. James 47
Harrison, Norman 115
Hathaway, Clark 18, 26, 31, 44, 111, 134, 169, 171
Heldenmythos 146
Hexen 143, 144
Hexenmal 144
Hickson, Charlie 20, 21
Higdon, Carl 21
Hill, Barney 11, 13, 14, 16, 25, 82, 96, 147
Hill, Betty 9, 10, 11, 13, 14, 16, 17, 30, 82, 83, 96, 147
Hodges, John 20
Hopkins, Budd 6, 50, 51, 57, 58, 59, 69, 80, 95, 99, 130, 136, 158
Horton, Virginia 50, 51, 52
Howard, David 79, 126, 127, 131, 168
Hypersensibilität, elektrische und multiple Allergie 122
Hypnagoge Phase 91
Hypnopompische Visionen 125, 131
Hypnose 15, 20, 25, 29, 32, 50, 51, 52, 57, 59, 68, 74, 75, 78, 80, 82, 88, 91, 109, 128, 166, 167
Hypothese, extraterrestrische 103, 107

Implantate 35, 37, 53, 57, 99, 119, 169
Inquisition 145
Isakower Phänomen 91

Jacobs, Dr. David 41, 64, 73, 78, 94, 158
Jefferies, Anne 140, 141

Jordeye 79, 126, 127
Jung, C. G. 106, 107, 148

Kathy 32, 33, 34, 35, 36, 37, 38, 39, 123
Keyhoe, Donald 10
Kimball, Janet 70
Klass, Philip J. 73
Kobolde 143
Kontaktpersonen 11, 59
Kottmeyer, Martin 96, 155

Larson, Sandy 26, 47, 48, 49
Leihmütterschaft 146
Lichtbogen 134
Lichterscheinung 111, 116, 117, 142
Lichtphänomene 110, 142
Lorenzen, Coral 17
Luca 147

Mack, Dr. John 65, 73
McLaren, Sue 150, 163, 170
Magnetfelder 116
Mahabharata 139, 142
Mantis 39, 135
Méheust, Bertrand 145
Menschen 27
Mizrach, Steve 162
Mythos 133, 136, 161

Nachwirkungen 8
Nahbegegnungen 90, 122
Narkolepsie 127, 131
NICAP 9
Nordische 27, 39

Ödipus 136, 137
Ödipusmythos 138
O'Leary, Terry 48, 49
Outer Limits 96, 97
out-of-body-experience 29

Paranoia 59
Parker, Calvin 20
Parrinello, Pat 118, 121
Persinger, Dr. Michael 114
Phase, hypnagoge 91
Planche, J. La 84
Pontalis, J.-B. 84
Presson, Julie 171

Randle, Kevin 82
Randles, Jenny 27, 124
Reise, extraterrestrische 8
Reptoide 39
Richard 69, 71, 167
Roach, Patty 21
Rogers, Mike 46
Routineentführung 35
Rückführungshypnose 99, 113
Rückkehr 8
Rundgang 8

Schamanismus 145
Schirmer, Herb 19, 30
Schwangerschaften 99, 100
Shaw, Sara 105, 106, 108
Sims, Derrel 100
Sonnenexpedition 36, 38, 39
Spektralscanning 77
Sphäre 32, 36, 37, 38
Sprinkle, Dr. Leo 32, 75, 78
Stacy, Dennis 157
Stafford, Mona 6
Standardszenario 158
Star Trek 97
Star Wars 131
Strieber, Whitley 58, 59, 60, 63

Tolkien, R. R. 165
Tomey, Debbie 56, 63, 117
Turner, Harry Joe 92, 93

Unheimliche Begegnung der dritten Art 95, 131
Untersuchung 7, 28, 60, 62, 73, 75, 91, 126
Untertasse, fliegende 36

Velez, John 62, 67, 70, 109, 112, 128, 129, 130, 131, 168, 169
Villas Boas, Antonio 17, 22
Visionen, hypnopompische 125, 131

Walton, Travis 41, 43, 44, 45, 46, 94, 120
Wiedergeburt 159
Wilson, Jack 86, 89
Wilson, Peter 86, 89

Zuchtanalyse 30, 53
Zuchtprogramm 58, 64, 147

Danksagung

Ich bin vor allen Dingen jenen zu Dank verpflichtet, die mir für dieses Buch Interviews gewährten; ihre besonderen Erlebnisse bildeten eine große Bereicherung: Clarke Hathaway, David Howard, Kathy, Sue McLaren, Pat Parinello und John Velez. Ihre Gastfreundschaft und ihre Großzügigkeit – nicht zuletzt ihre geistige – gingen weit über eine freundschaftliche Verpflichtung hinaus; ich bin ihnen zutiefst dankbar, besonders auch für die Illustrationen, die sie mir zur Verfügung stellten. Ihnen sei mit den besten und wärmsten Wünschen, dieses Buch gewidmet.

Besonderer Dank geht auch an Betty Hill, deren klarer Standpunkt ihren Kommentaren zum Entführungsphänomen, wie es sich heute darstellt, außergewöhnliche Kraft verleiht, sowie an Stuart Appelle, Dr. Susan Blackmore, Janet Bord, Paul Devereux, Hilary Evans, Budd Hopkins, Rebecca Keith, Martin Kottmeyer, Kevin McLure, Karl Pflock, Katherine Photos, Kevin Randle, Bob Rickard, John Rimmer, Greg Sandow und Dennis Stacy, die mir großzügig bei der Zusammenstellung von Dokumenten, Informationen und Hintergrundmaterial halfen und interessante Diskussionsbeiträge leisteten. Für Gastfreundschaft, Rundreisen, Wegebnungen und ganz allgemein vergnügte Stimmung bei der Arbeit an diesem Buch, die ich in Kanada und den USA erledigte, bin ich (in chronologischer Reihenfolge) folgenden Personen verpflichtet: Massad Ayoob, Kathie Photos, Errol Bruce Knapp und Sue Kovios, Greg Sandow, Rebecca Keith, Dennis und Julie Stacy, Julie Presson, Roselynn Towle, Stacy Swenck sowie Ronald und Elin Pendleton. Schließlich danke ich hier in der Heimat meinem Verleger Lesley Riley, der die heroische Leistung vollbrachte, mich auf dem Pfad der Tugend zu halten, damit ich das Manuskript rechtzeitig fertigstellte und mich klar und unzweideutig ausdrückte.

Leser, die vermuten, selbst eine Entführung durch Aliens oder Ähnliches erlebt zu haben, können sich an die Website des Abduction Information Centre wenden: http://www.crossfield.com/~aic/index.html

Bildnachweis

Popperfoto: 160; (Reuters) 4, 158; (AFP/EPA) 166.
Frank Spooner Pictures: (Pugliano) 5; (Rotolo) 11, 57.
Fortean Picture Library: 6, 8, 10, 13, 14, 17, 20, 21, 22, 45, 46, 50, 61, 63, 71, 74, 109, 112, 118, 130, 134, 143, 149, 150, 157, 165; (Clarke Hathaway) 18, 26, 31, 44, 111, 132, 147, 171; (Dennis Stacy) 28, 41, 43, 55, 114; (Lisa Anders) 47, 51, 124; (John Velez) 62, 67, 70, 128, 129; (Seale Photography) 69; (Rebecca Keith) 73, 100.
Images Colour Library: 90; (Charles Walker Collection) 12, 16, 82, 107.
Mary Evans Picture Library: 24, 78, 98, 140; (Michael Buhler) 53; (Sigmund Freud Copyrights) 84.
Privatbesitz: 33, 35, 38, 144, 152-153.
Ronald Grant Archive: 40.
Moviestore Collection: 49, 72, 96.
Philip J. Klass: 56.
Dennis Stacy: 60.
Robert Irving: 65.
Science Photo Library: (Oscar Burriel) 77; (Philippe Plailly) 88; (Francois Gohier) 102; (Keith Kent) 104; (National Library of Medicine) 106; (Petit Format/Nestle) 159.
Dr Susan Blackmore: 83, 97; (David Howard) 79, 81, 127, 168.
Professor Alvin H. Lawson: (Retraced by MUFON artists) 87.
NASA: 92.
Pheasantry/Allied Vision: (Courtesy Kobal Collection) 95.
Project Hessdalen: (Leif Havik) 110.
Nigel Watson: (Norman Harrison) 115.
Erling Strand: 117.
Pat Parrinello: 121.
Image Bank: (Thierry Seray) 123.
E.T. Archive: (Louvre, Paris) 137.
Fotomas Index: 139, 142.
Corbis: (Alison Wright) 145; (UPI/Bettmann) 161.
Universal: (Courtesy Kobal Collection) 155.
Sue McLaren: 163.